国家出版基金项目
NATIONAL PUBLICATION FOUNDATION

出土文献
与早期中国思想世界

王中江 主编

出土文献与早期政治哲学

欧阳祯人 著

中国人民大学出版社
·北 京·

总　序

刻画早期中国文明特征，已有的青铜时代、轴心时代等符号富有象征性。出土的大量简帛文献、文本带来的认识早期中国文明的新契机、新信息，会将人们带到一个具有许多不同可能的想象中。至少从商周到秦汉这一纵贯多个朝代的历史时期，是不是也可以叫作简帛时代呢？客观和公允的回答应说“是”而不应说“否”。这是一个普遍使用竹简、木牍、缣帛进行书写和记载的时代。早期中国的文明、历史、语言、思想等精神创造，除了有限的甲骨文、金石文外，都永恒地留在了简帛和木牍的记忆世界中。

相较于甲骨学、敦煌学，简帛学、简牍学因其实物仍源源不断地从地下发现和出土而更加生机勃勃。依据《尚书》记载的“惟殷先人，有册有典”，张政烺先生推测，中国先人将竹简作为书写材料的历史非常悠久。我赞成这一推测，尽管我们发现战国之前的竹简实物还比较少。“册”“典”这两个字，清晰地显示了它们的象形身影。

从 19 世纪末特别是从 20 世纪 70 年代以来，银雀山汉简、马王堆帛书、定州汉简、睡虎地秦简、郭店楚简、上博楚简、清华藏战国简、北大藏汉简、岳麓书院藏秦简、海昏侯墓汉简等先后问世，至少在扩大和深化早期中国文明（包括文献、政治、法律、语言、古文字、思想及哲学等）的认知上，意义非凡。如果接受默证法，即没有看到的就是不存在的，这些新出土的简帛文献莫非都是无中生有的神话。

简帛文献除了像《周易》、《老子》和《论语》等传世本外，大多数是千古未知的佚文。像《黄帝四经》《五行》，即使有相应的记载，但它们的真面目过去一直是个谜。它们重见天日，完全称得上是奇迹。我不想夸大出土简帛文献的重要性，但也决不认可卑之无甚高论的意识。子学传世文献与简帛佚文之间的关系，也许可以用早期中国哲学、思想的主流与支流的关系来解释。流传下来的一般来说都是重要的，没有流传下来的也许不都是那么重要。除了“六经”，除了《国语》《战国策》《逸周书》等历史性文献，传世的《晏子春秋》、《老子》、《论语》、《礼记》、《墨子》、《孟子》、《公孙龙子》、《庄子》、《管子》、《荀子》和《韩非子》等典籍，代表的可谓是早期中国哲学和思想的主流。而战国简多为佚文，不管多么重要，相对来说它代表的或许主要是早期中国哲学和思想的支流。

对于早期中国子学传世典籍和新出土的文献，用单一的方法，用单一的概念，用单一的理由，用单一的假定，用单一的例子，去判断和定位它们的早和晚、前和后，既草率又傲慢。《老子》一书在春秋晚期就被叔向引用，在战国时代又多被引用，那么多的早期典籍记载着老子、老聃之名，有人仍振振有词，怀疑《老子》其书和老子其人的真实性，不知这是什么实证方法。单凭《史记・老子韩非列传》中记载太史儋、老莱子是当时的一个传说，不管司马迁是不是相信这个传说，也不管《史记》中其他地方对老子（除列传十一处，还有十二处）、老氏（一处）、黄老（十一处）的记载，就将老子其人变成一个传说。说“三十辐共一毂”只是战国时期车辆轮辐的标准，不管车辆的复杂演变和春秋时期二十八辐的车轮已成为车轮的一种基本标准，且在战国时期也很通行，将《考工记》中记载的“轮辐三十”断定为只是指战国时期的车轮，以此判断《老子》只能出于战国时期，不知这是一种什么论证和求证方法。说周秦古书不是一时一地之物，而是不断增加和附益的结果，如果这主要是指书的内容，那么将这一种情形普遍化，就不知这是一种什么推论方法。

对于出土简帛文献的哲学和思想研究，海内外学界已经有许多积累了。不断扩展和深化这一前沿与交叉领域的研究，需要我们借助新视角、新眼光和新方法，需要我们为其中的各种疑问、疑难和疑点寻找解决的突破口。这一丛书是这一追求和努力的一部分，每部著作都独立从不同方面尝试深化这一领域的研究。它是由我主持的国家社科基金重大项目“出土简帛文献与古代中国哲学新发现综合研究”成果的又一系列，是各位同道精心合作和合力的结果。它的出版令人欣慰和愉悦。希望它能成为这一领域研究的新的出发点。感谢中国人民大学出版社刊行这一丛书，感谢王琬莹女士的精心策划和各位责任编辑付出的辛劳。

王中江

2023 年 3 月

目　录

第一编

第二编

第三编

第四编

序论　先秦儒家政治哲学再次崛起的必由之路

先秦儒家的政治哲学思想是十分丰富的。中国先秦儒家的政治哲学思想并非完全创始于孔子。早在孔子之前，中国的政治哲学就有非常久远的历史，所以它的内容源远流长，具有深厚的民族文化传承性质。它是一种发源于遥远的上古时代，深深植根于我们民族的灵魂之中，形成于诸子百家著书立说，彼此诘难，逐步成长壮大起来的原创性的思想体系，也是一种在中国的历史文化史上已经产生影响，并且还将继续产生影响的自本自根的政治理论体系。即便是在国际形势风起云涌，各种信息层出不穷，西方各种政治理念无孔不入的今天，先秦儒家政治哲学依然具有不容忽视的现代价值。

一

众所周知，先秦儒家政治哲学的最大特点和基点是在“正心诚意”基础之上的“修身”。今天的社会状况已经发生根本改变，如果从政治学的角度来讲，把整套的理论体系完全建立在“修身”的基点上，毫无疑问是十分幼稚且天真可笑的。古往今来的政治实践与政治理论已经反复地证明了这一点。但是，在中国先秦时期特定的经济条件下，自给自足的农业经济构成了当时的人们彼此交往的特定环境和生活方式。生产力的发展状况，交通运输和信息传播的条件，都从很多方面说明了先秦儒家的“修身”理论，在当时实际上是一种非常行之有效的政治理论措施，孔子云：“德之流行，速于置邮而传命。”（《孟子·公孙丑上》）从这个角度来讲，“德者，得也”的诠释，可谓力透纸背，把先秦儒家学说的社会实用价值展现得相当透彻。我们不能不说，这种以“德”为中心的治国方略在当时是一种聪明、便捷、实效的做法。

然而，这一套理论即便是在先秦时期就已经受到了来自道家、墨家、法家，尤其是黄老道家等多个方面的批评和抨击，但同时先秦儒家又从各个层面向这些学派汲取了很多有用的滋养来改造、发展自己。我们应该承认，在中国先秦的各家各派中，儒家是一种涵摄性强大的学派，这是儒家在中国历史上长盛不衰的重要原因之一。我们应该认识到，先秦儒家哲学的这种独特的素质，为它在新的时期走向现代，走向现代的国家管理，奠定了强大的理论基础。

当然，这种涵摄性同时也造成了历代统治者误读、篡改、扭曲儒家的理论缝隙和空间。秦汉以后，中国历代统治者虽然口口声声标榜孔子为“万世师表”，科举考试也完全是以儒家的四书五经取士，但是，完全信奉货真价实的儒家政治理论的统治者却几乎没有。国学大师刘咸炘先生指出：

> 自汉以来，上下宗儒者，千数百年，如按其实，则非真也。治术惟缓急两端相乘，英君谊辟所用，非道家即法家。汉高、汉宣、明祖皆刑名；汉文、光武、宋太祖皆黄老也；惟汉武帝、唐太宗乃假儒术。武帝之伪儒，人皆诋之。太宗则儒者所称，然实虚言多而实效少，且其根本已谬，于儒术不相容。二人实则科举之制。士之不毁孔孟者，徒以科举，故而阳尊阴叛。儒道足不明者，亦以科举。故二人者，功之首，罪之魁也。科举一废，孔孟遂为毁端。此无足怪也，欺人之术露，而久蓄之疑发也。疑乃伪之所致。伪破则真将显。(《推十书·中书·流风》，1927 年）

在从事了多年的儒家哲学研究之后，笔者深以为，历代统治者打着儒家的旗号，却又不能行儒家之实的关键原因，并不在于儒家的政治哲学在其最高的旨趣上存在根本性的问题，而在于我们千百年来的政治家面对现实的时候不能不采取阳儒阴法的办法，在满足自己私欲的同时维持国家的安定团结，他们的问题出在以手段断送了目的，或者说儒家的政治理想被他们所采取的各种阳奉阴违的办法淹没了。对中国传统的士大夫来说，他们本来就是国家干部队伍的后备军，极少有现代意义上的自由思想、独立学术以及否定创新的精神。

儒家哲学最终之所以在中国的历史上逐步走向末路，主要是中国的政治家们没有远大的政治眼光，尤其是他们没有在中唐以后，在具体的政治管理制度层面，推行一套与时俱进的、能够把儒家政治哲学贯彻到底的行政制度。《周易·系辞传》说："日新之谓盛德，生生之谓易，成象之谓乾，效法之谓坤，极数知来之谓占，通变之谓事，阴阳不测之谓神。夫易广矣大矣，以言乎远则不御，以言乎迩则静而正，以言乎天地之间则备矣。"王安石变法失败的事实，正说明不是儒家哲学本身具有致命性的问题，而在于中国的士大夫们因循守旧、因私废公的陋习使他们说的是一套，做的又是一套。恰恰是他们自己违背了原始儒家的根本精神，而导致了原始儒家的思想不能够真正贯彻落实。

现在，我们所面临的国际形势是，各种政治理论风起云涌，儒家政治理论正好可以广泛吸纳世界上各种先进的理论以做大做强。既不丧失先秦原始儒家政治哲学自身的根本精神，又海纳百川，"刚柔相摩，八卦相荡。鼓之以雷霆，润之以风雨"（《周易·系辞传》），使之完全现代化。先秦原始儒家政治理论由于是从中华民族原始母体中流淌出来的政治智慧，具有任何一种现代西方政治理论并不具备的肥沃土壤，因此，只要我们善于吸取千百年来儒学发展过程中各种失败的教训和成功的经验，努力根据我们的生活方式和思维方式，以及国民性和民族性，创造出一种既不失原始儒家政治理论的精神，又广泛吸纳世界各国政治理论的精髓，博采众长，融会贯通，适应现代化、新时代的儒家政治理论体系，并不是没有可能的事情。

为什么这么说，笔者是有根本性的考虑的。首先是，在面对我们的经典的时候，只要我们秉持一颗真诚的心、客观的心，就不可能不具有一种发自内心世界的、由衷的敬意。为什么？因为中国先秦时期的儒家经典实在是太伟大了。且看下面的引文：

> 天命之谓性，率性之谓道，修道之谓教。道也者，不可须臾离也，可离非道也。是故君子戒慎乎其所不睹，恐惧乎其所不闻。莫见乎隐，莫显乎微，故君子慎其独也。喜怒哀乐之未发，谓之中；发而皆中节，谓之和。中也者，天下之大本也；和也者，天下之达道也。致中和，天地位焉，万物育焉。(《礼记·中庸》)

这段文字，以人的正心诚意为核心，对人之所以为人的神性、不可替代性、独立性、创造性，性情修养、人格修养、终极关怀，以及个人与群体的关系，在天面前人人平等的政治人权理念，政府行政管理的终极目标等各个方面，都有极其深刻的表达。笔者深信，孔子、曾子、子思子、孟子等儒家先贤，绝对认为他们已经探求到了这个世界的终极真理。因为我们在阅读这段文字的时候，依然不能不唤发起我们由衷的理论认同。这就是我们文化自信的根本来源。[①]

我们知道，任何一种西方先进的政治理论模式，都是相关的经典作家经过长时间的探索和研究而形成的理论体系，往往都有十分科学的思想逻辑，但是，他们思想的土壤不是我们民族的生活方式和思维方式，与我们的传统文化具有十分遥远的距离。全盘西化的路子至少在近三百年的中国是行不通的。即便是通过强有力的行政手段来贯彻实施，也一

① 详细论述参见拙文《从〈周易〉的角度看〈保训〉〈中庸〉的“中”》，《深圳大学学报（人文社会科学版）》2013 年第 3 期。

定会漏洞百出，问题多多。之所以如此，主要是因为西方的政治理论在中国没有赖以存活的土壤，没有水乳交融的文化传统。中东地区的政治冲突，南美地区的各种丑闻，特别是东南亚广大地区的选举闹剧，已经一而再、再而三地告诉我们，如果目前的中国突然一下子实行西方的民主制，那么，带给中国人民的绝对是一场空前的灾难。笔者的意思不是说民主政治与中国传统的政治哲学理论完全风马牛不相及，更不是说中国人民天生就是专制主义的奴仆，而只意在表达，中国现代民主政治的建设，一定要与中国文化本身的更新与改造互为表里，一定要以文化土壤的更新为前提。

电子时代的来临，各种检索手段的方便快捷，尤其是新近简帛文献的大量出土，为我们进一步了解先秦原始儒家政治哲学的生存环境和理论真相提供了前所未有的条件。原始儒家的政治哲学理论理所当然应该开出一片新的境界来。在研究先秦原始儒家政治哲学的时候，我们有三个至关重要的基本前提。

首先，先秦原始儒学的研究不可能不恰当地学习、吸收秦汉以后的思想资源和研究方法。但是，我们同时也必须把先秦布衣孔子、孟子的理论与秦汉以后的专制主义儒学彻底地区分开来，尤其是要密切注意他们的理论紧张。中国台湾学者黄俊杰先生指出："中国儒家的经典如《论语》、《孟子》皆成书于大一统帝国形成之前，因此《论语》、《孟子》书中所呈现的政治思想，基本上是一套封建制度已崩而未溃、政治局面处于多元化的时代的价值体系。但诠释这些经典的儒者，都是生活在大一统帝国一元化的政治格局之下的人物，而且有些人还是帝国的官员。这种时代背景的差距，使经典注释者的‘自我’分化而为二，并处于紧张的状态中：（1）经典诠释者之作为经书价值的传承者；（2）经典诠释者之作为大一统帝国的臣民。”[①] 这两种紧张实际上是经常裹挟在一起的，我们要随时做到火眼金睛，并不是一件容易的事情，需要我们在专制与民主之间、自由与奴役之间、因循守旧与否定创新之间保持清醒的头脑。

其次，中国的经学发展历史是一个不断脱离先秦原始儒家思想精义的过程，而且愈走愈远。诚如刘咸炘先生所说，汉代以后的历代儒家，皆失原始儒家的真正精神，其表现形式为拘儒、杂儒、媚儒、文儒、夸儒、褊儒，等等，可谓层出不穷。说它们“伪”，是因为它们“得儒之严而失儒之大”，丧失了原始儒家的真正精神；说它们“俗”，是因为“达者之希世保位，穷者之随风慕禄”，本来就别有所图（《推十书·中书·流风》，1927 年）。“五四”时期人们高举“打倒孔家店”的大旗，以摧枯拉朽之势破四旧立四新，至今仍贻害不小，关键问题是原始儒家已经成了几千年的专制主义集权制度草菅人命、大刮民脂民膏的替罪羊。因此，现代的儒家政治哲学研究，就是要在彻底清除包括原始儒家哲学本身存在的一切专制主义毒素的前提下，广泛吸纳现代政治理论的各种精华，坚持先秦原始儒家的醇儒精义，使

① 黄俊杰：《孟学思想史》卷二，台北：“中央研究院”中国文哲研究所筹备处，1997 年，第 64 页。

代表中华民族思想主题的儒家政治哲学思想精华得以重现光明。

最后，现代的任何研究都必须是世界性的。现代儒学的研究就更是要走世界化的道路。除此之外的任何一条道路都是死路，都是往而不返的不归路。笔者的意思是，世界上任何经得起历史检验的理论都是在追求真善美的终极目标。也正因为如此，先秦原始儒学就有了与世界上各种思想流派进行广泛对话的共同基点。当然，在儒家政治哲学的研究领域，我们不能不坚持中学为体、西学为用的学术道路。也就是说，儒家思想的真谛是不能抛弃的，原始儒家的人民性、独立性、自由性、审美性以及天人合一、合外内之道等众多价值观念是不能抛弃的，否则我们就没有了立足的根本。但是，我们一定要博采众长，在广泛比较的前提下，开展我们的学术研究，从而建立我们新时代的儒家政治哲学理论体系。

二

诚如上文所表述的，先秦儒家政治哲学的最大特点和基点是在“正心诚意”基础之上的“修身”。这一点，不论在什么时代，什么地域、国度，或者在什么制度之下，都是不可或缺的政治基因。正是在这样的一个原点上，儒家的政治哲学理论从各个层面释放出了令人敬仰的闪光思想。它从人之所以为人的神性、不可替代性、独立性、创造性，性情修养、人格修养、终极关怀，以及个人与群体的关系，在天面前人人平等的政治人权理念，政府行政管理的终极目标等多个方面打造了坚实的理论基础。这是我们当代有些人文学者没有正视的事实。

因此，在这里笔者有必要做一简要的表述。

其一，“修身”理论的根本价值在于解决了人之所以为人的“天爵”之尊，它从根本上确定了人生而平等的思想。孔子“有教无类”的思想是建立在“性相近也，习相远也”的人性论基础之上的，就像孟子的“仁政”理论完全是建立在“善端论”基础之上的一样。“善端论”从现代西方民主政治的角度来讲十分幼稚可笑，可是，如果从中国古代自给自足的小农经济来讲，它又确实是中国数千年政治理论的人性论基础，而且发挥过巨大的积极作用。在当今社会，“善端论”也是以“性恶论”为出发点的现代政治理论赖以建立的基础。尤其是，“善端论”虽然没有直接将“人权”这个名词运用进去，但是，西方理论许许多多相关的“人权”思想却是包含在“善端论”之中的。比方说，原始儒家的禅让制理论的基础就是“人皆可以为尧舜”；后代的科举考试本身的优劣有许多争论，但是它为广大平民百姓参与国家管理敞开了任何其他国家都没有敞开过的大门。孔子与孟子从来都是把一切政治理念建立在关心民生疾苦之上的，而且，在中国历史上，从来没有出现过西方政治史上所谓“奴隶”制的社会现实。孟子曰：

庖有肥肉，厩有肥马，民有饥色，野有饿莩，此率兽而食人也。兽相食，且人恶之；为民父母，行政，不免于率兽而食人，恶在其为民父母也？仲尼曰：“始作俑者，其无后乎！”为其象人而

用之也。如之何其使斯民饥而死也。(《孟子·梁惠王上》)

连用模仿人的形体而制造的“俑”陪葬，孔子都深恶痛绝，就更不要说统治者“率兽而食人”了。孟子还有一段话更为深刻：

孟子见齐宣王，曰：“为巨室，则必使工师求大木。工师得大木，则王喜，以为能胜其任也。匠人斫而小之，则王怒，以为不胜其任矣。夫人幼而学之，壮而欲行之，王曰，‘姑舍女所学而从我’，则何如？今有璞玉于此，虽万镒，必使玉人雕琢之。至于治国家，则曰，‘姑舍女所学而从我’，则何以异于教玉人雕琢玉哉？”(《孟子·梁惠王下》)

这就不仅仅只是“野有饿莩”的问题了，它涉及人的精神世界何以独立的问题，也涉及政治体制何以设置的问题，更涉及人的意志自由与国家权力的关系问题。如果我们对先秦原始儒家文献加以比较了解，我们就会发现其中隐含着深刻的以“善端论”为基础的人性思想在现代社会的积极意义。

其二，以“修身”为基点的儒家哲学理论解决了“何故以得为帝”“何如斯可谓民之父母”等政权的合法性问题。禅让制的根本立足点就在于掌握国家最高权力的“君主”是否在道德修养上达到了全社会道德楷模的高度。郭店简的《唐虞之道》一文一开头就说：“尧舜之王，利天下而弗利也”(第1简)，说的就是作为最高统治者的第一基本素质就是大公无私，完全不计较任何个人得失，为广大人民谋福利。这篇文章的一个基本的论证逻辑是："必正其身，然后正世。"（第3简）最高统治者如果自己贪赃枉法，无所不用其极，就必然会引起全体国民的效仿，上梁不正下梁歪，其结果是极端恶劣的。在此基础之上，《唐虞之道》提出了作为最高统治者的基本要求：

> 夫圣人上事天，教民有尊也；下事地，教民有亲也；时事山川，教民有敬也；亲事祖庙，教民孝也；大学之中，天子亲齿，教民弟也。先圣与后圣，考后而甄先，教民大顺之道也。（第4–6简）

最高统治者必须保证广大的人民随时拥有"尊""亲""敬""孝""悌"等各种基本品德，上事天，下事地，天人合一，合外内之道，此大顺之道也。因此该文又指出："禅也者，上德授贤之谓也。上德则天下有君而世明，授贤则民举效而化乎道。不禅而能化民者，自生民未之有也。"（第20–21简）在先秦原始儒家看来，国家最高权力的合法性来源是维持一个国家的广大人民诚信、和谐的关键。换言之，如果我们在建立现代政治理论的框架时，对这一最核心的问题视而不见，甚或避而不谈，那就是舍本逐末，缘木求鱼。

其三，仁、礼相依的原始儒家思想解决了政治权力与宗教信仰的互动关系。任何一个伟大的民族都不可能没有宗教。实际上，不论是孔子的"仁学"还是"礼学"，最高深的内容都是宗教。汉代以前的"仁"字，写作从身从心的上下结构，是一个身心互正、体察天道的宗教性词语。这个“仁”字与原始儒家的天命观是联系在一起的。先秦原始儒家的天命论，在孔子那里一开始就是立足于对上古天命观改造的基础之上的。先秦儒家哲学之所以浩瀚博大，就在于它具有一套非常深远的天命观思想。孔子的思路非常明确，他认为在这个世界上，“天”是我们人类一切行为准则的范本。人如果做到了与天的统一，就达到了至高的境界，因此只有尧、舜这样的圣人才有可能做到。孔子以尧、舜为人生的楷模，并非出于生而知之的蒙骗，而是以大圣先贤的样板为人们在宗教情怀上树立道德的楷模。孔子特别强调后天的学习，他是世界知名的一流大教育家，也正说明了他在这方面的思想具有巨大的合理性、普适性。在孔子之后的孟子、荀子比孔子说得更加明确：“舜，何人也？予，何人也？有为者亦若是。”（《孟子·滕文公上》）“舜，人也；我，亦人也。”“尧舜与人同耳。”（《孟子·离娄下》）“凡人之性者，尧、舜之与桀、跖，其性一也；君子之与小人，其性一也。”（《荀子·性恶》）这种思想对中国的历史文化产生了深远的影响，陈胜、吴广起义时不就喊出过“王侯将相，宁有种乎”的口号吗？中国历史文化的不断推进，与先秦儒家的天命观具有直接的关系。

其四，人之所以能够成为尧、舜，在先秦儒家那里有一个非常深远的论证过程。他们认为“天命之谓性”，也就是说，人之所以为人的一切先天禀赋都是天赋予的，并没有后天阶级、门第、贫富差别的限制，因此是任何人都不能剥夺的天生权利。以此为基础，孔子提出了“有教无类”的重要思想。孔子认为，在后天的成长过程中，只要他认真学习，止于至善，洗心革面，不要反复地犯同样一种错误，时时刻刻反省自己，在道德上提升自己，以广大、高远、博厚的“天”作为人生的范本，就可以成为我们景仰的尧、舜。

其五，人之所以能够成为尧、舜，关键在于“天”具有各种各样我们人类应该保持的优秀品德。孔子认为，天最突出的品德就在于“诚”。所以，孟子说，人是秉承上天的“诚”而诞生的“赤子”，于是人的心就是“赤子之心”。在这颗“赤子之心”的基础上，修身养性，做到诚笃、诚实、诚恳、诚朴、诚挚、诚意，贯通天人，表里如一，一片赤诚，就可以参赞天地之化育，从而达到天人合一的境界。寓广大于细小之中，寓高远于凡俗之中，寓博厚于现实之中，这种即凡即圣的境界是一种道德的境界，也是一种宗教性的境界，更是一种审美的境界。中国传统的音乐、诗歌、绘画、武术等各个方面都无不体现了这种天、地、人一以贯之的、超越的“诚”。这实在是传统中国人根本的人生准则。

其六，至为重要的是，先秦原始儒家将人定位为具有宗教性的精神灵长，是非常具有前瞻性的举措。人肯定不能完全堕落为物质的追求者，更不能把自己等同于完全没有任何超越性质、没有任何终极关怀的禽兽。人如果只是生产关系与生产力的总和，那么，人的性情就只能是偏枯、苍白的，并且充满了各种各样贪婪的兽欲。先秦原始儒家一方面保持了天的神秘性以及人对天、天命的敬畏之情，另一方面又纠正了此前夏、商、周三代在天命观上的许多错误认识，把天命观与人的性情涵养联系起来，把天命观与人的品格联系起来，把天命观与人的终极关怀联系起来，依山点石，实在是具有高超的理论智慧。

其七，由“修身”的基点出发，广泛讨论了知识分子的自由人格问题，进而讨论了知识的独立性和生活方式的多样性。原始儒家特别强调“养浩然之气”，强调善、信、美、大、圣、神的不同境界的追求。孔子说：“志于道，据于德，依于仁，游于艺。”(《论语·述而》)孔子又说：“兴于诗，立于礼，成于乐。”(《论语·泰伯》)都是在说人性的问题最终是一个审美的问题。“游于艺”之命题的根本创新在于一个“游”字。固然，“游”的内容始终没有脱离“道”“德”“仁”等非艺术性的因素，但是它们始终以一种艺术的形式愉悦着主体的性情。“志于道，据于德，依于仁”之道、德、仁本来就是“游于艺”的“依据”，没有道、德、仁，艺就无法“孤立地”去“游”。然而，“游”与“成于乐”的“成”一样，毕竟都是一种艺术人生的存有方式，更是一种人生理想的自由境界。由于孔子之道与德具有天道的背景，仁的美德也具有形而上的层面，是宇宙精神之大化流行的人道体现，因而使这种落实在审美活动中的“游”，与自然美的境界彼此渗透，具有了通天地鬼神的特殊作用，把山水性灵的自然之美、艺术境界之美以及道德信仰之美都融会在了人的人性境界之中。值得注意的是，孔子的“游于艺”，实际上还包括各种对社会有贡献、对自己是一种人生享受的技能、技术。孔子说“知之者不如好之者，好之者不如乐之者”(《论语·雍也》)，就是这一思想的名言，它说明了孔子十分注重人性、人格的成长与科学知识之间的关系。

其八，“一阴一阳之谓道”与孝道、妇女观以及政治制衡论具有深刻的思想。孝道的本质是“爱”。在专制社会里，人们把孝道单方面规定为晚辈对长辈的孝敬，把政治体制描述成了上级对下级的绝对领导甚至宰制。这是片面的。笔者认为，在原始儒家的思想中，孝道应该是父母的“慈祥”与晚辈的“孝敬”的互动。郭店简《六德》“父圣子仁，夫智妇信，君义臣忠”的思想正说明了笔者的推理。妇女问题、政治制衡问题，都涉及“一阴一阳”的互动问题，它保证了中国社会的长期稳定和文化的涵摄性与包容性。《易经》的六十四卦，把乾卦和坤卦列为六十四卦之门，充分说明了原始儒家在根本的理论体系上对妇女的重视，现代中国妇女的社会地位在全世界首屈一指，也说明了中国妇女的传统地位比其他国家妇女的传统地位高得多。汉代以后，妇女地位每况愈下，她们所经受的各种社会的不公在根本上是受到了专制主义者的蓄意迫害。专制主义者把父权、夫权与君权统一起来的根本目的，是要稳定他们的铁桶江山。

由修身出发可以广泛建立和谐、诚信的社会人际关系。郭店简《成之闻之》写道：“天登大常，以理人伦。制为君臣之义，作为父子之亲，分为夫妇之辨。是故小人乱天常以逆大道，君子治人伦以顺天德。”（第31–33简）由于“人伦”直接来自“天常”，所以君臣、父子、夫妇的关系都是神圣化的关系，是天经地义的“天常”投射，所以是神圣不可侵犯的。但是，“六职”还必须以“天常”为皈依：“君子慎六位以祀天常。”(《成之闻之》第40简)一个“祀”字，神韵全出。换言之，在一个没有现代哲学的理性支持，没有三权分立、彼此监督的社会里，唯一能够保证“父圣子仁，夫智妇信，君义臣忠”不会动摇的办法就是依托于宗教信仰。在古代，宗教毕竟是唯一能够维系社会的绳索。天常，就是大常，就是天命、天道，就是宇宙间生生不息的大化流行。作者很清楚，没有来自宗教层面对心志的威慑，没有蕴含着恐惧和信仰的宗教情感，没有对道义的热忱追求，“使民相亲”的政治目的是不可能达到的。

其九，礼治的建立是社会各得其所，回归天然伦常的必由之路。孔子讲“克己复礼”为“仁”。“一日克己复礼，天下归仁焉。”每一个人在社会上都应该首先尽自己的本分。你是祖父、父亲、儿子、母亲，就应该尽到应有的责任，郭店简《六德》，专门讨论父子、夫妇、君臣的互动关系。由父与子、夫与妇，推而广之，到君与臣，就是国家的官员都应该各尽本分。落实到我们现代的社会，也就是各行各业的各种职员(包括清洁工、售货员、看门人、工人、农民等)，都应该首先把自己分内的事情做好。没有每一个国民的恪尽职守，就不可能出现现代经济的真正腾飞，就不可能有我们中华民族的未来。孔子关于“修身”理论的出发点是“己立立人，己达达人”，“己所不欲，勿施于人”，这就是“礼”的灵魂。这是现代社会各种人际关系应该绝对遵守的一条黄金规则。它首先要求每一个人把自己的事情做好，不怨天，不尤人，每天要“三省吾身”，然后再去要求别人。在各种社会关系中不是首先要求别人做到什么，而是首先要求自己做到什么。只要我们每个人把自己的事情首先做好，其他的事情就好办了。当然，这需要强有力的制度保证，否则就为一些窃国者提供了偷梁换柱的空间。

其十，天人合一的宇宙观——道，是人类各种学说的基础。我们人类的最终归宿就是不断奔向自由。我们只是宇宙的一部分，而宇宙又只是“道”的一部分，相对于宇宙而言，我们每一个人都渺小得微不足道；相对于“道”而言，我们任何人的任何巨大成就都只是“道”的一部分。孔子云：“朝闻道，夕死可矣。”也就是说，我们要为一个崇高的真理、崇高的目标而生活。做人要有底线，人际关系要有底线，做人做事都要有底线，这道底线就是原始儒家的“道”。儒家的“道”，是现代社会一切科学知识的终极境界，它涵容了一切领域与学科，是我们返本开新、奋斗创新、走向未来的前提和基础。不论是《论语》《孟子》还是《大学》《中庸》，就其哲学底蕴来讲，都是以天道为背景的，它们把人之所以为人的根本精神都置于天人之际，由此而使我们每一个人活得有尊严，活得有底线。我们的性情世界也因此而变得空明澄澈，海阔天空，具有无限博厚、高明、悠久的精神空间。尤其是，它们树立起了人的终极关怀的天道背景，从形而上的层面展现了人的至高无上性。

结语

不过，话要说回来，先秦原始儒家作为一种意识形态，一种管理国家的理念，无论如何已经成为过去，它毕竟是明日黄花。它完全不可能取代现代任何的政治思想理论，因为它所依赖的社会经济基础已经消失了。但是，它是我们现代政治生活中的一种资源。这种资源十分重要，以至于它与我们的民族精神唇齿相依，甚至不可或缺。所以，我们不能不正视它在现代社会中的价值和作用。在目前的国际国内形势下，我们只有立足于先秦儒家关于人的理念和政治理念，全面学习、涵化全世界优秀的政治理念，融会贯通，负阴而抱阳，充气以为和，建立一种全新的、涵容中西文化精华的、适合中国历史文化现实的当代中国政治体系，才是我们走向世界强国之林的必由之路。

第一编

第一章　从对《韶》乐的态度看孔子的政治思想

《论语》中，总共有三次谈到了《韶》乐。表面上看，这只是一个“乐”的审美问题、教化问题，其实涉及了孔子非常深远的政治理想。纵观中国源远流长的政治理论，深刻体察中国当下的政治理论建设，笔者深以为，这个问题依然历久弥新。它不仅涉及个人的人性修养、性情打造、审美净化、人格塑造、人的价值实现和社会的诚信建设等问题，而且还关涉政治权力更替的方式问题，其中隐藏着深刻的政治哲学理论，值得我们深入研究。

第一节　由乐教到政治

《论语》三次提到《韶》乐的原文如下：

> 子谓《韶》：“尽美矣，又尽善也。”谓《武》：“尽美矣，未尽善也。”（《论语·八佾》）
>
> 子在齐闻《韶》，三月不知肉味。曰：“不图为乐之至于斯也！”（《论语·述而》）

> 颜渊问为邦。子曰："行夏之时，乘殷之辂，服周之冕，乐则《韶》舞。放郑声，远佞人。郑声淫，佞人殆。"(《论语·卫灵公》)[①]

从这三章我们明显看到，孔子是非常喜欢《韶》乐的。其实，在先秦时期相关典籍中，类似的对《韶》乐推崇备至的文字，是比较多的。例如：

> 以乐舞教国子。舞《云门》、《大卷》、《大咸》、《大韶》、《大夏》、《大濩》、《大武》。以六律、六同、五声、八音、六舞、大合乐，以致鬼神示，以和邦国，以谐万民，以安宾客，以说远人，以作动物。(《周礼·大司乐》)[②]
>
> 《大章》，章之也。《咸池》，备矣。《韶》，继也。《夏》，大也。殷周之乐，尽矣。(《礼记·乐记》)[③]

这两条史料已经说明，中国上古时期有一个伟大的经典"乐"的传统，从黄帝，到尧、舜、禹三代，再到周文王、周武王，各个时代都有代表性的大乐。从艺术发展的规律来讲，任何一种艺术形式，都只能是从民间诞生，逐步发展提升而来，我们在这里通过上述史料中所展列出来的内容，可以想见中华民族上古时期"乐"的盛况。

---

① 本章所引《论语》原文，出自阮元校刻：《十三经注疏》(上)，北京：中华书局，1980年。

② 同上书，第787–788页。

③ 阮元校刻：《十三经注疏》(下)，北京：中华书局，1980年，第1534页。

但是，到后来，它被提升到了政治的层面。上文所引《周礼》说得很清楚，它有它的政治目的："以致鬼神示，以和邦国，以谐万民，以安宾客，以说远人，以作动物。"这种表述说明："乐"已经在中华民族的精神传统中被政治化、神化了，好像是一种图腾性的被崇拜对象。这应该经历了一个相当长的历史过程。下面的史料也更进一步地说明了这一点：

箫韶九成，凤皇来仪。夔曰："於！予击石拊石，百兽率舞，庶尹允谐。"(《尚书·虞夏书·益稷》)[①]

禹乃兴《九韶》之乐，致异物，凤凰来翔。天下明德皆自虞帝始。(《说苑·修文》)[②]

"箫韶九成""九韶"，可能是指《韶》乐有九章，或是有九场，是九幕连续歌舞剧。它的场面非常宏大，因为它可以导致"击石拊石，百兽率舞"。其音乐应该也非常空灵、神奇，犹如天籁之音："致异物，凤凰来翔。天下明德皆自虞帝始。"那就是惊天地、泣鬼神，可以明明德于天下，可以"庶尹允谐"。也就是说，整个世界的人，不论他是官员还是庶民，全部被这种伟大的"乐"（诗乐舞三位一体的歌舞剧）给感动了、震撼了，唤起了他们的良知、和蔼与诚信（"允谐"），沟通了天与人的

① 阮元校刻：《十三经注疏》(上)，北京：中华书局，1980 年，第 144 页。

② 刘向撰、赵善诒疏证：《说苑疏证》，上海：华东师范大学出版社，1985 年，第 572 页。

关系，不仅可以“致异物”，世界上的一切都被吸引过来了，甚至感动了上苍，“凤皇来仪”“凤凰来翔”，无以复加了。在这些表述中，我们看到，上古时期的“乐”，是政治稳定的反映，是安邦定国的方式，也是从根本上净化人的性情、打造人的品格的手段。

关于《韶》乐更加精妙绝伦的、带有哲理性描述的文字，来自《左传》：

> （季札）见舞《象箾》、《南籥》者，曰：“美哉！犹有憾。”见舞《大武》者，曰：“美哉！周之盛也，其若此乎！”见舞《韶濩》者，曰：“圣人之弘也，而犹有惭德，圣人之难也。”见舞《大夏》者，曰：“美哉！勤而不德，非禹，其谁能修之？”见舞《韶箾》者，曰：“德至矣哉，大矣！如天之无不帱也，如地之无不载也。虽甚盛德，其蔑以加于此矣，观止矣。若有他乐，吾不敢请已。”（《左传・襄公二九年》）[1]

季札是春秋时期的一位政治家、预言家，精通历史和艺术。他在观看了《韶箾》乐舞之后，大为感叹，认为它贯通天人，“如天之无不帱也，如地之无不载也”，像辽阔的天空一样笼罩着世界，像大地一样承载、生养着万物，无以复加，登峰造极，叹为观止。因为这是“德至矣哉，大矣！”季札把所有的乐都视为“德”的体现，而《韶》则是所有乐中之

① 杨伯峻编著：《春秋左氏传》（三），北京：中华书局，1990 年，第 1165 页。

至善至美者。[①] 这样的一种观念，是我们理解孔子思想的基础。阅读了这样的文字之后，我们就知道《论语》中为什么记载了孔子对《韶》乐如醉如痴、超乎寻常的喜欢：

> 子在齐闻《韶》，三月不知肉味。曰："不图为乐之至于斯也！"（《论语·述而》）

无以复加，推崇备至的观点，与季札毫无二致。由文献学家刘向根据上古史料编纂的《说苑》还非常生动地记载了孔子专程到齐国去观赏《韶》乐的具体过程：

> 孔子至齐郭门之外，遇一婴儿挈一壶，相与俱行，其视精，其心正，其行端，孔子谓御曰："趣驱之，趣驱之。"《韶》乐方作，孔子至彼，闻《韶》三月不知肉味。故乐非独以自乐也，又以乐人；非独以自正也，又以正人矣哉！于此乐者，不图为乐至于此。（《说苑·修文》）[②]

这里展现的孔子，是一位非常具有童心的学者，趣味盎然。他看到一个小孩子拿着一只壶，孔子在这个孩子的精神气质上感受到了《韶》乐独特的艺术魅力："其视精，其心正，其行端"，九个字，厚重凝练，精妙

① 《韶》是虞帝大舜的大德的体现，上文所引《说苑·修文》所说的"天下明德皆自虞帝始"就是这个意思。

② 刘向撰、赵善诒疏证：《说苑疏证》，上海：华东师范大学出版社，1985 年，第 584 页。

绝伦，把《韶》的审美净化作用和巨大的感召力描述出来了：凝聚人的精神，净化人的良知，端正人的视听言行。而且，《说苑》在这里的意思是，《韶》乐对这个国家的所有人，包括小孩子的人格塑造、性情打造都有非常深远的效果。通过对《韶》乐的欣赏，孔子还对“乐”的作用、审美方法参悟出了一系列的规律：第一，单独一个人欣赏乐，不如与他人一起欣赏。第二，不仅是单独一个人享受到乐的美，而且应该让大家都享受到乐的美。第三，真正的传统经典大乐不仅可以正己，而且可以正人。“乐”具有巨大的教化意义，因为它的根本是“道”，也就是乐以载道。第四，欣赏乐就是与乐的作者的思想交流、对话，就是与古人对话，就是与古代文化传统对话。第五，人与乐交流的最终结果是人与天的对话和融合。这就是《乐记》所说的“大乐与天地同和”。孔子真正是一位闻一而知十，一叶知秋，非常具有洞察力的人物。

所以，孔子的乐教可能由此而形成了强大的体系：

> 子曰：“兴于诗，立于礼，成于乐。”（《论语·泰伯》）

如果我们对上述关于《韶》的强大魅力没有知识性背景的话，我们就无法理解孔子“成于乐”的思想深度。“其视精，其心正，其行端”，指的是欣赏古典雅乐之后的精神状态，那是净化的结果。在孔子的思想体系中，这是说的“忠”。“乐非独以自乐也，又以乐人；非独以自正也，又以正人矣哉”，这是说的“恕”。忠恕之道，一以贯之。如果把它与《礼记·乐记》结合起来理解，我们就知道，在孔子看来，“乐”的审美过程不仅仅是人自己的净化过程，人与人的沟通过程，更是人与“天”交流沟通的过程，是人之所以为人、天人合一的人格得以打造的过程，是一个诚信和谐、讲信修睦社会得以建立、逐步完善的过程。

所以，孔子认为《韶》乐是治理国家的重要工具：

> 颜渊问为邦。子曰：“行夏之时，乘殷之辂，服周之冕，乐则《韶》舞。放郑声，远佞人。郑声淫，佞人殆。”(《论语·卫灵公》)

在这里，我们看到，孔子是一位传统文化的坚定捍卫者。他好像对他所面对的礼崩乐坏的现实世界的一切都是看不惯的和否定的。因为他要“行夏之时，乘殷之辂，服周之冕，乐则《韶》舞”。各个方面，似乎只有古代的才是经典的。因为现实的艺术状态，实在是令人不堪：“放郑声，远佞人。郑声淫，佞人殆。”只有夏、商、周三代的乐，才是好的。我们知道，虽然三代的文化具有主流的传承性，但是，它们彼此之间也有巨大的不同。我们由此而看到了孔子思想来源的复杂性。“乐则《韶》舞”四个字，更是把《韶》推向了经典，推向了极端，它是对三代之“乐”的一个总结，即最优秀的代表。乐教，在后来整个孔子的学术体系、教化体系中，都是施行德性教化的重要手段。

> 大乐与天地同和，大礼与天地同节。和故百物不失，节故祀天祭地，明则有礼乐，幽则有鬼神。如此，则四海之内，合敬同爱矣。礼者殊事合敬者也；乐者异文合爱者也。礼乐之情同，故明王

以相沿也。故事与时并，名与功偕。

及夫礼乐之极乎天而蟠乎地，行乎阴阳而通乎鬼神，穷高极远而测深厚。乐著大始，而礼居成物。著不息者天也，著不动者地也。一动一静者，天地之间也。故圣人曰礼乐云。(《礼记·乐记》)[①]

《乐记》将礼与乐结合起来，收拾人心欲望，建立诚信和睦，塑造性情世界，这是对上古以来的乐教深谋远虑的改造与提升。《乐记》虽然出自孔子后学[②]，但是，其思想源自孔子，当然是毫无疑问的。它最精深的思想在于，把政治的诚信与社会的和谐完全建立在打造人之所以为人的艺术境界之上。这是千古不易的社会学的、政治学的、伦理学的理论。这种传统一直影响着孟子、荀子及其百万的后学，这也是不言而喻的。

孟子曰："仁言不如仁声之入人深也，善政不如善教之得民也。善政，民畏之；善教，民爱之。善政得民财；善教得民心。"(《孟子·尽心上》)[③]

---

① 阮元校刻：《十三经注疏》(下)，北京：中华书局，1980年，第1530、1531页。

② 孔颖达《礼记正义》引《艺文志》云："黄帝以下至三代，各有当代之乐名。孔子曰：'移风易俗，莫善于乐也。'周衰礼坏，其乐尤微，以音律为节，又为郑、卫所乱，故无遗法矣。汉兴，制氏以雅乐声律，世为乐官，颇能记其铿锵鼓舞而已，不能言其义理。武帝时，河间献王好博古，与诸生等共采《周官》及诸子云乐事者，以作《乐记》事也。其内史丞王度传之，以授常山王禹，成帝时，以谒者数言其义，献二十四卷《乐记》。刘向校书，得《乐记》二十三篇，与禹不同，其道浸以益微。"(同上书，第1527页)《乐记》的作者有很多种说法，其实都是猜测，真正靠得住的还是这段文字。

③ 本章所引《孟子》文字，出自《孟子疏证》，载阮元校刻：《十三经注疏》(下)，北京：中华书局，1980年。

荀子曰："夫声乐之入人也深，其化人也速。"(《荀子·乐论》)[1]

由此我们可以看到，孔、孟、荀所面临的社会问题与我们当今有着惊人的相似，他们提倡乐教的目的，第一，要把老百姓团结起来，整个国家要有向心力、凝聚力，这是建立社会诚信的前提与基础（"得民"）。第二，化解官府与老百姓之间情绪上的对立。民"畏之"的结果，只能是引发一连串的社会矛盾，最终不可开交。第三，"得民心"的结果，就是政治局面的长治久安。这里的长治久安，不是建立在枪杆子之上，而是建立在老百姓安居乐业、幸福美满，具有审美追求的基础之上。个人的自足圆满与社会的诚信和谐，完全是相统一的。

第二节　尽美矣，又尽善也

走笔至此，笔者要说，这篇文章真正要说的话现在还完全没有下笔。因为，孔子的思想非常深远。在《论语》中，孔子最有震撼力的话是：

子谓《韶》："尽美矣，又尽善也。"谓《武》："尽美矣，未尽善也。"(《论语·八佾》)

《韶》是三代时期舜的乐舞，而舜的权力是尧禅让给他的，不是舜通过武力征伐夺取的。而且舜又尊崇尧的传统，最后将他自己手中的权力禅

---

① 本章所引《荀子》文字，出自王先谦撰：《荀子集解》，北京：中华书局，1988年。

让给了十分勤勉、做出了巨大贡献的大禹。这种禅让制最大的好处，在于政权交接的过程是平稳过渡的，没有流血事件，因而也就没有仇恨。没有仇恨也就没有阶级对立，和由此而来的一系列的阶级斗争。

孔子说，《韶》乐“尽善尽美”，什么是“善”？什么是“美”？美，当然是指形式之美。而善，则是指内容。“善”的根基是“仁”。这是历代注家的共识。仁者，恻隐之心也。这就是为什么季札在观看了《韶》乐以后大加赞赏，称《韶》乐为“德至矣哉，大矣！”的原因。孔子当然是与季札一脉相承的。后代的注家都走了这一诠释的路径。①

为什么《武》就“尽美矣，未尽善也”呢？原来，由于《武》是历代大型经典乐舞的总结性乐舞，所以，做到“尽美”是可能的，但是，在孔子看来，“未尽善也”。因为周武王是以武力夺取政权，周朝是推翻商纣王的统治建立起来的王朝。此乐舞号称《武》，其中必然充满杀伐征战之声。我们在这里应该沉思片刻，对孔子的话做一深沉厚重的思考。把先秦儒家所有的原典结合起来，整合起来，我们会发现一个铁的事实，那就是：孔子推崇禅让制，反对武装夺取政权。虽然即便是在《论语》中，孔子自己也没有落实②；在孟子的理论体系中，孟子也

---

① 《论语补疏》曰：“武王未受命，未及制礼作乐，以致太平，不能不有待于后人，故云未尽善。善，德之建也。”（程树德撰：《论语集释》，北京：中华书局，1990年，第223页）这是直接在批评武王没有把社会之德建立起来。

② 《论语·阳货》载：佛肸召，子欲往。子路曰：“昔者由也闻诸夫子曰：‘亲于其身为不善者，君子不入也。’佛肸以中牟畔，子之往也，如之何？”子曰：“然。有是言也。不曰坚乎，磨而不磷；不曰白乎，涅而不缁。吾岂匏瓜也哉？焉能系而不食？”孔子在政治上一直有特别的想法，这是很明显的。

是提倡在广大的老百姓生活在水深火热之中，暴君草菅人命、骄奢淫逸、倒行逆施的时候，豪杰之士都可以像武王一样“一怒而安天下之民”（《孟子·梁惠王下》）[①]。

但是，现实与理想，具有非常遥远的距离。孔子的理想是什么呢？我们在《论语》中是可以找到证据的：

> 子贡曰：“如有博施于民而能济众，何如？可谓仁乎？”子曰：“何事于仁，必也圣乎！尧、舜其犹病诸！夫仁者，己欲立而立人，己欲达而达人。能近取譬，可谓仁之方也已。”（《论语·雍也》）

长期以来，人们只是注意到了“夫仁者，己欲立而立人，己欲达而达人。能近取譬，可谓仁之方也已”、“己所不欲，勿施于人”（《论语·颜渊》）这样的德行修养训诫，而没有注意到前面的话。对于“博施于民而能济众”，孔子的评价是：“何事于仁，必也圣乎！尧、舜其犹病诸！”这是一种至高至大至上的境界，这是一种以“天”为楷模、公平正义的境界。

> 子曰：“巍巍乎！舜、禹之有天下也，而不与焉。”（《论语·泰伯》）

---

① 《孟子·梁惠王下》载：“《书》曰：‘汤一征，自葛始。’天下信之，东面而征，西夷怨；南面而征，北狄怨，曰：‘奚为后我？’民望之，若大旱之望云霓也。归市者不止，耕者不变，诛其君而吊其民，若时雨降，民大悦。《书》曰：‘徯我后，后来其苏。’今燕虐其民，王往而征之，民以为将拯己于水火之中也，箪食壶浆以迎王师。”这是孟子碰到的特殊时代必然寻求的解脱之道。

> 子曰："大哉！尧之为君也！巍巍乎！唯天为大，唯尧则之！荡荡乎，民无能名焉！巍巍乎！其有成功也！焕乎！其有文章。"（同上）

这不是我们置身于功利主义的时代、处于目前的人性水平能够企及的政治境界和人的性情境界。这样的状态，让孔子高山仰止，而且是"唯天为大，唯尧则之"，简直就找不到更美好的词语来形容那个时代的公平公正了。因为，在这种社会里，完全没有贪污腐败，更没有不公正，像"天"一样，不仅周流六虚，而且无私不覆。它由此带来的是整个社会人文主义、人道主义的巨大发展（"巍巍乎！其有成功也！焕乎！其有文章"）。这其实就是孔子"天下为公""世界大同"的理想：

> 孔子曰："大道之行也，与三代之英，丘未之逮也，而有志焉。"大道之行也，天下为公。选贤与能，讲信修睦，故人不独亲其亲，不独子其子，使老有所终，壮有所用，幼有所长，矜寡孤独废疾者，皆有所养。男有分，女有归。货恶其弃于地也，不必藏于己；力恶其不出于身也，不必为己。是故谋闭而不兴，盗窃乱贼而不作，故外户而不闭，是谓大同。（《礼记·礼运》）

在中国思想史上，这是非常有名的文字。但是，怎么才能够达到这样的政治、文化境界呢？在孔子的知识世界和政治理想中，唯一的办法，只有禅让制。笔者通过认真思考，坚定认为，这是唯一的道路。孟子深刻领悟孔子的思想，曾经也有十分经典的表达：

> 孟子曰："行一不义，杀一不辜，而得天下，皆不为也。"（《孟子·公孙丑上》）
>
> 孟子曰："争地以战，杀人盈野；争城以战，杀人盈城，此所谓率土地而食人肉，罪不容于死。故善战者服上刑，连诸侯者次之，辟草莱、任土地者次之。"（《孟子·离娄上》）

因为，孔子、孟子都已经看到，从纯理论上来讲，武装夺取政权，会给人性的修养、诚信的建立、社会的安定等相关问题带来无法言状的各种弊端。

第一，从儒家的思想体系来讲，它提倡"礼"。即便商纣王草菅人命，骄奢淫逸，倒行逆施，人民生活在水深火热之中，周武王有一百个、一千个理由推翻商纣王的暴政，一怒而安天下之民，但是，儒家的理论是："夫孝，天之经也，地之义也，民之行也。天地之经而民是则之，则天之明，因地之利，以顺天下，是以其教不肃而成，其政不严而治。先王见教之，可以化民也。是故先之以博爱，而民莫遗其亲；陈之以德义而民兴行；先之以敬让而民不争；导之以礼乐而民和睦；示之以好恶而民知禁。《诗》云：'赫赫师尹，民具尔瞻。'"（《孝经·三才章》）如果以武装夺取政权，就开了以臣犯君、逆天造反的先例，违反了天尊地卑、天人合一、移孝于忠的基本常态。从此以后，国家在领导老百姓的时候，就不能够真正地、彻底地自圆其说。

第二，武装夺取政权的真正危害，是人为地制造了敌人。固然，在统治集团内部很多人是既得利益者，但是，他本人也是制度、政权的受害者，他未必是作恶多端的人。当新的政权建立之际，他自然而然将会遭到镇压。旧时代把人变成鬼，新时代把鬼变成人。冤冤相报，没完没了，永无宁日。对于被压迫者，仇恨永远存放在心灵的深处。对于压迫者，处处草木皆兵。党锢之祸、文字狱，比比皆是，人们长期生活在恐惧之中。阶级斗争成了整个国家的常态。但是，真正的罪魁祸首，是武装夺取政权。

第三，武装夺取政权，根本的问题是社会政治与经济成本投入太大。因为战争一起，兴师动众，生灵涂炭，玉石俱焚，民不聊生。孙子曰："凡兴师十万，出征千里，百姓之费，公家之奉，日费千金。内外骚动，怠于道路，不得操事者，七十万家。"[①] 一将功成万骨枯！战争所制造的真正的苦难承受者，不是既得利益者和操纵战争的人，而是广大的黎民百姓。无数的生命卑贱如草芥，历尽磨难，生不如死，这都不在话下。对于国家来说，一切的经济建设，一切固有的、传统的价值观念，一切的理想与生活梦想，全部推倒重来，进而是对历史彻底地推倒重来，甚至滑向彻头彻尾的历史虚无主义。

第四，武装夺取天下的你死我活的性质，从根本上决定了新的政权始终摆脱不了以武力管理天下的噩梦。秦始皇以文化弱小之国，以强悍

① 国学整理社：《诸子集成·孙子十家注》第六册，北京：中华书局，1954年，第226页。

的兵力战胜了东方六国之后，难道他不知道不实施仁义、不推行仁政而“攻守之势异也”[①] 的道理吗？势所必然也。中国社会几千年来，一直就没有摆脱这个噩梦，其实是中国人的灾难。因为，以武力、以暴力来管理天下，最后必然的结果，就是真理的沦丧，进而就是道德的沦丧。就是为了权力，有识之士无所不用其极，愚夫愚妇，因为权力而低三下四，没有尊严。衣冠楚楚者，脑满肠肥者，满嘴仁义道德，满肚子男盗女娼。而社会的弱势群体，胁肩谄笑，为了生存，笑贫不笑娼。一切为了权力，成了这个国家唯一的真理。在一个毁灭了人性的国度里，是不能够再夸耀其他任何成就的。

第五，武装夺取政权和由此而带来的、不得不施行的武力管理、暴力管理，真正的危害是严重压抑人性，忽视人的个性，摧毁人的尊严。最终，人的价值被忽视，进而彻底摧毁了性情世界那彩云追月般的艺术境界、幸福境界、天人境界，以及能够真正体现人类“天地之德，阴阳之交，鬼神之会，五行之秀气也”(《礼记・礼运》)的创造力。整个社会处于追求物质的醉生梦死之中，好死不如赖活着。在这个时候，这个国家绝大多数人对于人之所以为人的真正的崇高价值闻所未闻，对整个人类辉煌壮观的传统经典、世界名著，整个的精神文化传承，闻所未闻。人，仅仅作为一个物质的奴隶，“与物相刃相靡，其行尽如驰，而

① 贾谊曰：“秦以区区之地，致万乘之势，序八州而朝同列，百有余年矣。然后以六合为家，殽函为宫。一夫作难而七庙隳，身死人手，为天下笑者，何也？仁义不施而攻守之势异也。”(贾谊:《过秦论》，载阎振益、钟夏撰:《新书校注》，北京：中华书局，2000 年，第 3 页)

莫之能止，不亦悲乎”[1]，完全为物质所异化，生活在短暂的几十年的肉欲贪婪之中。在这样的社会里，人根本不知道真正的人的概念，是历史文化的传承、几千年文化的结果，他的生命本来可以穿越几千年，成为一个站在巨人肩膀上的人。“子在川上曰，逝者如斯夫，不舍昼夜。”（《论语·子罕》）这些观念，对暴政下的臣民来讲，真是夏虫不可以语冰。

对于武装夺取政权的危害，作为圣人的孔子，怎么可能不深入地思考呢？江熙《论语集解》曰：“孔曰：《韶》，舜乐名也。谓以圣德受禅，故曰尽善也。《武》，武王乐也。以征伐取天下，故曰未尽善也。”古代注家在这一点上，观点非常一致，他们完全理解孔子的心。这样的注释，几乎俯拾即是，已无须讨论。[2]其实这在《礼记·乐记》中也是有明确阐述的：“乐者，天地之和也。礼者，天地之序也。和，故百物皆化。序，故群物皆别。乐由天作，礼以地制。过制则乱，过作则暴。明于天地，然后能兴礼乐也。论伦无患，乐之情也。欣喜欢爱，乐之官也。中正无邪，礼之质也。庄敬恭顺，礼之制也。若夫礼乐之施于金石，越于声音，用于宗庙社稷，事乎山川鬼神，则此所与民同也。王者功成作乐，治定制礼。其功大者其乐备，其治辩者其礼具。干戚之舞非备乐也，孰亨而祀非达礼也。五帝殊时，不相沿乐；三王异世，不相袭礼。乐极则忧，礼粗则偏矣。及夫敦乐而无忧，礼备而不偏者，其唯大

① 郭庆藩撰：《庄子集释》（一），北京：中华书局，1961年，第56页。
② 程树德撰：《论语集释》，北京：中华书局，1990年，第222-223页。

圣乎？”[①] 这段引文长了一些，但是，只有长引才能说明问题。也就是说，天地之和，百物皆化，论伦无患，欣喜欢爱，敦乐无忧，礼备不偏，这样的人性敦厚、社会诚信境界，只有靠礼乐文明为教化途径的仁政，才能够实现。而且它还直接指出：“干戚之舞非备乐也”。《乐记》作者的意思是，在乐舞中炫耀武力，奖励征伐之胜，唤起治国者的穷兵黩武之心，助长老百姓的霸道行为，与实现这种“仁政”的社会境界背道而驰。

也就是说，武装夺取政权之后，后患无穷。当然，孔子生于武王之后，当时的诸侯贪欲无穷，连年征战，已经一发不可收拾。孔子的禅让之梦，最终没有实现。但是，孔子的问题已经提出来了。面对经典，我们发现，孔子提出来的问题是，诸侯大权在握，无法无天，贪婪狠毒，草菅人命，已经失去了反思和忏悔的能力，我们怎么才能够制约他们？否则官逼民反，就会陷入恶性循环，再次故伎重演，逼上梁山。在政权的更替上，我们怎么才能够使政权的更替随着时代的进步而进步，而又不再次落入农民揭竿而起的窠臼之中？

---

① 阮元校刻：《十三经注疏》（下），北京：中华书局，1980 年，第 1530 页。

第二章 “禅而不传”的理论追踪

郭店简《唐虞之道》写道：“禅也者，上德授贤之谓也。上德则天下有君而世明。授贤则民举效而化乎道。不禅而能化民者，自生民未之有也。”（第 20-21 简）[①] 这是先秦儒家继《尚书》之后，在君权问题上，从理论上正面论证“禅而不传”的重要文献，也是先秦儒家反对父子宗亲继承制的有力证据。众所周知，由于历史时代的限制，先秦儒家理论是以“孝悌”为出发点的，由此而导致了人们长期深刻的误解，以为宗法血亲是先秦儒家的理论核心，有人干脆就提出：孔孟儒学“坚持把‘血亲情理’作为本根至上的基本精神”，“在本质上呈现出了血亲团体的特征”[②]。然而，《唐虞之道》的思想否定了这种观点，因为“禅而不传”的理论从根本上超越了宗法血亲，进入了一个高远的层面。笔者以为，孝悌，是儒家学说中现实的道德践履层面，仅仅是实现“仁”之达道的人生修养的起点，而“禅而不传”则是儒家思想体现在政治伦理学

① 《郭店楚墓竹简·唐虞之道》，北京：文物出版社，1998 年，第 158 页。

② 刘清平：《论孔孟儒学的血亲团体性特征》，载北京大学哲学系主办：《哲学门》第 1 卷第 1 册，武汉：湖北教育出版社，2000 年。

说中的超越层面，是全面实现“大同”的社会理想的必由之路。二者貌似冲突、矛盾，事实上却具有内在的联系，并且相辅相成。本章就是试图分析、研究这种内在的联系，了解儒家学说的超越精神，从而进一步把握儒家哲学的本质。

第一节 六位、六职、六德

儒家哲学是以“孝悌”为出发点的，此所谓“先能事父兄，然后仁道可大成”（刘宝楠《论语正义·学而》）。这种理论形态的形成，实际上并不仅仅是儒家先哲的主观选择。思想史上的许多现象，是历史文化发展史的惯性所致。没有前天与昨天的历史积淀，就没有今天的现实，也没有明天与后天的未来。思想的诞生从来就没有无前无后、无牵无挂的偶然，它与上下左右的各种因素必然具有千丝万缕的联系。先秦儒家哲学的诞生就是这样一个显著的例证。

根据北京大学历史系考古教研室商周组编著的《商周考古》（文物出版社，1979 年）第一章第四节，早在夏代，宗庙祭祀就已经成了国家的头等大事。河南偃师二里头的夏代宗庙建筑遗址结构复杂、规模宏大，总面积达一万多平方米。到了商代，宗法制更趋严密、繁复。但是，真正达到宗法制顶峰的时期是西周和春秋。春秋时期的宗法制度不仅严格区分嫡庶，确保嫡长子的继承权，而且宗族内部又分为大宗、小宗；大宗、小宗又根据世次辈分区分为昭穆；由昭穆而来，就产生了丧服制度，共分为斩衰、齐衰、大功、小功、缌麻五等。而“儒”，在前孔子的时代，就是专门为人主持丧礼的。儒家的崛起，实际上是肇始于兹。自古以来的宗法制不仅对儒家哲学的发生与发展产生了深刻的影响，而且也渗透到了中国文化的各个方面、各个层面。这是我们认识先秦儒家的一个最大的秘密。因此，新出土的《郭店楚墓竹简·语丛》有“丧，仁之端也”（第98简）的判断，把孔子的“仁学”与“丧”联系在了一起。这种情况，在儒家经典著作中也有透露。例如，在诠释《论语》“未知生，焉知死”与“未能事人，焉能事鬼”时，杜维明先生就指出，这两句话从浅近的层面来理解是：“我们如果不知道人、生，就没有资格谈论鬼、死。”“然而，如果从最高的体现和最全面的完成来看，应该可以这样说：我们如果要对生有真正全面而深入的理解，非要知道死不可；如果要对人有全面深入的理解，非要知道鬼不可。”[①] 通过丧，人们可以穿越死亡，来透视人生的历程；通过丧，人们可以唤起恻隐之心、仁慈之心；通过超越于现实之上的“鬼”，也就是形而上的宗教信仰层面，就可以更为深刻地把握人生的实质。中国哲学史是一种特定的人生论的历史，说到底，其最终的源头正在于此。这种生与死、人与鬼的关系，不能不使人正视人自身的来与去，注重“来”，就得重视“追远”；注重“去”，就得注重“慎终”（《论语·学而》）。因此，只有以“亲亲孝悌”为起点，人才能把握生命原始的“始终”；依托于人的自然情感，拓展性情，养性情之正，人才能够由亲亲，走向“爱人”，才能够由现实的道德践履，超越到宗教的层面，去体认“天”“天道”的博

① 杜维明：《一阳来复》，上海：上海文艺出版社，1997年，第235页。

大与深远。

《周易·系辞传》认为，丧礼有“原始反终，故知生死之说”的妙用；《礼记·郊特牲》又认为，本天祭祖，就有“报本反始”的功效。宗法血亲的崇拜，是当时社会的时尚，并非儒家所独有，这从先秦诸子百家的著作中都可以找到大量的证据。儒家先哲虽然“弟子三千”，理论的阵容大得很，但是面对这种根深蒂固、源远流长的宗法传统，也只能因势利导，借海扬波。因此，先秦儒家先哲们完全是在历史文化传统的基础上提出了“六位”“六职”“六德”社会群体划分的思想：

> 父圣、子仁、夫智、妇信、君义、臣忠。圣生仁，智率信，义使忠。故夫夫、妇妇、父父、子子、君君、臣臣，此六者各行其职而谗谄蔑由作也。(《郭店楚墓竹简·六德》第 34–36 简)

根据《六德》简文，我们可以知道：“六位”就是父、子、夫、妇、君、臣；“六职”就是教者、学者、率人、从人、使人、事人；“六德”就是圣、仁、智、信、义、忠。这当然是宗法制的眼光和角度，虽然它的理论归宿是试图通过六位、六职的践履来达到六德的超越。

从六位、六职、六德的排列顺序上，先秦儒家经典著作中有三种情况：第一，父子、夫妇、君臣；第二，夫妇、父子、君臣；第三，君臣、父子、夫妇。这三种排列顺序都屡见于先秦儒家经典之中，在刚出土的郭店简《六德》一文中，三种排列的顺序都出现过。先秦儒家是注重礼仪先后的，顺序的排列是一件大事，因此，六位、六职、六德的排列在先秦儒家，绝不是随意乱排的，是有一定用意的，值得我们推敲。在认真研究了《六德》简文之后，笔者以为，第一种情况，是从现实的宗法制的角度来排列的，它看重的是父权，是家族父子宗亲的承继；第二种情况，是从阴阳大化、男女交合、生生不息的角度来排列的，它看重的是夫妇之礼以及万物生发的源头；第三种情况，是超越于宗法之上的，是把君权置于父权之上的明证，它的着眼点在社会整体的统一管理。

不论把父子排列在先，还是把夫妇排列在先，都是以亲亲孝悌为起点的，因为它们都把君臣放在了后面。这种思想路径在《论语》、《孟子》、《荀子》和《礼记》中较为普遍，这是事实；但绝不是全部。上述经典中把君臣排列于父子、夫妇之前的地方也是很普遍的。

> 齐景公问政于孔子。孔子对曰："君君，臣臣，父父，子子。"公曰："善哉！信如君不君，臣不臣，父不父，子不子，虽有粟，吾得而食诸？"(《论语·颜渊》)
>
> 天下之达道五，所以行之者三：曰君臣也，父子也，夫妇也，昆弟也，朋友之交也；五者天下之达道也。知、仁、勇三者，天下之达德也，所以行之者一也。(《礼记·中庸》)
>
> 请问为人君？曰：以礼分施，均遍而不偏。请问为人臣？曰：以礼待君，忠顺而不懈。请问为人父？曰：宽惠而有礼。请问为人子？曰：敬爱而致文。请问为人兄？曰：慈爱而见友。请问为

人弟？曰：敬诎而不苟。请问为人夫？曰：致功而不流，致临而有辨。请问为人妻？曰：夫有礼则柔从听侍，夫无礼则恐惧而自竦也。此道也，偏立而乱，俱立而治，其足以稽矣。(《荀子·君道》)

但是，阅读儒家经典，我们是不能不注意它的宗教性的。也就是说，如果从宗教的层面来理解上述问题，我们就会发现，不论是父子关系、夫妇关系，还是君臣关系，在儒家看来，都有一种天经地义的神性，都有它们天命的最终依托，都是天道伦常在人世间的具体表现。这三种关系，首先是各自独立的子系统，都直接上承于天命。父子关系是就慎终追远、报本反始来说的；夫妇关系是就天尊地卑、阴阳大化来说的；君臣关系是就君权神授、上承天祚来说的。然而这三种关系之间，又是彼此牵制、互为激励的：没有夫妇，就没有父子血脉的持续延伸；没有父子，就没有夫妇化合的依托；没有君臣，父子夫妇就没有赖以存有的贤明社会，由亲亲而尊贤的理想就得不到公正、有效的贯彻。但是，这三种关系，在整个宇宙中，又只是各种天人关系中的一部分，它们来自天常，是天的意志的一种表现。从《周易》《易传》以来，“天道”一直被先秦儒家先哲视为人类社会生活的最高典范。笔者在此讨论《六德》的真正目的，是要弄清儒家哲学的宗法性最后的归宿到底在哪里，从而为我们探讨“禅而不传”的来龙去脉寻找理论的背景。

第二节 民→士→贤→圣→天

儒家先哲试图通过六位，坐实六职，根据六职培养六德。很明显，这是“礼”的路径，通过外在之礼、之位、之职的修养来唤发内心的德。但是，从人的思想道德和知识水平来说，先秦儒家又要求人通过现实的道德践履，下学上达，不断地扩充自己，提升自己，以形成自我内在的道德超越，这就是“善、信、美、大、圣、神”的道德递增（《孟子·尽心下》）。这样一来，在儒家的群体划分中，又出现了由“民、士、君子、圣贤”直至“圣王”的理路。

相对于六位、六职、六德来说，这里的理路完全超越了宗法制。先秦儒家在这里树立起了一面道德修养的人生旗帜。在这面人生奋斗历程的旗帜之下，六位中各个层面上的人都是平等的（真正平等的根源在随命而降的“善端”）。也就是说，只要你努力学习，提高道德修养，任何人都可以跨越“民”的局限（民者，冥也、瞑也），进入士（士，民之秀者）、君子、圣贤的天地，最后甚至可以达到圣王的境界。而圣者，则天也。这正是先秦儒家的精华之所在，因为它依据《周易》生气流行的刚健思想，在全社会树立起了一种只要君子自强不息就可以成就人生大业、造福于人类的积极向上的精神。

在先秦儒家先哲的亲身经历中，这种理论是可以得到印证的。孔子自己就是一个典型的例子。他从小就饱尝了生活的艰辛，做了很多别人都瞧不起的、低贱的活儿（“鄙事”），长大以后也只能给人家主持丧礼来维持生活（《论语·子罕》有“出则事公卿，入则事父兄，丧事不敢不勉”的记载）。但是，正是这样的生活经历，使他超越常人地认识到了“礼”，特别是“丧礼”在社会伦理生活中的巨大作用，并且因此而建立起了自己的思想体系，广招门徒，传播思想，成为千古无冕之王。以“丧礼”为契机、以亲亲为哲学思想的出发点建立起思想体系，其理论的归宿却是“爱人”，是“仁”的达道对“德”的超越，它的理论目的在于通过个人的修养、锤炼，组成一个由圣贤领导的“大同”世界，再通过这种“大同”世界去呵护人的天赋性情、权利。“大同”世界需要人们纯正的性情去造就，而纯正的性情又必须在“大同”世界里修养。

“德”，在儒家哲学中是统领仁、义、礼、智、信、圣的。研究先秦儒家，我们不能不充分注意这一重要的思想特征。本来在先秦各家各派中，几乎都重视“德”，老子、墨子、庄子均莫不如此。但是，在笔者看来，于儒家尤甚。在儒家的“德”的内涵中，毫无疑问，也是包含宗法制的内容的，但是，这只是德的低下的层面。先秦儒家各种经典中的大量论述，已经充分说明了这一点：

> 天子者，与天地参，故德配天地，兼利万物。（《礼记·经解》）
>
> 德者，性之端也；乐者，德之华也。（《礼记·乐记》）
>
> 仲尼祖述尧舜，宪章文武；上律天时，下袭水土。辟如天地之无不持载，无不覆帱，辟如四时之错行，如日月之代明。万物并育

而不相害，道并行而不相悖，小德川流，大德敦化，此天地之所以为大也。唯天下至圣，为能聪明睿知，足以有临也；宽裕温柔，足以有容也；发强刚毅，足以有执也；齐庄中正，足以有敬也；文理密察，足以有别也。溥博渊泉，而时出之。溥博如天，渊泉如渊。见而民莫不敬，言而民莫不信，行而民莫不说。是以声名洋溢乎中国，施及蛮貊；舟车所至，人力所通；天之所覆，地之所载，日月所照，霜露所队；凡有血气者，莫不尊亲，故曰配天。(《礼记·中庸》)

子曰："道者，所以明德也；德者，所以尊道也。是故非德不尊，非道不明。"(《大戴礼记·主言第三十九》)

子曰："有天德，有地德，有人德，此谓三德。三德率行，乃有阴阳。"(《大戴礼记·四代第六十九》)

很显然，先秦儒家的"德"，是一个以《周易》的天道精神为目的，以"尊亲"为基础，兼有仁、义、礼、智、信、圣，由低而高，逐层递进，最终超越"尊亲"，天地人合而为一的、开放的价值体系、提升体系和超越凡俗的扩充体系，它的最后归宿是"天"。

以此为基础，孔子主张德政，孟子主张仁政，荀子主张王道。

季康子问政于孔子曰："如杀无道，以就有道，何如？"孔子对曰："子为政，焉用杀？子欲善而民善矣。君子之德，风；小人之德，草。草上之风，必偃。"(《论语·颜渊》)

孟子曰：“不违农时，谷不可胜食也；数罟不入洿池，鱼鳖不可胜食也；斧斤以时入山林，材木不可胜用也。谷与鱼鳖不可胜食，材木不可胜用，是使民养生丧死无憾也。养生丧死无憾，王道之始也。”（《孟子·梁惠王上》）

挈国以呼礼义而无以害之，行一不义，杀一无罪而得天下，仁者不为也。（《荀子·王霸》）

子曰：“圣人爱百姓而忧海内，及后世之人，思其德必称其仁，故今之道尧舜禹汤文武者，犹威致王，今若存。夫民思其德，必称其人，朝夕祝之，升闻皇天，上神歆焉，故永其世而丰其年也。”（《大戴礼记·用兵第七十五》）

这种以仁义为皈依，以人民为根本，关心民生疾苦的情怀，当然是面向整个社会而言的。这就是与“孝悌”“小德”相对应的、以天下为己任的“大德”精神。只有在这种“大德”精神的支撑之下，儒家的政治理想才能真正实现。

孔子曰：“大道之行也，天下为公。选贤与能，讲信修睦。故人不独亲其亲，不独子其子，使老有所终，壮有所用，幼有所长。矜寡、孤独、废疾者，皆有所养。男有分，女有归。货，恶其弃于地也，不必藏于己；力，恶其不出于身也，不必为己。是故谋闭而不兴，盗窃乱贼而不作。故外户而不闭。是谓大同。”（《礼记·礼运》）

这种“大同”的政治思想，正是仁、义、礼、智、信、圣的最后归宿，也是孔孟社会伦理学说的最高理想。这完全超越了血缘宗亲的苑囿。“大同”的实现，来源于“大德”的修养，这正是《唐虞之道》的精华之所在：“古者尧生于天子而有天下，圣以遇命，仁以逢时，未尝遇□□，并于大时，神明均从，天地佑之。纵仁、圣可与，时弗可及嘻。夫古者舜居于草茅之中而不忧，身为天子而不骄。居草茅之中而不忧，知命也。身为天子而不骄，不□也。”（第14-16简）这是德性修养的最高境界，因为它与依托天道、居以待命紧密地联系在了一起：“子曰：‘舜其大孝也与！德为圣人，尊为天子，富有四海之内。宗庙享之，子孙保之。故大德必得其位，必得其禄，必得其名，必得其寿。故天之生物，必因其材而笃焉。故栽者培之，倾者覆之。《诗》曰：嘉乐君子，宪宪令德！宜民宜人，受禄于天；保佑命之，自天申之！故大德者必受命。’”（《中庸》）在先秦儒家的思想中，只要你努力学习，努力向善，居仁由义，“造次必于是，颠沛必于是”（《论语·里仁》），人人都可以成为圣贤，关键就在于这种“大德”的精神超越。正是在这样的理路下，必然性地出现了“禅而不传”的理论。因为只有在“禅而不传”的社会建构下，“大德”的个体修炼才会得到根本的保障。

这种“禅而不传”的理论是儒家君权思想的必要前提与依托。换言之，君主，必须是大贤、大德、大圣之人，是天下万众百姓的道德表率，他“泛爱众而亲仁”（《论语·学而》），“利天下而弗利”（《唐虞之道》第2简），因此他“宜民宜人，受禄于天”（《中庸》），不是父传子式的宗法血亲家天下的魔头，而是选贤与能、修和与睦的政治理想的代表。换言之,《唐虞之道》的作者以为，不是禅让的君主，并不具备“公心”的君主，没有超越宗法血亲关系的君主，在先秦儒家看来，就是非法的君主！这是我们研究儒家政治伦理学必须注意的一个基本准则，应该引起我们高度的注意。

第三节 天视自我民视，天听自我民听

然而，有人说，“不禅而能化民者，自生民未之有也”只是先秦儒家中部分人的思想，只是个别人的想法，并不能代表儒家思想的主体。他们的根据是《孟子·万章上》中的有关论述，声称孟子是赞成血缘宗亲基础上的“父传子继”的。为了弄清事实，我们现在不妨全文照录，仔细地来看一看孟子到底是怎么说的：

> 万章曰：“尧以天下与舜，有诸？”孟子曰：“否。天子不能以天下与人。”“然则舜有天下也，孰与之？”曰：“天与之。”“天与之者，谆谆然命之乎？”曰：“否。天不言，以行与事示之而已矣。”曰：“以行与事示之者如之何？”曰：“天子能荐人于天，不能使天与之天下；诸侯能荐人于天子，不能使天子与之诸侯；大夫能荐人于诸侯，不能使诸侯与之大夫。昔者尧荐舜于天而天受之，暴之于民而民受之，故曰：天不言，以行与事示之而已矣。”曰：“敢问荐之于天而天受之，暴之于民而民受之，如何？”曰：“使之

主祭而百神享之，是天受之；使之主事而事治，百姓安之，是民受之也。天与之，人与之，故曰：天子不能以天下与人。舜相尧二十有八载，非人之所能为也，天也。尧崩，三年之丧毕，舜避尧之子于南河之南。天下诸侯朝觐者，不之尧之子而之舜；讼狱者，不之尧之子而之舜；讴歌者，不讴歌尧之子而讴歌舜，故曰天也。夫然后之中国，践天子位焉。而居尧之宫，逼尧之子，是篡也，非天与也。太誓曰：‘天视自我民视，天听自我民听’，此之谓也。”万章问曰：“人有言：‘至于禹而德衰，不传于贤而传于子。’有诸？”孟子曰：“否，不然也。天与贤，则与贤；天与子，则与子。昔者舜荐禹于天，十有七年，舜崩。三年之丧毕，禹避舜之子于阳城。天下之民从之，若尧崩之后，不从尧之子而从舜也。禹荐益于天，七年，禹崩。三年之丧毕，益避禹之子于箕山之阴。朝觐讼狱者不之益而之启，曰：‘吾君之子也。’讴歌者不讴歌益而讴歌启，曰：‘吾君之子也。’丹朱之不肖，舜之子亦不肖。舜之相尧，禹之相舜也，历年多，施泽于民久。启贤，能敬承继禹之道。益之相禹也，历年少，施泽于民未久。舜、禹、益相去久远，其子之贤不肖，皆天也，非人之所能为也。莫之为而为者，天也；莫之致而至者，命也。匹夫而有天下者，德必若舜禹，而又有天子荐之者，故仲尼不有天下。继世以有天下，天之所废，必若桀纣者也，故益、伊尹、周公不有天下。伊尹相汤以王于天下。汤崩，太丁未立，外丙二年，仲壬四年。太甲颠覆汤之典刑，伊尹放之于桐。三年，太甲悔过，自怨自艾，于桐处仁迁义；三年，以听伊尹之训己也，复归于亳。周公之不有天下，犹益之于夏，伊尹之于殷也。孔子曰：‘唐虞禅，夏后、殷、周继，其义一也。’”

在这段文字中，孟子一开始就指出“天子不能以天下与人”，即便是“父传子继”也最后取决于天命，非人力所能为也。所以孟子又说：“舜相尧二十有八载，非人之所能为也，天也。尧崩，三年之丧毕，舜避尧之子于南河之南。天下诸侯朝觐者，不之尧之子而之舜；讼狱者，不之尧之子而之舜；讴歌者，不讴歌尧之子而讴歌舜，故曰天也。”孟子在这里强调的是“德”的积累深厚与否的问题。固然，孟子说了“天与贤，则与贤；天与子，则与子”，但是，他的意思是，如果天与贤，那么那个“贤”人就必须是有深厚的德性的人，他的原话是“匹夫而有天下者，德必若舜禹”，因为思孟学派认为只有大德才能配天；如果天与子，那么那个“子”往往也是因为他的父王积德深厚，是天让他继承王位。孟子用“益”与“启”的例子说明了这种情况。但是这种父传子继的方式，有一个前提，那就是继承者必须是有德者，“太甲”“处仁迁义”就是一个典型的事实。在他德性修养不好的时候，他是不能接受上天的赐予的，即便是他接受了，最后也没有好下场，因为，“天视自我民视，天听自我民听”，人民是上天的代表，他们是不会让无才无德的人占据王位的，他们会像诛杀独夫那样，把他驱赶出国境。既然有德者必有天下，那么，德若圣人孔子，为什么却没有得到天下呢？在孟子看来，这只能用天命来解释了。“莫之为而为者，天也；莫之致而至者，命也”，“非人之所能为也”，把一切都归之于天命的给予，因为没有时运，没有“天子荐之者”。（在这一点上，儒家的思想极见功夫，在郭店简《唐虞之道》和《超越穷达》中论述了儒家君子应该做出的选择。）

孟子这段话的核心是天命思想，因此“天与贤，则与贤；天与子，则与子”实际上是一个超越宗法血亲的判断，其本质仍然在于内在的“德性”是否上达于天，而“天”感其“诚”，“以行与事示之”，授之以天下苍生，《孟子·梁惠王下》引《书》曰“天降下民，作之君，作之师”就是说上天授天下苍生给君主代为管理，如果尽职尽责，管理得体，则天命为“父传子继”，如果忘乎所以，草菅人命，“天”就会根据人民的意愿收回成命，“禅而不传”。

孟子这段文字的最后引用了孔子的话“唐虞禅，夏后、殷、周继，其义一也”，是点题，也叫画龙点睛。也就是说，“禅”与“继”，有不同时运、际遇，但是，其根本的原因在于人的主体之“德性”的积累程度、超越程度，在于杳远不测的天命终究丝毫不爽，会按照它的逻辑来做出恰当的选择。

然而，孟子这段文字的关键之处是“太誓曰：‘天视自我民视，天听自我民听’”。结合上下文，笔者的分析结果是，天命的选择是根据人民的好恶为好恶、根据人民的选择为选择的。也就是说，孟子的“天”，实际上就是天下苍生，就是“民为贵，社稷次之，君为轻”的“民”。既然“人民”就是“天”，君主的一切所作所为，就必须以人民的利益为唯一的归依，否则，“天命”就会很快转移到德性深厚、关心民生疾苦的人的手中。所以，这样看来，《孟子》与《唐虞之道》的禅让思想，不仅具有内在的联系，而且完全相通，本来就是一回事。《孟子·万章下》更显明地表达了孟子本人渴望禅让制的思想：

> 曰：“敢问国君欲养君子，如何斯可谓养矣？”曰：“以君命将之，再拜稽首而受。其后廪人继粟，庖人继肉，不以君命将之。子思以为鼎肉，使己仆仆尔亟拜也，非养君子之道也。尧之于舜也，使其子九男事之，二女女焉，百官牛羊仓廪备，以养舜于畎亩之中，后举而加诸上位。故曰：王公之尊贤者也。”

儒家的禅让理论，有三个不容忽视的目的，其一，是为了敦促天下大大小小的君主们洁身自好，修身养性，积累功德，在道德上给全国的官员们做一个表率，全国上下施行仁政。从这个角度讲，在郭店简中，《唐虞之道》应该与《缁衣》合在一起来读。其二，它为天下的读书人描绘出了一条个人奋斗的人生历程，亦即，民→士→贤→圣→天，号称“大德者配天”，天赋君权实际上是天赋人权（性善论）的翻版，这不仅解决了人生哲学中现实与终极的关怀问题，而且也为儒家理想人格之建立树起了可以看得见、达得到的目标。其三，在根本的基点上，它是在为天下苍生、为广大无依无靠的劳动人民去谋得一块温馨的蓝天，为人民当家作主去谋求应该属于人民自己的权利。因为，如果君主在他的位置上倒行逆施，为非作歹，人民就有权替天行道，推翻他的统治。综上所述，笔者以为，儒家的禅让理论，是与它的政治思想、美学思想、伦理学思想、社会学思想有机地联系在一起的。《唐虞之道》是一篇先秦儒家政治伦理的代表作品。

第三章　禅让制的兴起与衰亡

湖北荆门郭店竹简文献《唐虞之道》和上海博物馆藏《子羔》《容成氏》等楚地出土文献出版以来，禅让制的问题已经成为海内外学界的热点问题之一，各种讨论已经较多了。笔者认为，禅让制的思想可能萌生于孔子，形成于七十子，在荀子的“礼”学强势面前衰落。这个过程反映了先秦儒家对中国传统政治体制在理论与实践层面的艰苦探索。禅让制既是对中国上古历史史实的发挥，也是直接面对中国先秦诸侯各国“争地以战，杀人盈野；争城以战，杀人盈城”的现实所开出的救世良方。对这个问题的深入探讨，不仅可以进一步认识先秦儒家在政治哲学上的本质，使儒学的发展脉络更加清晰，而且可以从禅让制这个特殊的视角出发清理中华民族自身的政治哲学资源，为当今的政治哲学建设提供借鉴。

第一节　禅让制产生的思想背景

在笔者看来，《唐虞之道》与《容成氏》的发现的首要意义，在于它们不仅以地下出土实物的形式否定了顾颉刚先生“禅让传说起于墨家”[①]的论断，而且也否定了童书业先生关于孟子之前没有“唐虞”连称的论断。童书业先生在其《“帝尧陶唐氏”名称溯源》一文中指出：

> 《孟子·万章篇》说：
>
> 孔子曰：“唐虞禅，夏后殷周继，其义一也。”
>
> 《孟子》这条若不是后人加入的文字的话，那么唐虞连称就始于此，唐同尧的发生关系也就始于此了。唐虞二字连称，在先秦书里真少，一到汉朝人所作的书中，便连见不绝了。[②]

在当今的简帛研究界，学者们已经公认郭店简的下葬年代在孔子与孟子之间，所以，孟子的话至少说明孟子之前就已经有了“唐虞”连用的说法，而且我们应该在极大程度上相信孟子这段话的真实性，也就是说，孔子确实是说过“唐虞禅”的话。任何人在没有提出反面的证据之前，现在已经没有办法完全否定这个判断了。下面，笔者还将进一步依据《论语》分析这一判断的合理性。现代疑古派的旗手顾颉刚先生在其《禅让传说起于墨家考》一文开宗明义指出：

> 尧舜禹的禅让，在从前是人人都认为至真至实的古代史的；自从康长素先生提出了孔子托古改制的一个问题以后，这些历史上的大偶像的尊严就渐渐有些摇动起来了。然而人们即使能怀疑到禅让

---

① 吕思勉、童书业编：《古史辨》第七册下，上海：上海古籍出版社，1982年，第30页。

② 同上书，第23-24页。

说的虚伪，还总以为这是孔子所造，是儒家思想的结晶品。哪里知道这件故事不到战国时候是决不会出现的，并且这件故事的创造也绝非儒家所能为的。现在做这一篇文字，就是要把这件向来认为古代或儒家名下的遗产重划归它的正主——墨家——名下去。我们一定要揭去尧舜禹的伪史实，才可以表显出墨家的真精神！

仔细阅读顾颉刚先生的大作，笔者深以为，顾先生非要在儒家与墨家之间画地为牢，弄得你中无我，我中无你，这种思维方式是很成问题的。笔者以为，顾颉刚先生所处的时代虽然有了前所未有的考古发现，但是，地下的考古实物并没有真正改变当时的学界有关上古史的知识“漆黑一团，囫囵吞枣”[①]的状态。顾先生确实是犯了简单化的错误，他好像对《庄子·天下》所展示的中国古代学术的发展理路完全没有了解。[②]

根据孙诒让的考证，墨子实际上是鲁国人。《淮南子·要略》云：

---

① 董作宾：《中国古代文化的认识》，载刘梦溪主编：《中国现代学术经典·董作宾卷》，石家庄：河北教育出版社，1996年，第615页。

② 《庄子·天下》云：“古之人其备乎！配神明，醇天地，育万物，和天下，泽及百姓，明于本数，系于末度，六通四辟，小大精粗，其运无乎不在。其明而在数度者，旧法世传之史尚多有之。其在于《诗》《书》《礼》《乐》者，邹鲁之士搢绅先生多能明之。《诗》以道志，《书》以道事，《礼》以道行，《乐》以道和，《易》以道阴阳，《春秋》以道名分。其数散于天下而设于中国者，百家之学时或称而道之。天下大乱，贤圣不明，道德不一，天下多得一察焉以自好。譬如耳目鼻口，皆有所明，不能相通。犹百家众技也，皆有所长，时有所用。虽然，不该不遍，一曲之士也。判天地之美，析万物之理，察古人之全，寡能备于天地之美，称神明之容。是故内圣外王之道，暗而不明，郁而不发，天下之人各为其所欲焉以自为方。悲夫，百家往而不反，必不合矣！后世之学者，不幸不见天地之纯，古人之大体，道术将为天下裂。”顾先生全文的论证以今度古，以己度人；因小而失大，似严而失真，执一废百，趋于极端，似乎完全没有读过《庄子》的这段重要的文字。

“墨子学儒者之业，受孔子之术，以为其礼烦扰而不悦，厚葬靡财而贫民，（久）服伤生而害事。”《吕氏春秋·当染》也记载了墨子在鲁国受教育的证据。胡适先生在其《中国哲学史大纲》中也明确说：“墨子所受的儒家的影响，一定不少。”[①] 所以，即便墨家提倡“禅让说”，也并不能否认先秦儒家的“禅让说”。

如果完全从历史学科的角度来考量，禅让制在孔子之前并不能说完全没有。《淮南子·氾论训》云：“尧无百尺之郭，舜无置锥之地”，“禹无十人之众”。《尉缭子·治本》云：“无私织私耕，共寒其寒，共饥其饥”。在原始社会生产力极端低下、物质条件极端恶劣的条件下，社会的管理只能是建立在平均主义的前提下“共寒其寒，共饥其饥”。翦伯赞在《先秦史》中将尧、舜、禹所面对的这种时代称为“野蛮中期”。[②] 所以顾先生说“禅让制”的传说是“虚伪”的“伪史实”，也是比较绝对的说法。况且，即便论证出所谓的“禅让制”是“伪史”，也并不能否定其思想史的意义。

另外，《韩非子·显学》云：“孔子墨子俱道尧舜，而取舍不同，皆自谓真尧舜；尧舜不复生，将谁使定儒墨之诚乎？”由此可见，儒家、墨家都是提倡禅让制的。他们传承的历史文化是一样的，所面对的社会问题也是一样的，在改造社会的方略上大致相同，也是完全有可能的。

---

① 胡适：《中国哲学史大纲》，北京：东方出版社，1996 年，第 130 页。

② 翦伯赞：《先秦史》，北京：北京大学出版社，1988 年，第 81 页。

诚如上文所说，禅让制在中国先秦时期来源于一个古老的传说。但是，到了孔子的时代，人们开始理性地思考这个重大的问题。仔细研究《论语》，我们毫无疑问地看到了有关禅让制的某些隐隐约约的思想。

> 哀公问曰："何为则民服？"孔子对曰："举直错诸枉，则民服；举枉错诸直，则民不服。"（《为政》）
>
> 子贡曰："如有博施于民而能济众，何如？可谓仁乎？"子曰："何事于仁，必也圣乎！尧、舜其犹病诸！夫仁者，己欲立而立人，己欲达而达人。能近取譬，可谓仁之方也已。"（《雍也》）
>
> 子曰："大哉！尧之为君也！巍巍乎！唯天为大，唯尧则之！荡荡乎，民无能名焉！巍巍乎！其有成功也！焕乎！其有文章。"（《泰伯》）
>
> 舜有臣五人而天下治。武王曰："予有乱臣十人。"孔子曰："才难，不其然乎？唐虞之际，于斯为盛。有妇人焉，九人而已。三分天下有其二，以服事殷。周之德，其可谓至德也已矣。"（同上）
>
> 季康子问政于孔子曰："如杀无道，以就有道，何如？"孔子对曰："子为政，焉用杀？子欲善而民善矣。君子之德，风；小人之德，草。草上之风，必偃。"（《颜渊》）
>
> "学而优则仕。"（《子张》）

在芸芸众生之中何以将"直"者提拔到领导的岗位上？《论语》本

身并没有深入讨论这个问题。对子贡关于“博施于民而能济众”的问题，孔子持高度赞许的态度，夫子的界定是“何事于仁，必也圣乎！尧、舜其犹病诸”，其向往之情溢于言表。在《泰伯》中，孔子赞扬“尧之为君”的时候情感冲动，可以说已经无以复加。对“舜”在禅让制的社会管理模式下所取得的政绩也是直言不讳的。限于文章的体例，《论语》并没有详细讨论禅让制，但是这并不意味着现实生活中的孔子就没有看到各路诸侯巧取豪夺、把天下苍生视为私有财产的事实，更不意味着孔子在与学生进行各种讨论的时候就不涉及禅让制。楚简《子羔》篇出土问世，正好说明了孔子对当时通行的政权更替形式持强烈的批判态度。从上面的引文中，我们也已经清楚地看到，要彻底解决《论语》中各条引用文献所提倡的政治理想，其必然归宿只能是在政权更替上施行禅让制。“君子之德，风”的最后结果，只有通过禅让制能够达到这种效果；“学而优则仕”也只有完全实行禅让制之后才有可能彻底实现。①

所以，顾颉刚先生说，“禅让制”是墨家“尚贤”思想的体现，还列出了墨子的话作为证据：“尚欲祖述尧舜禹汤之道，将不可以不尚贤。”（《墨子·尚贤上》）② 对此笔者不置可否，但是，如果我们确定墨

---

① 在先秦儒家的话语背景下，“仁”之极，就是“圣”，实际上就是禅让制；“礼”之极，就是专制性的“法”。孔子主观上推崇的是仁与礼之间不离不流的“和”，但是，在现实的政治生活中，二者最终是被撕裂了的。禅让制的消亡和极权主义的出现就是证明，对此问题笔者拟专文讨论，此不赘言。

② 顾颉刚：《禅让传说起于墨家考》，载吕思勉、童书业：《古史辨》第七册下，上海：上海古籍出版社，1982 年，第 48 页。

子是从学习儒家的思想开始出道的，那么，我们根据上述《论语》中的内容，也就似乎可以肯定地说，墨子的“尚贤”也好，“禅让”也好，都是从儒家那里学来的，至少是从儒家那里受到了启发。

从郭店简《唐虞之道》和《容成氏》的文本，我们可以知道，这两篇著作中既有儒家的思想也有墨家的思想，但是笔者认为，这两篇文献离儒家较近，而离墨家较远。即便这两篇著作不是地地道道的儒家思想，也可以断定有很浓厚的儒家思想倾向。《容成氏》中也确乎有墨家学派的痕迹，但是，与墨家学派也有许多不一致的地方。

第二节　禅让制是一个夭折的梦想

根据我们对孔子传世学术文献的梳理可知，孔子的“禅让”思想相对于他的“礼”学思想来讲，微弱得多。根据王国维《殷周制度论》，我们可以看到，自西周以后，建立在昭穆制基础之上的宗法血亲制度已经统治了整个中国，孔子在提倡“仁”的同时，也大力提倡“礼”。孔子对他的高足颜渊说：“克己复礼为仁。一日克己复礼，天下归仁焉”，这句话不仅可以推出“礼”就是“仁”的结论，而且还可以推出只要实现了“礼”，全国人民都可以达到“仁”的境界。由此而把“礼”推向了极端：“非礼勿视，非礼勿听，非礼勿言，非礼勿动。”（《论语·颜渊》）这当然是孔子试图扭转春秋时期“礼崩乐坏”现实的努力。

值得注意的是，先秦时期的“礼”，诚如杨向奎先生所言：“西周时的周公，春秋时的孔子，都是因往日的礼俗而加工。”[1]在西周时期，“礼”已经提升成为视、听、言、动一切社会行为的准则。所以司马光在论述到三家分晋的时候就写道：“臣闻天子之职，莫大于礼，礼莫大于分，分莫大于名。何谓礼？纪纲是也。何谓分？君、臣是也。何谓名？公、侯、卿、大夫是也。……夫礼，辨贵贱，序亲疏，裁群物，制庶事，非名不著，非器不形；名以命之，器以别之，然后上下粲然有伦，此礼之大经也。名器既亡，则礼安得独在哉！”[2]司马光《资治通鉴》一书从“三家分晋”入手，正是想通过这个历史片段来强调儒家的“礼”是中国社会历史的大经大伦。周公因礼俗而倡导的“礼”，也正是孔子所追求的“礼”，二者损益相因，在本质上是一致的。原始儒家的开山鼻祖孔子，从文化的传承角度来讲，就是想通过这种无所不在的“礼”，来挽救春秋时期“礼崩乐坏”的颓势。《礼记·礼器》说得很清楚：“欲察物而不由礼，弗之得矣。故作事不以礼，弗之敬矣。出言不以礼，弗之信矣。故曰，礼也者，物之致也。”应该说这就是西周礼制的具体写照。

据王国维先生《释礼》一文的考证，“礼”字在甲骨文中就已经出现，并且引《说文》写道：“礼，履也。所以事神致福也。”[3]可见“礼”是我们中华民族由来已久的一种深层习俗。所以《礼记·礼器》云：

---

① 杨向奎：《礼的来源》，《孔子研究》1986年创刊号，第37页。

② 司马光：《资治通鉴》(影印本)，上海：上海古籍出版社，1987年，第1页。

③ 王国维：《释礼》，载《观堂集林》(一)，北京：中华书局，1959年，第291页。

“礼也者反本修古，不忘其初者也。”《礼记·乐记》亦云：“乐也者，施也；礼也者，报也。”“礼之报，乐之反，其义一也。”这里的“古”和“初”，说到底，实际上就是筚路蓝缕、开辟山林的始祖。所以，“礼”的本质就是宗法血亲制。

本章在这里引经据典讨论“礼”的起源与内涵，并非想要深究“礼”与宗法血亲制的深刻关系（在某种程度上，这也是一个不言自明的问题），而是要通过上面的表述说明，这种无所不在的“礼”制既然其本质是宗法血亲制，它所导致的政治体制，也就只能是父传子受的家天下、专制集权模式。孔子的孝道思想体系中虽然具有深厚的人文主义关怀，是对殷周以来相关思想的重大革命性改造，但是，它无法在制度层面斩断父父、子子与君君、臣臣之间千丝万缕的联系。把它推向极端，实际上就是父传子受的专制主义。这是儒家伦理学说与政治学说无法截然分开的必然结果。由此我们看到了《论语》之中秉承周公而来的“礼”学思想与其禅让思想的尖锐冲突。

对这一问题，笔者试拟从《易传》中寻求答案。章学诚云：“《易》以天道而切人事，《春秋》以人事而协天道，其义例之见于文辞，圣人有戒心焉。”（《文史通义·易教下》）所谓“切人事”，也就是说《易传》具有历史文化、政治社会的理论向度。《系辞传》云：“《易》之兴也，其于中古乎？作《易》者，其有忧患乎？”富有历史的反思精神和忧患意识，我们虽然不能百分之百地说《系辞传》完全出自孔子之手，但是，根据长沙马王堆帛书《易传》所提供的材料，我们现在已经不能完全否认孔子传《易》的事实，由此我们也不能否认传世文献《系辞传》中的核心思想属于孔子的事实。李学勤先生根据传世文献以及长沙马王堆出土的帛书资料研究指出："孔子晚年对《周易》十分爱好，而且自己撰成了《易传》(至少其中一部分)。"李学勤先生还说："(我)当然不是认为先秦的《易传》和今天我们看到的完全相同。古书的定型总是有一个较长过程的，但《易传》的主体结构形成应和《论语》处于差不多的年代，其与孔子的关系是很密切的。"[①] 有了这样的认识前提，我们会惊讶地发现，《系辞传》第一章具有深刻的内在紧张：

> 天尊地卑，乾坤定矣。卑高以陈，贵贱位矣。动静有常，刚柔断矣。方以类聚，物以群分，吉凶生矣。在天成象，在地成形，变化见矣。是故刚柔相摩，八卦相荡。鼓之以雷霆，润之以风雨，日月运行，一寒一暑。乾道成男，坤道成女。乾知大始，坤作成物。乾以易知，坤以简能。易则易知，简则易从。易知则有亲，易从则有功。有亲则可久，有功则可大。可久则贤人之德，可大则贤人之业。易简而天下之理得矣。天下之理得而成位乎其中矣。

"天尊地卑，乾坤定矣。卑高以陈，贵贱位矣。动静有常，刚柔断矣。方以类聚，物以群分，吉凶生矣"一段，讲的是不变的"礼"，是"易"的不变义。"在天成象，在地成形，变化见矣。是故刚柔相摩，八卦相荡。鼓之以雷霆，润之以风雨；日月运行，一寒一暑。乾道成男，坤道

① 李学勤:《古文献丛论》，上海：上海远东出版社，1996年，第5-6页。

成女”是在描述变动不居的变化义，其中包含了治、乱相承的历史发展观和辩证法。“乾以易知，坤以简能。易则易知，简则易从。易知则有亲，易从则有功。有亲则可久，有功则可大。可久则贤人之德，可大则贤人之业。易简而天下之理得矣。天下之理得而成位乎其中矣”则讲的是易简之谓大德。如果把这三者与政治历史的发展结合起来，我们就可以看到，孔子有否定一成不变的专制主义的思想萌芽或倾向，也否定了一治一乱的循环模式，而最终提倡由禅让制而达致的儒家德政的顶峰——儒家式的“无为而治”。[①]这种“无为而治”的易德大理，就是《易传》的易简之德。如果把司马迁《史记·孔子世家》孔子晚年研究《周易》而“韦编三绝”的勤奋与长沙马王堆帛书易传《要》篇描写孔子晚年对《易传》的痴迷结合起来，我们就似乎可以推导出《唐虞之道》《子羔》《容成氏》三篇佚籍很可能与孔子具有某种直接或间接的关系。

我们知道，孔子是一位十分谦逊的长者，他绝不自诩为“圣”，甚至也不自诩为“仁”，但是，他对自己在追求人生理想时所拥有的勤奋精神、进取精神却没有丝毫的谦虚：“其为人也，发愤忘食，乐以忘忧，不知老之将至云尔。”（《论语·述而》）“十室之邑，必有忠信如丘者焉，不如丘之好学也。”（《论语·公冶长》）根据《史记·孔子世家》的记载，

---

① 在这里，先秦儒家的“无为而治”毫无疑问受到了道家的影响，但是，以“德政”为中心的儒家“无为而治”思想对道家相关思想进行了根本性的改造，其主要目的是降低社会管理成本。《论语·卫灵公》：“无为而治者，其舜也与！夫何为哉？恭己正南面而已矣。”

孔子幼年即好“礼”，并且由此而导致天下学子云集响应，成就了一代教育家弟子三千、贤人七十，梦想变成现实的伟大事业。但是，我们可以试想，难道具有“勤奋精神、进取精神”的孔子在历经人生的各种磨难之后，就没有丝毫的思想发展？就不可能顺理成章地产生自我否定的精神？不论读者承不承认笔者的猜想和推理，上面《系辞传》第一段中的思想紧张是明显的。笔者的解释是，孔子之所以成其为孔子，就在于他具有非常勇敢的否定精神。当然，问题的提出只是给了我们一个思考的向度，笔者也并不想根据这种推理得出任何结论，但是，根据《论语》和《易传》的文本，我们确凿地发现了孔子思想体系中“礼”学思想与“禅让”思想之间的内在矛盾，说明了先秦原始儒学中存在着这样两种思想的发展向度。

现在的问题是，禅让制所提倡的政治哲学理论确实是对当时的政权更替形式的一种特殊的批判，那么，为什么它随着历史的烟云浮沉跌宕，最后就完全被淹没了呢？笔者在认真思考这一问题之后，深以为，这要从历史哲学的“理”与“势”的关系中寻找答案。在中国古代历史哲学的体系中，有一种说法，叫“以理抗势”。借用到禅让制的研究中，我们似乎可以说，以宗法制为中心的“礼”在中国古代政治哲学中的走向，是“势”；晚年孔子以及七十子的某些人物在春秋战国各国诸侯巧取豪夺的硝烟战火之中也已经看到了各国政治权力父传子受模式的严重危害，所以就极富针对性地提出了禅让制的政治理想，这就是“理”。也就是说，先秦儒家的禅让制虽然在理论上具有无比动人的魅力，对春秋战国时期“争地以战，杀人盈野；争城以战，杀人盈城”的现实也具有强烈的批判精神，但是，非要让它在现实生活之中落到实处，至少在先秦时期完全没有现实的土壤。

所以，笔者的意见是，禅让制就是“理”，但是，先秦时期的社会形态发展则具有它深刻的、复杂的历史逻辑，就是“势”。这一组“理”与“势”在先秦时期的磨合过程，是以禅让制的思想大败亏输而告终的。在源远流长、底蕴深厚的宗法血亲制面前，禅让制的兴起，简直是以卵击石，这是在战国中期以后，禅让制的相关文献湮没无闻成为佚籍的根本原因。

遍考先秦儒家内部的典籍，笔者认为，禅让制思想的真正的杀手实际上就是“礼”。李学勤先生推测，禅让制之消亡与燕国“禅让”的闹剧有关[①]，但是，这只是一个偶然的事件。这个闹剧对于禅让制——这个巨大的、由来已久的思潮的衰亡，真的有这么大的作用吗？笔者是持怀疑态度的。为什么呢？因为我们不能把历史的发展简单化。正面的证据，我们依然只能在经典中来寻找。

笔者认为，荀子作为稷下学宫的翘楚，其思想的表述代表了当时时代思想的主流，也正是在荀子的笔下，我们才真正看到了先秦原始儒家禅让制理想的破灭。《荀子·正论》站在君权至高无上的角度，站在上下垂直的“礼”的角度，对“禅让制”进行了总结性的批判，这很有可

---

① 李学勤：《简帛书籍的发现及其意义》，载《中国古代文明研究》，上海：华东师范大学出版社，2005 年。

能是总结了稷下学宫大多数学者的意见，同时也体现了先秦时期中国社会发展的不可逆转的专制集权趋势。

第一，荀子在《正论》一文中正式提出了对禅让制的批判。在批判之前，荀子表面上仍然尊崇孔子的“礼”，但是，荀子的“礼”与孔子的“礼”已经大相径庭。孔子的“礼”虽然是从周公那里传承而来的，但是他特别强调的是“仁”的精神，强调的是“中和”之美，强调的是礼乐相融，充满人文主义、人道主义的亲和美。但是，在荀子笔下，“礼”已经完全是上下垂直的关系，荀子声称：“上者，下之本也。”（《正论》）上行下效，君王以身作则，本来是先秦儒家历来所具有的思想，但是，原始儒家的代表作《论语》《孟子》所讲的“礼”在追求上下关系的同时，还特别强调二者之间的互动：“君之视臣如手足，则臣视君如腹心；君之视臣如犬马，则臣视君如国人；君之视臣如土芥，则臣视君如寇仇。”（《孟子·离娄下》）这种平等互动的精神，在荀子那里有了很大的改变，代之而起的是君主成了广大臣民的一切标准、一切理据、一切存在的理由，“三纲五常”的毒烈之气已经呼之欲出。

第二，荀子认为，只要在举国上下坚决地实行“礼”制，英明的君王就会自然诞生，同时也就抑制了像桀纣这样的昏君窃取国家的至高权力。桀纣窃取的只是国家的权力，并没有窃取天下的权力。“国，小具也，可以小人有也，可以小道得也，可以小力持也；天下者，大具也，不可以小人有也，不可以小道得也，不可以小力持也。”（《正论》）由于君主是实行彻底的“礼”制而诞生的，因此，他就是圣王，就有至高无上、不可动摇的地位，荀子的表述如下：

> 天下者，至重也，非至强莫之能任；至大也，非至辨莫之能分；至众也，非至明莫之能和。此三至者，非圣人莫之能尽，故非圣人莫之能王。圣人，备道全美者也，是县天下之权称也。……国者，小人可以有之，然而未必不亡也；天下者，至大也，非圣人莫之能有也。（《正论》）

荀子把“国”与“天下”划分为两个完全不同的概念，进而区分出一般的诸侯国君与至高无上的天下圣王。无论如何，荀子的论述充满了空想的性质，加强了“圣王”权力的神秘性，为中国将来的君主专制主义打造了一个永远都只能仰望的楼阁，在这个楼阁面前，人民当然只能够仰望，不能有任何非分之想。当然，荀子理论的缺失是一回事，别有用心的人蓄意利用与改造是另外一回事。

第三，于是顺理成章，在荀子设计的这样一个实际上也是子虚乌有的“圣王”国度里，“道德纯备，智惠甚明，南面而听天下，生民之属，莫不振动从服以化顺之，天下无隐士，无遗善，同焉者是也，异焉者非也，夫有恶擅天下矣？”（《正论》）这样看来，荀子完全相信，在他所改造的儒家“礼”制下所诞生的“圣王”社会里，一切的一切都已经达到了最好的境界，还有必要实行“禅让”吗？荀子实际上也同样犯了太史公所批评的“博而寡要，劳而少功，是以其事难尽从”（《史记·论六家要旨》）的致命缺点。因此，尧舜禅让之说，在荀子看来，

“是虚言也，是浅者之传，陋者之说也。不知顺逆之理，小大，至不至之变者也，未可与及天下之大理者也”（《正论》）。就像对孟子的性善论没有真正的理解一样，囿于时代的局限，荀子也没有真正认识到禅让制的价值。荀子依托于由来已久的“礼”制强势惯性，推出了所谓的“圣王”，来取代先秦原始儒家“禅让制”的诉求，把一个深刻的问题简单化了。

事实上，在此后的两千多年里，上下垂直的“礼”制确实是实行了，但是，从来都没有出现过“圣王”，荀子所描绘的那种美好的社会景象也从来没有出现过。由此可见，禅让制作为一个古老的理想，历久弥新，还需要中国人民继续努力，做出不懈的追求，才有实现的可能。

结语

古往今来，任何一位伟大的哲人，都难免纠结于过往的历史与未来的憧憬之中。孔子在《论语》中体现出来的国家政权理论所表现出来的矛盾就正体现了当时广大知识分子置身于历史撕裂状态下的一种两难的处境。从“礼”的角度来讲，它具有深厚的民俗根基，也就是历史哲学的“势”，具有不可抗拒的历史惯性。从“禅让”的角度来讲，它具有广泛的普适性，是天地之大理。先秦原始儒家的禅让制理论的出台，说明了他们对现实的批判，是“以理抗势”的一个努力尝试。

毫无疑问，从上述内容来看，设身处地于春秋战国时期的纷乱局面，“禅让制”的理想迂腐之极，简直就是梦想。[①]它遭到了诸侯各国既得利益者以及传统“礼”制两方面强烈的挤压，最终只能是死路一条。但是，禅让制思想的骨子里有一种对现实的批判精神，对生活在水深火热之中的广大人民具有深刻的同情。在先秦时期黑暗的政治角逐场上，“禅让制”像一道划过茫茫夜空的彗星之光，转瞬即逝。它在中国数千年的政治历史上一直只是处于一个梦想的地位，除了被人利用实施篡权的野心外，并没有真正地发挥作用。但是，在当今全球经济一体化的时代，“禅让制”似乎已经成了中国古老文化与现代“民主制”对话的桥梁。陈来先生指出：“在当今的世界上，我们说任何的一个国家经济、技术，甚至政治的发展都不可能脱离世界其他国家，任何闭关自守的孤立于世界的那种发展努力，不仅是徒劳的，应该说也是注定要失败的。今天面对经济技术的全球化以及由此带来的人们对于推进民主及政治改革的要求等等，我们应该用全盘接受的态度，通过全面加强和世界的联系和交往，加速科技文明的进步，加快学习现代企业制度和它的管理体系，来推动我们政治文明的不断进步。”[②]禅让制就是中国人的祖先在数千年前做的一个在中国古代专制主义时期永远都没有实现的梦。需提请注意的是，禅让制只是一种政治的理想，是一种价值观，是一种哲学，因此，它深刻地反映了古代中国人对政治制度的公正性、政治权力

① 陈来先生在《全球化时代的多元普遍性》一文中指出：“如果离开历史发展的现实，我们空谈理想和正义，那往往会被历史所边缘化。”(《朱子学刊》第十七辑，合肥：黄山书社，2008 年，第 1 页）陈先生的论断也无意之中点到了先秦儒家“禅让制”的软肋。

② 同上书，第 2 页。

的正义性，早就具有发自内心的渴望。这种“渴望”的民族心理也许正是中国当代政治体制走向世界的桥梁和基石。

《子羔》云：“何故以得为帝？”（第 1 简）《民之父母》也提出：“何如斯可谓民之父母？”（第 1 简）实际上是提出了政治权力的正义性问题。《唐虞之道》阐述得最为细致：“禅也者，上德授贤之谓也。上德则天下有君而世明，授贤则民兴效而化乎道。不禅而能化民者，自生民未之有也。”（第 20–21 简）《唐虞之道》的这段文字提出了一个尖锐的问题，那就是任何一个国度，任何一个政权，不仅应该让广大的老百姓吃饱肚子，而且更重要的是要让他们“化乎道”，也就是说，每一个独立的个体，必须是人道与天道的融合。因为只有这样，社会的诚信、和谐才有可能建立起来。而这一切建立的根本前提就是政治权力的合法性、正义性。这至少是我们当今解读先秦原始儒家“禅让制”的时候所看到的原始儒家政治哲学的本质。早在两千多年前的中国先民，就已经具有了这样的政治理想，我们作为中国文化的传人应该是十分自豪的。但是，如果我们至今还不能通过现代科学与民主的手段来实现这种理想，那就实在是对不起我们的古人了。

第四章 《容成氏》的禅让制内涵挖掘

郭店简与上博简最令人心动神摇的地方，是它们包含了一些有关“禅让制”的文献和思想，内容全面而系统，理想高远而真挚，对我们当代的政治哲学思想建设具有启发性意义。马承源先生主编的《上海博物馆藏战国楚竹书》第二册中有《容成氏》一文，总共五十三支简，两千多字，不仅以丰富的史料展示了禅让之德何以衰落、革命之举何以兴起的历史进程，而且从各个层面和角度系统阐述了“禅让制”在实施前后的各方面内容，隐含了战国时期中国知识分子对现实政治的批判，也表现了他们对政治理想的憧憬，值得我们研究。

第一节 禅让制的人民性与正义性

《容成氏》一下笔就列出了上古时期二十一代“其德酋清”的帝王姓氏，并且说这些帝王在移交国家最高权力的时候，“皆不授其子而授贤”。我们可以想见，置身于争权夺利的战国时代，面对哀鸿遍野、民不聊生的局面，这毫无疑问是对现实政治的批判，也反映了该文作者对“禅让制”的渴望。

翦伯赞在《先秦史》中将尧、舜、禹时代称为“野蛮中期”①，准确地讲，当时生产水平相当低下，与《容成氏》里面的描写是不相符的。但是，中国的“野蛮中期”有一个根本的特征，《淮南子・氾论训》说得很清楚：“尧无百尺之郭，舜无置锥之地”，“禹无十人之众”。《尉缭子・治本》又说：“无私织私耕，共寒其寒，共饥其饥”。物质生活虽然相当贫困，但是，全社会却奉行人人平等、财产共享、“天下为公”的根本法则。这是《容成氏》作者依托的根本点，也应该是春秋战国时期的原始儒家推崇禅让制的史影。从客观的历史来讲，在原始社会时期，以禅让的形式移交政治权力，可能是原始氏族社会的一种管理习惯。

但是，理性地讲，禅让制只可能在原始社会物质生活水平极端低下的情况下才有可能实现。不要说在春秋战国时期“杀人盈野”的状态下不可能实现，即便是在我们当今全世界经济已经逐步一体化，科学、民主、自由、平等、博爱的理念已经被人们广为接受的时代，要彻底实行这种禅让制也是不可能的。但是，从《容成氏》的禅让制理想，我们可以推想中华民族的祖先对人类政治哲学的憧憬，进而可以从中发掘出某些值得我们汲取的政治哲学资源，为我们中国当代的政治思想建设提供服务。

《容成氏》的作者站在社会管理的角度对“禅让制”所带来的社会繁荣进行了不厌其烦的铺张描写：

---

① 翦伯赞：《先秦史》，北京：北京大学出版社，1988 年，第 81 页。

昔者容成氏、□□氏、□□氏、□□氏、□□氏、□□氏、□□氏、□□氏、□□氏、□□氏、□□氏、□□氏、[尊][①]卢氏、赫胥氏、乔结氏、仓颉氏、轩辕氏、神农氏、椲□氏、垆毕（从辵）氏之有天下也，皆不授其子而授贤。其德酋清，而上爱【1】下，而一其志，而寝其兵，而官其材。于是乎喑聋执烛，冒（从木）工鼓瑟，跛躃守门，侏儒为矢，长者□宅，偻者□数，瘿【2】者煮盐，尾□者渔泽，□弃不□。凡民俾□者，教而诲之，饮而食之，思役百官而月请之。故当是时也，无并【3】

……□氏之有天下，厚爱而薄敛焉，身力以劳，百姓【35B】

……□于是乎不赏不罚，不刑不杀，邦无饥（?）人，道路无殇【4】死者。上下贵贱，各得其所（?）。四海之外宾，四海之内贞（廷？）。禽兽朝，鱼鳖献，有无通。匡天下之政十有九年而王天下，三十有七【5】年而殁（?）终。昔尧处于丹府与藋陵之间，尧贱施而时=宾（?），不劝而民力，不刑杀而无盗贼，甚缓而民服。于是乎方【6】百里之中，率天下之人就，奉而立之，以为天子。于是乎方圆千里，于是乎持（?）板正立，四向□和，怀以来天下之民。【7】其政治而不赏，官而不爵，无励于民，而治乱不□。故

① 李零先生认为，《容成氏》第1简已脱，据上下文内容当做此补充［马承源主编：《上海博物馆藏战国楚竹书》（二），上海：上海古籍出版社，2002年，第250页］。本章释文除此一处以外，全部以陈剑先生《上博简〈容成氏〉的竹简拼合与编连问题小议》为据（朱渊清、廖名春主编：《上博馆藏战国楚竹书研究续编》，上海：上海书店出版社，2004年，第327–334页）。

曰：贤及□……【43】

是以视贤，履地戴天，笃义与信。会在天地之间，而包在四海之内，毕能其事，而立为天子。【9】

从整体的行文逻辑来讲，作者认为社会之所以出现了鳏寡孤独各得其所，人尽其才，物尽其用，社会繁荣并且具有重大国际影响，与战国时期黑暗的社会现实截然相反的景象，完全是国家最高权力“不授其子而授贤”的结果。换言之，在作者的内心深处，就像郭店简《唐虞之道》、上博简（二）《民之父母》《子羔》等篇章的作者一样，把君权的合法性当成了《容成氏》所关注的根本问题。为什么这样说呢？因为，文章系统表述了由于“禅让制”的实施带来了以下三方面社会管理的人民性和正义性：

第一，喑聋、跛躃、侏儒、偻瘻等弱势群体都有了各得其所的工作，基本生活得到了社会保障系统的有效调节，老有所归，少有所养。“厚爱而薄敛”“教而诲之，饮而食之”，这是古今中外很多政府标榜已经达到而实际上难以达到的理想境界。尤其值得注意的是，“上下贵贱，各得其所”的话语背景是超越“亲亲”之爱而进入“尊贤”之域，社会完全建立起了排除任人唯亲，完全倚赖于唯德、唯才是举的一系列干部人事制度。这当然是国家的根本大法——“禅让制”导致的结果。孔子说得很清楚：“为上可望而知也，为下可类而志也。”（郭店简《缁衣》第 3-4 简）上行下效，速于置邮而传命。

第二，“不赏不罚，不刑不杀，邦无饥人，道路无殇死者”，“不劝而民力，不刑杀而无盗贼，甚缓而民服”，由于国家的最高权力是合法的，是正义的，是开放的，是面向全体人民的[①]，而且最后又是从根本上代表了广大群众的根本利益的，因此，执政者给全体人民树立起了货真价实的道德表率，道德教育与社会管理的效果此时此刻发挥到了极致，孔子“有耻且格”和“无讼”的理想得到了实现。[②]也就是说，《容成氏》的作者认为，只要国家的最高权力“不授其子而授贤”，只要执政者“帅以正”[③]，那么一切国家的刑、赏都成为没有必要的了（“其政治而不赏，官而不爵，无励于民，而治乱不□”），因为道德的感召力是无穷的，它使全国人民走上了洁身自好、自我完善的道路。

第三，由于社会的道德体系得到了国家根本大法的保障，“上下贵贱，各得其所”，社会积极向上的进取心得到了激励，社会的道德情感得到了整体性的成功塑造，因此，出现了国家大治、民族复兴的局面，

---

① 《唐虞之道》也表达了由平民可以成长为君主的思想：“夫古者舜居于草茅之中而不忧，身为天子而不骄。居草茅之中而不忧，知命也。身为天子而不骄，不专也。”（第15–17简）《子羔》也表达了同样的思想：因为“善与善相受（授）也”（第1简）的禅让制，“尧之取舜也，从诸卉茅之中”（第5简）。

② 孔子云：“道之以政，齐之以刑，民免而无耻；道之以德，齐之以礼，有耻且格。”（《论语・为政》）又云：“必也使无讼乎！”（《论语・颜渊》）从文本传递的各种信息来看，《容成氏》肯定不能算作绝对的儒家，但是赵平安先生将此文视为墨家（参见氏著《楚竹书〈容成氏〉的篇名及其性质》，载《华学》第六辑，北京：紫禁城出版社，2003年），是笔者不能同意的。笔者根据各方面的情况来看，《容成氏》的作者可以算作杂家，但是，从儒家的思想体系中吸收了大量的材料，儒家倾向在《容成氏》一文中是最突出的。

③ 季康子问政于孔子。孔子对曰：“政者，正也。子帅以正，孰敢不正？”（《论语・颜渊》）

并且产生了重大的国际影响："四海之外宾，四海之内贞（廷？）。禽兽朝，鱼鳖献，有无通"——世界各国都臣服于我们，全国人民都忠诚于国家，连蛮荒之地的少数民族都来朝拜，献上了各种奇珍异宝，鱼鳖鼋鼍，甚至连鬼神都被感动得为之赞美。人民的生存权和人格尊严因为国家的繁荣而得到了进一步的保障，个体与国家的价值都得到了圆满的实现。

第二节　禅让制是中华民族早期的政治憧憬

那么，根据《容成氏》的叙述，在今天看来这些内容有一些什么样的思想史的或现实的意义？笔者以为，这是进行"禅让制"相关研究的一个重要的方面，需要我们认真地总结和清理。

第一，禅让制之所以能够实施的一个基本前提，就是社会的道德建设必须非常完备。没有深入人心的道德规范、没有道德传统形成的社会心理并且已经形成了一套完善的风俗习惯和制度，禅让制的"授"方，是不会主动地拱手让出国家的根本权力的。值得注意的是，《容成氏》一文具有浓厚的反制度化倾向，其"政治而不赏，官而不爵，无励于民，而治乱不□"就是显明的证据，这种政治管理模式的实施，至少必须有三个条件：一是小国寡民，人与人之间朝夕相处，彼此之间非常了解；二是经济生活非常简单，人们的性情端悫诚实，没有非分之想；三是生活的节奏相当缓慢，自我的道德圆满使人们非常充实。这些条件才是真正的"禅让制"能够实现的前提。据此，我们知道了处于"野蛮中期”的尧与舜为什么施行禅让制的真正原因，只能是当时社会生活水平极端低下，物质生活极端艰苦，国家的君主完全是一个苦差使。

但是，《容成氏》的作者却抓住一点历史的影子，依山点石，借海扬波，企图在战国以及以后的社会里施行禅让制，这当然是一种空想，因为即便是在战国中期，上面所说的施行禅让制的三个条件都已经不存在了，或者正在消失。不过，即便是空想，对我们的启发也是非常重大的。笔者的意思是，任何社会的管理都不能背离道德的原则。没有道德作为根本性的社会支撑之一，尤其是国家最高权力的合法性问题没有得到全国人民的认可，再先进的制度管理与法治建设都是无本之木、无水之鱼。本章第一节之所以不厌其烦地引用了大段原文，正是为了充分地说明这一点。

第二，禅让制在确定候选人的时候，虽然是以道德为中心，但是，历史文化知识和处理社会事务的能力也在考察之列，并且有一套在当时的“帝尧”（以尧舜相授为例）看来十分完备的考察方法：

> 尧以天下让于贤者，天下之贤者莫之能受也。万邦之君皆以其邦让于贤【10】……□□□贤者，而贤者莫之能受也。于是乎天下之人，以【11】尧为善兴贤，而卒立之。昔舜耕于历丘，陶于河滨，渔于雷泽，孝养父母，以善其亲，乃及邦子。尧闻之【13】而美其行。尧于是乎为车十又五乘，以三从舜于畎亩之中。舜于是乎始免执开耨锸，谒（？）而坐之子。尧南面，舜北面，舜【14】于

> 是乎始语尧天地人民之道。与之言政，悦简以行；与之言乐，悦和以长；与之言礼，悦敀（尃）而不逆。尧乃悦。尧【8】……［尧乃老，视不明，］听不聪。尧有子九人，不以其子为后，见舜之贤也，而欲以为后。【12】［舜乃五让以天下之贤者，不得已，然后敢受之。］

首先，舜“孝养父母，以善其亲，乃及邦子”，平时就表现出了很好的道德修养和管理能力，大家公认是一个重要的候选人，并且把他推举到最高权力机关；其次，尧由内到外（甚至不惜牺牲自己的两个女儿①），对舜进行了深入的考察：“尧于是乎为车十又五乘，以三从舜于畎亩之中”；再次，尧帝直接教育舜“天地人民之道”：“尧南面，舜北面，舜于是乎始语尧天地人民之道”，这是重点培养，估计还少不了实践的训练与检验；最后，尧帝本人与舜在礼、乐、刑、政等方面进行直接对话，这实际上是移交政权。

第三，禅让制的根本特点之一，在于帝王必须以身作则，身先士卒，在当选候选人之前要有非常突出的政绩。对此《容成氏》对“禹”治理洪水的描写十分醒目：“禹既已【23】受命，乃卉服箁箬帽芙□□足□……【15】……面□□□不生之毛□湿湝流，禹亲执畚（？）耜，

① 帝曰：“我其试哉。”女，于时观厥刑于二女。厘降二女于妫汭，嫔于虞。帝曰：“钦哉！”（《尚书·虞夏书·尧典》）《淮南子·泰族训》载：“尧治天下，政教平，德润洽。在位七十载，乃求所属天下之统，令四岳扬侧陋。四岳举舜而荐之尧，尧乃妻以二女，以观其内；任以百官，以观其外；既入大麓，烈风雷雨而不迷，乃属以九子，赠以昭华之玉，而传天下焉。”

以陂明都之泽，决九河【24】之阻，于是乎夹州、徐州始可处。禹通淮与沂，东注之海，于是乎竞州、莒州始可处也。禹乃通蒌与易，东注之【25】海，于是乎蓏州始可处也。禹乃通三江五湖，东注之海，于是乎荆州、扬州始可处也。禹乃通伊、洛，并瀍、涧，东【26】注之河，于是乎豫州始可处也。禹乃通泾与渭，北注之河，于是乎虘州始可处也。禹乃从汉以南为名谷五百，从【27】汉以北为名谷五百。”不仅如此，在接受了国家最高权力之后，禹也没有丝毫的懈怠：

> 禹乃建鼓于廷，以为民之有谒（?）告者鼓（?）焉。撞鼓，禹必速出，冬不敢以寒辞，夏不敢以暑辞。身言【22】……□渊所曰圣人，其生赐养也，其死赐葬，去苛慝，是以为名。【33】

直接面对广大的劳动人民，“建鼓于廷”，只要老百姓需要，随时可以与之见面对话，而且不避寒暑。对广大人民“其生赐养，其死赐葬”。毫无疑问，这大约是《容成氏》的作者能够想到的君主最好的表现了。

第四，禅让制从根本上取消了武装夺取政权的暴力行为，全国上下非常和谐。《容成氏》在叙述大禹的政治状态时，是这样描写的：

> 禹听政三年，不制革，不刃金，不略矢，田无蔡，宅不空，关市无赋。禹乃因山陵平隰之可封邑【18】者而繁实之，乃因迩以知远，去苛而行简，因民之欲，会天地之利，夫是以□者悦治（怡？），而远者自至。四海之内及，【19】四海之外皆请贡。【20】

“革”“金”“矢”，都是武器，这是在说，大禹领导下的政府坚决反对战争，粮田繁茂，五谷丰登，人丁兴旺，取消商业税收，完全不盘剥人民，于是闻名遐迩，人民云集而响应，“四海之内及，四海之外皆请贡”，完全和尧舜时期差不多了。换言之，禅让制认为，国家的最高权力，传子而不传贤是非法的，武装夺取政权也是非法的。战争是讵世枭雄掠夺权力与财富的残暴手段，不论它的借口多么冠冕堂皇，其最终都只是给广大的人民带来无穷无尽的痛苦。

正因为如此，作者在叙及周武王攻打人神共愤的商纣王时，有一段意味深长的描写：

> 文王崩，武王即位。武王【49】曰：“成德者，吾敓而代之。其次，吾伐而代之。今纣为无道，昏者百姓，至约诸侯，天将诛焉。吾勴天威之。”武王于【50】是乎作为革车千乘，带甲万人，戊午之日，涉于孟津，至于共、滕之间，三军大犯。武王乃出革车五百乘，带甲三千，【51】以小会诸侯之师于牧之野。纣不知其未有成政，而得失行于民之辰（朕？）也，或亦起师以逆之。武王于是乎素冠冕，以告【52】闵于天，曰：“纣为无道，昏者百姓，至约诸侯，绝种侮姓，土玉水酒，天将诛焉，吾勴天威之。”武王素甲以陈于殷郊，而殷【53】

周武王“素冠冕，以告闵于天”的真正目的，是要向上天讨一个公道，获得推翻“绝种侮姓，土玉水酒”、无道商纣的合法性和正义性。“天将诛焉，吾勴天威之”，完全是替天行道。有了“天”的支撑，不正义的战争就拥有了一个承受天命而来的道义支撑。大约《容成氏》的作者认为只有这样的战争才是正义的。在先秦儒家思想的经典作家中，几乎人人反战，其中尤其以孟子最为突出。他说：“争地以战，杀人盈野；争城以战，杀人盈城，此所谓率土地而食人肉，罪不容于死。故善战者服上刑。”(《孟子・离娄上》）但是，对“汤放桀，武王伐纣”的革命行动，孟子却认为是汤与武王“一怒而安天下之民”(《孟子・梁惠王下》）的仁义之举。《容成氏》的作者至少是吸收了先秦儒家的相关思想的。

综上所述，我们完全可以认定，《容成氏》的作者所憧憬的禅让制的政治理想是一种梦想，早在战国中晚期就已经不现实了。但是，他的这种政治憧憬之中隐含着对现实社会的批判，包孕着许多合理的正义精神。没有前天与昨天，就没有今天。我们总结过去，正是为了建设美好的现在与将来。所以笔者相信，《容成氏》的作者所憧憬的梦想，也就是我们中华民族的最终归宿。

第五章　礼乐视野下的儒家政治哲学

《六德》是郭店简中极为重要的一篇政治伦理文献。简文以“人道”之礼为出发点，详细阐述了六位、六职、六德之间的相互关系，以及正确处理此种关系对于维持社会稳定和政治和谐的重要作用，并试图在君君、臣臣、父父、子子、夫夫、妇妇的相互对待中去构建起一种以礼乐为核心的政治秩序。古朴而幽远的字里行间，充满了理性的思辨性和终极的神圣感，人伦的秩序与道德的体验相结合，现实的政治与天命的杳远相映照，充分体现了儒家政治所特有的内圣外王之道。简文表现出历史的进步性与时代的局限性、伦理的普遍性与政治的特殊性、理念的完美性与现实的局限性之间的矛盾和共存。因此，《六德》对于拉近我们与历史之间的距离，更为直观地洞察儒家政治，提供了重要的文献资料。由于《六德》与《性自命出》、《成之闻之》和《尊德义》诸篇之间不仅抄写形制相同，而且彼此之间有着密切的思想联系，故此，将它们联系在一起考察或许更具整体性和系统性。鉴于此，本章以《六德》为中心，并结合其他三篇简文，详细解读在礼乐教化的语境下，儒家政治体系中君、臣、民之间相互制衡的社会关系，在宗法血缘关系中亲亲尊尊的相互转化与冲突，以及现实政治秩序与神圣天道之间的相互映照，从中总结出儒家政治哲学所固有的内在困境，并试图参照当代民主法治观念为其寻找突破之路。

第一节　民之父母亲民易，使民相亲也难

古今中外，无论在何种社会体制下，都需要某种社会秩序作为支撑。没有社会秩序以及相应的社会定位，整个社会就会处于一种混乱无序的状态。如美国哲学家麦金泰尔（Alasdair MacIntyre）所言："在一个得到明确界定并具有高度确定性的角色和地位系统里，每个人都有既定的角色和地位。这个系统的关键结构是亲属关系的和家庭的结构。在这样一个社会中，一个人是通过认识到他在这个系统中的角色来认识到他是谁的；而且，通过这种认识他也认识到他应当做什么。"[①] 在我国，礼乐教化是在儒家的悉心栽培下，在以血缘宗法制为主体的社会结构中所产生的奇丽之花。"礼仪三百，威仪三千"（《中庸》），礼影响着人们的视听言动，是古代社会人与人之间相处的道德法则，履行着"不成文法"的社会职责。自周公制礼作乐以来，礼就成了"人文"的标志，是人告别原始状态走向文明社会的表现；同时亦是"人为"的标志，因为它意味着人类告别原始的平等而步入一种阶级的社会。从当时的历史背景来看，礼基本的特征就是亲亲、尊尊，礼的职能即是"定亲疏，决嫌

① 麦金泰尔：《德性之后》，龚群、戴扬毅等译，北京：中国社会科学出版社，1995 年，第 153 页。

疑，别同异，明是非”(《礼记·曲礼上》)。因此,《六德》说道:“君子如欲求人，道”(第6简)[①]，礼即是人道的产物，是随着社会的发展，人与人之间在相互交往和密切联系中形成的伦理定位。《六德》中，六位即夫夫、妇妇、父父、子子、君君、臣臣，与之相应的是率人者、从人者、教人者、学人者、使人者、事人者六种职分和智、信、圣、仁、义、忠六种德性。“故夫夫、妇妇、父父、子子、君君、臣臣，此六者各行其职，而谗谄蔑由作也”，反之，“夫不夫，妇不妇，父不父，子不子，君不君，臣不臣，昏所由作也”(《六德》第35–38简)。只有人人各守其位、各行其职、各表其德，才能杜绝诽谤狂言，保证社会的稳定与安宁。这种重视名分之等、等级之别的思想是儒家的一贯主张，孔子的“正名”思想就充分体现了这一点。《论语·颜渊》云:“齐景公问政于孔子，孔子对曰:‘君君，臣臣，父父，子子。’公曰:‘善哉！信如君不君，臣不臣，父不父，子不子，虽有粟，吾得而食诸？’”因此，可以说,《六德》之所以如此不厌其烦地解说六位、六职和六德及其相互关系，就是为了通过礼的调节作用以达成社会稳定的政治目的。由此可见，礼，正是儒家政治的切入点，是确定君、臣、民社会关系和伦理定位的杠杆。礼在古代的积极意义即在于，它试图在亲亲尊尊的等级制度下，通过名与分的角色划分和道德要求以实现社会的有序与和谐，故曰，“礼之用，和为贵”(《论语·学而》)。

---

① 本章所引简文均采用李零:《郭店楚简校读记》(增订本)，北京：中国人民大学出版社，2007年。

第二节　君子治人伦以顺天德

礼作为人道之极，对于政治秩序的和谐稳定有着重要的现实意义，更为重要的是，我们应该看到，在礼的背后有着超越的天道指向。天道的崇高和神圣是人道之礼的终极前提。如美国神学家贝格尔（P.L.Berger）所言："在人类大部分历史中，人们都相信社会的被造秩序，都以这种或那种方式与宇宙潜在的秩序相对应，宇宙的潜在秩序即一种神圣的秩序，支持并证明人进行秩序化的一切努力。"[①] 从词源学的角度看，礼具有宗教性内涵。如《说文解字·示部》曰："礼，履也，所以事神致福也。"王国维先生也指出，古代的礼像"盛玉以奉神人之器"（《观堂集林·卷一·释礼》）。因此，礼乃天道的体现，"礼以顺天，天之道也"（《左传·文公十五年》），礼与天道之间的这种内在联系，赋予了礼神圣性与超越性。故《六德》指出："生民［斯必有夫妇、父子、君臣，此］六位也。"（第 7–8 简）六位关系是生民即有的，它以天道为依托。如《成之闻之》云："天登大常，以理人伦，制为君臣之义，作为父子之亲，分为夫妇之辨。"（第 31–32 简）由于人伦来自天道，是天道在世俗生活中的投射，因此，人伦在某种程度上属于天伦，人伦关系是神圣不可侵犯的。这种君权神授、上承天祚的观念为君权的合法性找到了神圣的根源，其突出的特色即在于君权的神秘化、社会制度的神圣化与人伦关系的天道化。自古以来，我国古代的统治者被冠以"天子"的称号，

---

① 贝格尔：《天使的传言》，高师宁译，北京：中国人民大学出版社，2003 年，第 61 页。

天子，即天之子，是皇天上帝的儿子，是天统治世界的代理人，其天子之职是天命所为。这种由天所赋予的职分保障了其统治的合法性与神圣性。《性自命出》曰："性自命出，命自天降。"（第2–3简）从儒家的这种天命观中，我们可以更为清楚地发现君权合理性的阐述。先秦儒家认为，无论是历史演变、政权变更，还是个人祸福，其背后总有一只无形的命运之手在操纵着一切。每个人的不同命运是上天所决定的。由此，君的统治权也是天之所为，是人力所不能改变的。故曰："知己所以知人，知人所以知命，知命而后知道，知道而后知行。"（《尊德义》第9简）这种天命观到了孟子那里被解说得更为明确。孟子认为"天与贤，则与贤；天与子，则与子"，政权的禅让制或世袭制，"其义一也"（《孟子·万章上》）。此种君权神授的理论，无疑为政权的合法性蒙上了一层神秘的面纱，将现实的人道与超越的天道融为一体，人道是天道在现实中的投射，天道则是人道的终极根源，从而以天道的绝对权威保证了政治特权的至高无上。《成之闻之》曰："是故小人乱天常以逆大道，君子治人伦以顺天德。"（第32–33简）既然君臣、父子、夫妇的秩序以天命为最终依托，是天道大常在生活世界的体现，因此，严格遵守这种伦理等级秩序才称得上是顺应天德。反之，如果某人胆敢违背君臣之义，就会被视为悖逆天道的小人。因此，君以礼治民，是从天命而来的义不容辞的职责和权力。

第三节　义者，君德也

按照儒家理想的政治理念，最好的政治应该是道德的政治，即政治与道德的统一。这要求君既是莅临万民的统治者，同时也是效法天道的圣人。在儒家的政治哲学中，一方面以神圣之天来保证君神圣不可侵犯的统治权，另一方面又以道德之天来制约君的权力。在先秦儒家看来，天有生生之德，故法天而作的礼，其核心是“仁”。如《尊德义》云：“德者，且莫大乎礼乐焉。”（第 29 简）所以，君作为天之子，受承于天命而成为统治者，拥有统治天下的至高权力。同时，作为天之子，君也应该效法天道之德，做到对天的“孝道”。这就对君提出了一种道德的要求，《六德》表述为：“义者，君德也。”（第 15 简）在古代，天的观念对于人们而言，是一种神圣而崇高的震慑力量。对于君而言，对天的敬畏之心是保证其统治能够敬德保民、克明俊德的强有力的宗教基础。故孔子曰：“唯天为大，唯尧则之”（《论语·泰伯》），《中庸》曰：“诚者，天之道也；诚之者，人之道也。”既然六位、六职、六德来自天命，因此，必须以“天常”作为最终参照，这就要求“君子慎六位，以祀天常”（《成之闻之》第 40 简）。“慎”有恭敬之义，即要求君以敬畏、谦恭的态度效法天常之道。《性自命出》曰：“君子执志必有夫广广之心，出言必有夫柬柬之信，宾客之礼必有夫齐齐之容，祭祀之礼必有夫齐齐之敬，居丧必有夫恋恋之哀。君子身以为主心。”（第 65–67 简）在此，君在礼乐上的规范性，通过其言行举止表现出深远、诚恳、恭敬之情。

若没有天命性情作为依托，此种道德的理想典范是不可能形成的。君只有通过对天道的效法和体认，才能逐渐形成道德的自觉。可见，道德因素对于君的统治而言具有何等的重要性，唯有具备圣、智、仁、义、忠、信等德性，才是一切政治工作的前提。故曰：“为古率民向方者，唯德可。德之流，速乎置邮而传命。”（《尊德义》第28简）否则如《成之闻之》所言：“是故亡乎其身而存乎其辞，虽厚其命，民弗从之矣”，“上不以其道，民之从之也难”（第4–5、15简）。可见，先秦儒家的政治哲学中，三代圣王的道德政治模式是一切政治的完美范本。这种政治模式不是一种社会契约论式的权力制衡，而是一种以德化民的内圣外王之道，是一种政治与道德教化的合而为一。正如萧公权先生所言，儒家道德政治是一种人治模式，“儒家政治，以君子为主体。君子者以德位兼备之身，收修齐治平之效。此儒家所持之理想也”[①]。它相信，“大德必得其位，必得其禄，必得其名，必得其寿”（《中庸》）。君之德必须与自己的天命相配，这就要求君必须修己以安人，以身作则成为民之表率，必须超越一己之私利，以天下为己任，实现从小我到大我，从亲亲到仁民、爱物的飞跃。然而在现实中，这种圣王却是可遇不可求的。因此，《性自命出》说道：“闻道反上，上交者也。闻道反下，下交者也。闻道反己，修身者也。”（第55–56简）作为人君，必须自反己身，修养德性，“是故君子之求诸己也深”（《成之闻之》第10简），这种修身需要一系列“或动之，或逆之，或交之，或厉之，或绌之，或养之，或长

① 萧公权：《中国政治思想史》上册，北京：商务印书馆，2011年，第31页。

之”(《性自命出》第 10 简)的心性砥砺功夫，从而最终到达过化存神的境界。

第四节　以道事君

在先秦思想中，西周史伯的“和同之辨”与《易经》中阴阳互补的辩证思想由来已久，这种观念在政治哲学中亦有充分的体现。“仁”作为礼之核心精神，一方面是一个关于身心的概念，讲求自我的道德修养，另一方面也是一个关于人际关系的概念。《说文解字・人部》：“仁，亲也，从人从二。”段玉裁注：“‘从人二’会意。《中庸》曰：‘仁，人也。’注：‘人也，读如相人偶之人。以人意相存问之言。’‘人耦(偶)’犹言尔我亲密之词，独则无耦，耦则相亲，故其字从人二。”因此，“礼”与“仁”都是体现在人与人之间相互对待的关系中。在先秦儒家的政治学说中，君权虽然来源于天命，但是，君权不应该绝对化、独断化。因此，君权是在与政治体系的其他要素相互制衡之中存在的，如《成之闻之》所言：“是故欲人之爱己也，则必先爱人；欲人之敬己也，则必先敬人。”(第 20 简)其中，以士人为主体的诤谏之臣就是与君权相互抗衡的一种政治力量。《六德》说道：“非我血气之亲，畜我如其子弟，故曰：苟济夫人之善也，劳其藏腑之力弗敢惮也，危其死弗敢爱也，谓之臣，以忠事人多。忠者，臣德也。”(第 15-17 简)简文说臣之德在于忠信，以忠信服侍君为重。这里，将君臣关系比拟于父子关系，我们可以看到孔子移孝作忠的影子。整个儒家的政治哲学都是依托于现实的宗法血亲制度来建构的。人君虽然与人臣无血缘的亲情关系，但是却像父母一样养育人臣。因此，人臣应该为人君劳其藏腑之力，甚至不惜牺牲生命。这里的“畜”即养育之意，应指为人臣者从君那里领取的爵禄作为养身之物而言。但是君臣如父子，却不是真正的父子血缘关系。故此，二者之间存在着重大的区别。“门内之治恩掩义，门外之治义斩恩。”(《六德》第30-31简）此处谈到家门内的治理要用“恩情”掩盖“道义”，家门外的治理要用“道义”切断“恩情”。而在忠孝不可两全的处境中，应以血缘亲情为重，“为父绝君，不为君绝父”(《六德》第29简)。这就使得门内与门外、家族与政权之间拥有了彼此独立的空间，二者之间形成的张力有助于消解君权的绝对性和无上性。在儒家看来，只有这种基于宗法血缘惯性的做法，才有利于社会整体的和谐有序。作为有德性的士人、君子，领取俸禄绝不应该成为其从政的主要目的，唯有仁义礼智信构成的儒家道统才是出仕的最终目的，即“从道不从君”。如余英时先生所言：“孔子儒家代表的士，绝不仅仅只是一特殊的社会阶层，是一群‘劳心者’，更重要的是，他们以道为己任，能够超越个人私利去关注国家、民众的普遍利益。”[①] 因对道义的遵行，所以有孔子的“不可为而为之”(《论语·宪问》)；因对道义的追求，所以子思子敢于“恒称其君之恶”(《鲁穆公问子思》第3简)；因对道义的遵行，所以孟子表现出“说大人则藐之，勿视其巍巍然”(《孟子·尽心下》)的大丈夫气概。故此，对于士人、君子而言，出仕是“无可无不可”(《论语·微

① 余英时：《士与中国文化》，上海：上海人民出版社，1987年，第12-13页。

子》）的事情，一切应以道义为标准。“天下有道则见，无道则隐”（《论语·泰伯》）、“士穷不失义，达不离道”（《孟子·尽心上》）。天下有道，就应该积极行道，以“兼济天下”；天下无道，或者“独身其身”，或者“以身殉道”，在神圣天道的牵引下，儒家君子表现出强烈的卫道精神和以德抗位的独立人格。可见，先秦儒家哲学认为，君臣之间，并不是三纲五常下“君为臣纲”的绝对君权主义，而是彼此牵制、相互制约、互补互动的关系。《六德》中君之义与臣之忠是同时提出来的。君臣应该“各行其职”，君有义，臣才会对之有忠。否则，“不爱则不亲，不口则弗怀，不赖则无威，不忠则不信，弗勇则无复”（《尊德义》第32–34简）。在古代，正是这种维持道义原则的诤谏之臣成为监督、制衡君权的积极力量。

第五节　道之以德，齐之以礼

除了德与位的制衡以外，君民之间的关系也是制约君权的重要一极。儒家虽然崇尚“郁郁乎文哉”（《论语·八佾》），礼乐教化具有浓厚的贵族精英色彩，但是，从周公的“敬德保民”，到孔子的“为政以德”，儒家的士人君子从一开始就担当起批判暴政、维持社会公义的角色，是人民权利的代言人。特别是思孟学派，具有强烈的正义精神和浓郁的民本思想，是继孔子之后继续维护民权、为民请命的重要社会力量。按照儒家的政治哲学，君权的合法性是天之所予。但是儒家的天，在殷周剧变之后，经历了去人格化的过程，因此，儒家的天，不像基督教中的上帝一样，是亲自向人显现的位格。天，在先秦儒家政治中，主要有主宰之天、命运之天、义理之天的含义，如孟子所言："天不言，以行与事示之而已矣。"（《孟子·万章上》）那么，君权是如何通过"不言之天"来获得的呢？《尚书·泰誓》说得很清楚："天视自我民视，天听自我民听"，"天佑下民，作之君，作之师，惟其克相上帝，宠绥四方"，"天矜于民，民之所欲，天必从之"。天是通过人民来体现其旨意的。因此，君虽然高高在上，但是，他的龙椅却是人民选择的结果。只有符合民心、顺应民意的君才是合法的统治者。"在这样一种类似泛神论结构的民意论中，殷商以前不可捉摸的皇天上帝意志，被由人间社会投射去的人民意志所形塑，上天的意志不再是喜怒无常，而被认为有了明确的伦理内涵，成了民意的终极支持者和最高代表。"① 据此，徐复观先生认为："人君上面的神、人君所凭借的国，以及人君本身，在中国思想正统的儒家看来，都是为民而存在，都是以对于民的价值的表现，为各自价值的表现。可以说神、国、君，都是政治中的虚位，而民才是实体。"② 因此，君作为民之父母，其首要的职责就是要爱亲尊贤，爱天下之民，以其美好的德性及其教化来博得人民的拥护。"[任]诸父兄，任诸子弟，大材艺者大官，小材艺者小官，因而施禄焉，使之足以生，足以死，谓之君，以义使人多。义者，君德也。"（《六德》第13-15简）

---

① 陈来：《古代宗教与伦理——儒家思想的根源》，北京：三联书店，1996年，第184页。

② 徐复观：《学术与政治之间》，台北：台湾学生书局，1985年，第51页。

此处简文讲君知人善任，并要以养民为己任，以满足人民物质利益的需求。“君子不啻明乎民微而已，又以知其一矣。”（《六德》第 38–39 简）此处简文讲君要了解民情，关心民众疾苦。“是故先王之教民也，不使此民也忧其身，失其体。”（《六德》第 40–41 简）此处简文讲君应教民、保民，不让民身有忧患。从中可见，简文言下之君，绝不是耀武扬威、横征暴敛的暴君，而是知民、保民、养民、爱民的典范。从中我们可以看到简文中有关政府职责的讨论，认为为政者必须关注公共利益，保证人民的生存权和发展权。更为深刻的是，儒家强烈的民本思想，是以心性的理论建构为基础的。在《性自命出》中，简文中数次提到与性善有关的语句。如“教所以生德于中者也”（第 18 简）、“反善复始”（第 26 简）、“未教而民恒，性善者也”（第 51–52 简），因此，“《性自命出》虽然没有全面论证‘性善论’理论，但是，作者的理论倾向已经初见端倪”[①]。正是这种倾向，成为孟子性善论的理论基础；也正是这种性善倾向，为保证人民的主体性提供了理论支撑，同时也为礼乐的教化提供了心性保证。正因为“天命之谓性”（《中庸》），所以，每个人都是天民，都拥有从天而来的神性，都拥有道德修养的潜质。因而，就心性而言，人与人之间应该是平等的。君应该尊重人民的价值人格和主体尊严。正因为“四海之内，其性一也。其用心各异，教使然也”（《性自命出》第 9 简），所以，君不仅应该保证人民的物质欲求，还应该关注人民的精

① 欧阳祯人：《从简帛中挖掘出的政治哲学》，武汉：武汉大学出版社，2010 年，第 212 页。

神需求，这要求君以礼教民，以德化民。简文继承了孔子先富后教的思想，认为君主应该担负起对民“道之以德，齐之以礼”（《论语・为政》）的责任。“是故先王之教民也，始于孝弟”（《六德》第39—40简》），因为孝悌乃是基于人类自然的情感，因此，孝悌是践仁之始。“道始于情，情生于性，始者近情，终者近义。”（《性自命出》第3简）人君进行礼乐的教化，应该顺应人情，又要体现出义的原则。“始者近情”，所以礼需要适应人的自然需求；“终者近义”，所以要求在自然需求之上，还要遵行道义的原则。唯有在礼乐的熏陶教化之下，民才能明心见性，逐渐完善自己本有的天性。所以《尊德义》说道：“是以为政者教导之取先。教以礼，则民果以劲。教以乐，则民弗德争将。教以辩说，则民艺隉长贵以忘。教以艺，则民野以争。教以技，则民少以吝。教以言，则民吁以寡信。教以事，则民力啬以湎利。教以权谋，则民淫昏，远礼而无亲仁。先之以德，则民进善焉。”（第12—16简）从中可见，君民之间也是一种相互对待的关系，君有义而民有亲。在君民彼此制衡的关系中，隐含着一种革命权，既然君权是天通过民来赋予的，既然君应该爱民、保民、教民，那么，如果君没有达到这种要求，那么人民应该怎么办呢？这种内在的矛盾到了孟子那里，就发展为一种民对君的“置换权”，人民被赋予了“诛一夫”（《孟子・梁惠王下》）的权利。

第六节　先秦儒家政治哲学的困境与出路

综上所述，我们看到《六德》诸篇中政治哲学蕴含着浓郁的道德色彩。在礼乐观照下，儒家政治哲学呈现出道德与政治合二为一的倾向。礼作为我国古代的政治治理理念，其形式主要体现在道德教化、政治规劝和公众舆论之中，这不同于近代意义上官僚体制下分科分层的政治模式。儒家的礼乐制度是以仁爱为核心的教化之道，儒家的天也是形而上的道德之天，儒家理想的君是道德的化身，儒家的士是践行德性的主体，儒家的民是有待道德教化的人民。政治是道德的政治，道德是政治的道德。这种寓政治于道德、寓道德于政治的做法，一方面有其积极的意义，它以道德作为政治的衡量标准，以政治作为实现道德的途径，使道德成为政治体系中的主导因素，从而为政治提供了一种理想的范式；另一方面亦有不可避免的困境。因为，虽然道德和政治有一定的关系，可以互相补充和制衡，但是二者毕竟属于两个不同的领域。政治是一种实然的现实秩序，而道德却是一种应然的价值倾向。前者主要针对外在的行为，重在他律，而后者主要针对内心的修养，重在自律。虽然政治不应该脱离道德，然而二者有着明确的分际。根据休谟（David Hume）“是与应该”的问题，“是”不能由“应该”推导出，故此道德不应该与政治混为一谈。道德和政治的结合是一种可遇而不可求的理想，在现实生活中，二者之间却总是处在天平的两端：有德者不一定有位，有位者不一定有德。道德的说教与天道的威慑对于制约君权并无强制性可言，若没有制度保障的政治，这只能成为对于完美政治的期待而已。无怪乎马克斯·韦伯（Max Weber）疑惑地问道：“我们很奇怪，这种囿于经典的理想化的‘沙龙’修养何以能治理大片的国土。”[1] 牟宗三先生就曾一针见血地指出：“中国文化精神在政治方面就只有治道，而无政道。”[2] 分而言之，在政治体现中，天、君、臣、民之间虽然表现出某种程度的相互对待和彼此制衡，但是，这种制衡却总也不能超出当时历史环境的局限性。对天与君而言，在古代虽然天拥有至高无上的权威，可以作为超越性的神圣力量形成对君权的一种震慑，然而，与基督教的上帝比较而言，儒家的天既缺少一种人格的形象，作为宗教的人也就缺少了一种神与人之间的人格关系，从而缺少一种宗教的自觉性。儒家的天很大程度上是形式的、道德性的，这种“虚位”之天对于君权的制衡能有多少力度呢？如果君主不敬天，不畏天，那谁又奈何得了他呢？儒家政治哲学对君主拥有太多的道德期待，天下国家的生死祸福都牢牢地捆绑在君主的身上。“人心惟危，道心惟微，惟精惟一，允执厥中”（《尚书·大禹谟》），具有七情六欲的君主如何能够承受如此沉重的道德负担和压力呢？正如美国学者狄百瑞（W.T. Bary）所指出的：“儒家思想的问题不在于它赋予作为个体的君子太小的空间或者太微弱的意义，而是在于它或许给得太多了。儒家思想把以色列先知放在整个民族身上的所有重担都抛给了君子一人。”[3] 如果说在先秦时期，天对君主还多少有点威慑力的话，待强大的封建专制建立以后，君主成为一个绝对化的超越体，不

① 韦伯：《儒教与道教》，王容芬译，北京：商务印书馆，1995 年，第 183-184 页。
② 牟宗三：《中国哲学的特质》，上海：上海古籍出版社，2007 年，第 169 页。
③ 狄百瑞：《儒家的困境》，黄水婴译，北京：北京大学出版社，2009 年，第 27 页。

是“圣而王”，而是“王而圣”，以天道来神化“三纲之道”。天不仅不能制约君权，反倒成为君权的“帮凶”。在君主专制的社会中，君权和神权从来也没有形成像西方中世纪那样政教相互抗衡的状态。因此董仲舒的“天人感应”险些害自己赔了性命；对君与臣而言，不可否认，以士人君子为主体的诤谏之臣对于君权的制衡有重要的作用，以儒家之礼来要求君，以天道之诚来规谏君，成为约束政治王权的重要力量。然而，需要注意的是，士人对于政治的依附关系是根深蒂固的，士人一方面原则上要以道事君，另一方面在现实中又必须以出仕为出路。“不仕无义，长幼之节，不可废也，君臣之义，如之何其废之？”（《论语·微子》）既然士应该出仕，就必然存在着君臣之分。然而先秦儒家的君臣关系，从来就不是完全对等的，在《六德》中，君臣之间虽然有君之义与臣之忠的德性要求，但是君始终是“使人者”，而臣始终是“事人者”，二者的不同职分决定了臣不可能僭越其职分来要求君。臣只是辅君、助君，而不能越君。因此，虽然先秦儒学的君臣关系不同于封建专制下的“君为臣纲”，但从某种意义上却成为后者的“滥觞”。虽然儒家政治的理想状况是圣君贤相、德位相和，但是更多时候，却如《穷达以时》中发出的感叹：“有其人，无其世，虽贤弗行矣”，“遇不遇，天也”（第 1–2、11 简）。面对天下无道的处境，士人要么洁身自好、无道则隐，要么以德抗位、以身殉道。前者是消极的抵抗，后者则是屈原式的悲壮。如果说在先秦时期士人还是人格独立的个体，拥有凛然不屈和刚正不阿的精神气概的话，那么到了秦汉之后，士人的自由人格和独立精神在封建专制的压制下，已经大打折扣了。最关键的问题在于，参照基督教中上帝与百姓立约的契约模式，儒家特有的精英色彩，使士人君子显得孤立无援。在上有绝对无限的君权，在下是有待德风教化的百姓，士人君子似乎处在夹缝之中，孤独而悲壮地维持着道义；对于君与民而言，虽然民代表天赋予君统治权，民意、民心的向背决定政权的合法性与否，但是，在古代农耕文明社会，百姓“日出而作，日入而息”，虽然具有很大的自由性，但是缺少一种主体的自觉性，没有意识到自己的政治权利。民始终处在一种有待教化的潜伏状态，其德性需要君主的教化，其权利有待士人的维护。儒家重视人民的权利，很大程度上是生存权、财产权、发展权，而不是参政、议政的权利。没有民参与的政治，其实是一种虚浮的政治。在近代以来西方所倡导的民有、民治、民享中，儒家政治哲学独独缺少民治一环。如梁启超先生所言：“我先民极知民意之当尊重，惟民意如何而始能实现，则始终未尝当作一问题以从事研究。故执政若违反民意，除却到恶贯满盈群起革命外，在平时更无相当的制裁之法。此吾国政治思想中之最大缺点也。”[①] 此外，人与人虽然有人性上的平等和尊严，但是却有着现实的尊卑贵贱之分，民与君之间主要还是统治与服从、教化与被教化的关系。由此可见，儒家政治哲学不乏闪光之处，反映了古圣先贤对于君权合法性的独特见解，但是，囿于时代的局限，此种思想给我们一个宏大而理想的政治远景，在现实操作上却很难落到实处。因此，“一方面是政治理念的极端先进，另一

① 梁启超：《先秦政治思想史》，北京：东方出版社，1996 年，第 39 页。

方面是在经验、制度的层面无法落实，于是，贯通天人的政治哲学就成了一场具有良好愿望的梦想，深厚、高明、悠久，‘唯天为大，唯尧则之’（《论语·泰伯》），可望而不可即，成了中国知识分子‘永恒的乡愁’”[①]。当然，我们不能站在当代人的角度强求古人，任何思想都不可能超越它的时代。如李泽厚先生所言：“‘治法’或‘治人’、‘外王’或‘内圣’、‘经世致用’或‘存养心性’、‘政’（政治）‘教’（伦理）分离或合一……是近代与古代的分野。”[②]即使是西方的民主思想，也是近代，特别是启蒙运动之后的事情。在当今社会，民主、法治成为政治之公器，得到政治界的广泛赞同。

在这种时代背景下，先秦儒家的政治哲学对于我们意味着什么呢？本章认为，在当代法治的语境下，儒家的道德政治可以成为法治思想积极有效的补充。现代意义上的法治思想，只是消极意义上的善，即要求人们不作为，避免互相伤害。只是这种冷冰冰的法律条文能够给社会带来真正的和谐吗？即使在法治最为完善的欧美社会，不是照样存在着贪污腐败、损人害己的事情吗？很多人不正是知法犯法，专钻法律漏洞吗？法律不是万能的，纯粹的法律只是“不好中的最好”。因此，我们需要建构一种良法，即根植于道德、人性之上的一种法治。它要求人们基于道德良知自愿自觉地遵守法律，而不是迫于外力的强制来约束自己不犯法。今天我们需要的不是马基雅维利（Niccolo Machiavelli）所言的

---

① 黄俊杰：《儒学与现代台湾》，北京：中国社会科学出版社，2001 年，第 271 页。

② 李泽厚：《中国古代思想史论》，北京：三联书店，2009 年，第 299 页。

“狮子与狐狸”一样的政治观念，而是道德与法治融合为一的治理模式，只有建立在道德之上的法律才是保证政治稳定和社会和谐的强有力的措施。从此种意义上来说，儒家的道德政治哲学对于新型法治文明建设具有重要的启迪意义。

正如刘述先先生所言：“传统的资源与负担一根而发。我们能够做到的极限乃是，把传统的资源发挥到顶点，却把传统的负担减少到极小的程度。这样才能推陈出新，与时推移。”[①] 站在新时代的浪潮中，我们不能数典忘祖，丢失民族文化之根；我们同样不能故步自封、唯我独尊。我们既要尊重和欣赏先秦儒家政治哲学的特质，又要同情和理解其限制与困境，更要立足于现实问题，对它进行创造性的重新阐释，为其赋予新的时代内涵。只有这样，儒家政治哲学才能在新时代重新绽放光彩；也只有这样，儒学才能走出“博物馆”，成为活生生的儒学。

① 刘述先：《儒家思想的转型与展望》，石家庄：河北人民出版社，2010年，第218页。

第六章 《六德》中政治、道德和宗教的“三位一体”

《六德》是郭店简中一篇重要的儒家文献。简文立足于现实的人道，详细解说了六位、六职、六德的具体内涵及其相互关系，并且清晰地阐述了处在六位中的人们各行其职、各表其德对于社会稳定和政治和谐的重要作用，充分地体现出儒家政治思想中独具特色的内圣外王之道，字里行间表现出亲亲尊尊的礼法观念以及为政以德的政治理念。简文意蕴深远、逻辑明晰，具有很高的哲理水平。在古朴而幽远的字里行间，既有政治的理性与严肃，又有道德的理想与体验，同时亦有宗教的崇高与杳远。其中，政治的治理和运作以道德为根据和依托，而道德的形成和自觉又以天道的超越和神圣作为终极关切，从而形成了政治、道德和宗教之间相互贯通、彼此寓居的“三位一体”的关系。因此，我们在重视《六德》中深刻的政治思想的同时，还应由表及里地探究政治背后的道德观念和宗教情怀。可以说，《六德》文本对于我们近距离地了解先秦儒家政治哲学的道德特色、深刻地体味儒家君子的道德人格、重新洞悉先秦儒家超越而内在的宗教性，无疑都具有重要的意义。本章将政治、道德和宗教分别视为“三位一体”中的现实极、人文极和超越极，并详细解读了三者各自的内涵以及彼此之间相辅相成的关系，从中总结出儒家政治哲学中资源和负担的双重性以及儒学“极高明而道中庸”的宗教特性。

第一节　政治——“三位一体”的现实极

先秦儒家作为一种政治学说，其提出的意义首先就在于其鲜明的入世性和现实性，这是儒家区别于出世倾向的道家最为明显的标记。《六德》曰：“君子如欲求人，道”① （第 6 简）、“[苟不] 由其道，虽尧求之弗得也”（第 7 简）、“凡君子所以立身大法三，其绎之也六，其贯十又二。三者通，言行皆通。三者不通，非言行也。三者皆通，然后是也”（第 44–46 简）②。此处的“道”具体何指呢？为何不经由此道，即使像尧那样的圣人去求也得不着呢？为何简文将其提高到“立身大法”的高度呢？参照《尊德义》：“禹之行水，水之道也。造父之御马，马之道也。后稷之艺地，地之道也。莫不有道焉，人道为近。是以君子，人道之取先。”（第 6–7 简）此处的“人道”正好可以与《六德》中的“道”相互照应。先秦儒学中的“道”如同西方哲学概念中的“逻各斯”（logos）一样，有真理、道路、规则、原理等含义。与水之道、马之道、地之道

① 本章所引简文均采用李零：《郭店楚简校读记》（增订本），北京：中国人民大学出版社，2007 年。

② 这里的引文“其贯十又二”，是根据刘钊先生的观点，读为“贯”（刘钊：《郭店楚简校释》，福州：福建人民出版社，2003 年）。此简原文“其衍十又二”，写作“衍”，是根据李零先生的《郭店楚简校读记》（增订本）第 172、180 页的考释。也还有陈伟等先生的其他说法，但是似以刘钊先生之说为胜。

相比，人之道与人最为接近，故君子最先取用人之道。正如美国哲学家麦金泰尔指出的：“在一个得到明确界定并具有高度确定性的角色和地位系统里，每个人都有既定的角色和地位，这个系统的关键结构是亲属关系的和家庭的结构。在这样一个社会中，一个人是通过认识到他在这个系统中的角色来认识到他是谁的；而且，通过这种认识他也认识到他应当做什么。”[①] 人道在我国古代社会秩序中体现为“礼”，如荀子所言：“礼者，人道之极也。”（《荀子・礼论》）我国古代就是以礼乐文明为特色的社会，礼在社会中起着举足轻重的积极作用，作为古代社会中人们的行为规范，礼以“定亲疏，决嫌疑，别同异，明是非”（《礼记・曲礼上》）为基本职能，执行着不成文法的社会职责。

“礼者，政之本也”（《孔子家语・哀公问政》），对于先秦儒家而言，礼是政治的根本保证，是社会治理和社会稳定的调节工具。礼最为明显的特征在于其等级性和秩序性，《六德》曰：“生民［斯必有夫妇、父子、君臣，此］六位也。有率人者，有从人者；有使人者，有事人［者；有］教者，有学者，此六职也。既有夫六位也，以任此［六职］也。”（第 7-10 简）夫妇、父子、君臣构成六位，与此相应的是率人者、从人者、教人者、学人者、使人者、事人者六职。这种以亲亲、尊尊为主要特征的礼是先秦儒家所竭力提倡的一贯性政治主张。如《论语・颜渊》所言：“齐景公问政于孔子，孔子对曰：‘君君，臣臣，父父，子子。’

① 麦金泰尔：《德性之后》，龚群、戴扬毅等译，北京：中国社会科学出版社，1995 年，第 153 页。

公曰：‘善哉！信如君不君，臣不臣，父不父，子不子，虽有粟，吾得而食诸？’”又如《孟子·滕文公上》所言：“人之有道也，饱食、暖衣、逸居而无教，则近于禽兽。圣人有忧之，使契为司徒，教以人伦：父子有亲，君臣有义，夫妇有别，长幼有叙，朋友有信。”对于先秦儒家而言，礼是关乎整个社会稳定和政治和谐的关键因素，也是调节社会关系和人际交往的有效杠杆。“夫夫、妇妇、父父、子子、君君、臣臣，此六者各行其职，而谗谄蔑由作也。”（第35–36简）只有将社会各层整合在夫妇、父子、君臣的名分等级之下，使人安分守己、思不出位、各行其职，社会才能有序和谐。反之，“夫不夫，妇不妇，父不父，子不子，君不君，臣不臣，昏所由作也”（第37–38简）。如果夫妇、父子、君臣之间位分不明、职责不分、德性不彰，那么，诽谤狂言就会由此滋生，并造成社会的混乱无序。可见，“礼之用，和为贵”（《论语·学而》），礼的根本职能就在于促成社会成员之间的和谐与共处。

“君民者治民复礼”（《尊德义》第23简），君的首要责任就是要施行礼乐教化，使社会成员都统一在礼的规范约束之下，在君臣有位、尊卑有等、贵贱有别、长幼有序的礼治中实现政治的治理。《六德》之所以如此不厌其烦地阐释六位、六职，就是通过礼法之下的角色划分和伦理定位规定了每一个人在社会整体中的责任义务以及伦理规范，从而使社会中的每一个成员都自觉地遵守人道之礼的规约，服务于政治安宁、社会和睦的政治目的。正如笔者所言：“故曰：民之父母亲民易，使民相亲也难”（《六德》第49简），“是一支在内容上点题的简”，“‘使民相亲’，建立人与人之间的和睦关系，打造诚信社会，才是这四篇文字共同拥有的思想内涵”[①]。

第二节 道德——“三位一体”的人文极

如果说政治具有强烈的务实性和秩序性，那么在这种务实性和秩序性的背后，始终是以德性作为其政治的根本依据的。在古代社会中，“德”是一个极为重要的概念。“德”字古亦写作“上直下心”，《说文》释为“外得于人，内得于己”。可见，“德”主要表达的是一个内在觉悟和自我修养的道德概念。儒学作为一种政治学说和修养学说，不可避免地将政治和道德联系在一起，由此造就了儒家政治哲学的道德特色。《六德》曰：“六职既分，以裕六德。”（第 10 简）显然，这不同于近代西方意义上三权分立的制衡机制，也不同于现代社会中的分科分层的官僚体制，古代的政治模式是建立在德性之上的，德性是政治中的核心要素，也是为政者的第一需要，如梁启超先生所言：“儒家之言政治，其唯一目的与唯一手段，不外将国民人格提高。以目的言，则政治即道德，道德即政治。”[②] 故《尊德义》曰：“尊德义，明乎民伦，可以为君，去忿戾，改基胜，为人上者之务也”，“为古率民向方者，唯德可。德之流，速乎置邮而传命”（第 1、28 简）。否则如《成之闻之》所言：“是故亡

① 欧阳祯人：《从简帛中挖掘出的政治哲学》，武汉：武汉大学出版社，2010 年，第 49 页。

② 梁启超：《先秦政治思想史》，北京：中华书局，1986 年，第 91 页。

乎其身而存乎其辞，虽厚其命，民弗从之矣”，“上不以其道，民之从之也难”（第 4–5、15 简）。这种寓道德于政治、寓政治于道德的政治模式，虽然在我们今天看来极为理想化或简单化，然而，由于当时历史时代的制约，这却是古代社会普遍流行的治理观念。正如麦金泰尔所言："古代德行与政治密切相关，士大夫阶层对政治家的品格问题的热衷绝非偶然，因为这个生活的文化和结构要求‘以德性的实践来解决政治问题’。"①

故此，《六德》在提出六位和六职之后，随即提出更为重要的六德。“何谓六德？圣、智也，仁、义也，忠、信也。圣与智就矣，仁与义就矣，忠与信就［矣］。”（第 1–2 简）《六德》中六德与六位、六职所出现的顺序并不是一致的，就此，谢君直先生指出：“六德之德其实有二层意义，第一层乃指人伦之道德性与伦理之基础，而家国组织是这些德性的实现场所。故义、忠、圣、仁、智、信开显在君、臣、父、子、夫、妇等领域中，即人伦关系为六德道德实践的对象。第二层意义在于德性有实现性，因实践者在古代社会中有政治活动之要求，故当道德实践从家庭延伸到政治活动时，不同的国政事务会应用到不同德性。”②“作礼乐，制刑法，教此民尔，使之有向也，非圣智者莫之能也。亲父子，和大臣，寝四邻之抵牾，非仁义者莫之能也。聚人民，任土地，足

① 麦金泰尔：《德性之后》，龚群、戴扬毅等译，北京：中国社会科学出版社，1995 年，第 172 页。

② 谢君直：《郭店楚简儒家哲学研究》，台北：万卷楼图书股份有限公司，2008 年，第 118–119 页。

此民尔，生死之用，非忠信者莫之能也。”第 2–5 简主要就现实的政治事务中所要求的德性而言，即唯有具备圣智、仁义、忠信等德性，才是一切政治工作的前提；而第 14–23 简则是分别就义作为君之德、忠作为臣之责、智作为夫之德、信作为妇之德、圣作为夫之德和仁作为子之德所做的详细阐述。

对于政治而言，君臣关系无疑是最重要的一对关系。对于君而言，“[大者以治] 人民，小者以修其身，为道者必由此”（第 47 简），正所谓“政者，正也”(《论语・颜渊》)、“为政以德，譬如北辰，居其所而众星共之”(《论语・为政》)，为政者必须先修其身，以身作则，然后才能成为人民的表率，以德化民。在郭店简中，有很多关于修身、反己的语句，如“闻道反己，修身者也”(《性自命出》第 56 简)、“求之于己为恒”“君子之求诸己也深”“窃反诸己而可以知人”(《成之闻之》第 10、19–20 简)，这与《大学》中“自天子以至于庶民，壹是皆以修身为本”的思想是一脉相承的。简文曰：“[任] 诸父兄，任诸子弟，大才艺者大官，小才艺者小官，因而施禄焉，使之足以生，足以死，谓之君，以义使人多。义者，君德也。”（第 13–15 简）此处，简文对君提出一种义德，即道义的道德要求。这充分体现了先秦儒学中的内圣外王之道，君必须拥有内圣之德，才能行外王之治。即孟子所言：“君仁莫不仁，君义莫不义，君正莫不正。一正君而国定矣。”(《孟子・离娄上》)正因为有此道义的要求，所以君在政治事务中应该选贤任能，使俊杰在位，实现从“亲亲之杀”到“尊贤之等”(《中庸》) 的转变，“亲戚远近，唯其人所在。得其人则举焉，不得其人则止也”（第48简）。这就要求君必须胸怀天下，以百姓的福祉为重，从而做到从一人之私利到天下之公利的飞跃，若没有反求诸已的修身功夫，这种道德境界是难以实现的。萧公权先生对此做了一个非常贴切的总结：“儒家政治，以君子为主体。君子者以德位兼备之身，收修齐治平之效。此儒家所持之理想也。”[①] 对于臣而言，“非我血气之亲，畜我如其子弟，故曰：苟济夫人之善也，劳其藏腑之力弗敢惮也，危其死弗敢爱也，谓之臣，以忠事人多。忠者，臣德也”（第15-17简）。忠是对于为臣者的德性。此处将君臣关系比拟于父子关系。“畜”一字应该是指臣从君那里获得爵位、领取俸禄作为养生之物而言的。君畜臣以爵禄，故作为回应，臣应该事君以忠。故此，如果能够增益人之善德，臣应该为君劳其藏腑之力，甚至不吝惜生命。这与《鲁穆公问子思》中的“夫为其君之故杀其身者，效禄爵者也。恒称其君之恶者，远禄爵者也”可以互为诠释。

可见，《六德》此处的君臣关系并不是秦汉以后的“君为臣纲”的绝对化、纲常化关系，而是一种相互对待、彼此制衡的社会关系，君臣之间应该建立一种友谊关系，共同致力于政治的治理和百姓的福利，如《语丛三》所言：“友，君臣之道也。”（第6简）二者之间存在着彼此的道德要求：“君臣义生言”“君义臣忠”（第34-35简），义作为君之德和忠作为臣之德是一种相互的道德制衡，即君有义而臣有忠。但是这里潜藏着一种不可化约的矛盾。固然臣对于有义之君有义不容辞的尽忠之

① 萧公权：《中国政治思想史》上册，北京：商务印书馆，2011年，第31-32页。

责，但如果君无义，那么臣要不要以忠待之呢？面对天下无道的政治处境，臣当何为呢？简文曰：“为父绝君，不为君绝父”（第29简）、“门内之治恩掩义，门外之治义斩恩”（第30–31简）。这里区分了门内与门外两个领域，亦即私人领域和公共领域，这主要是以血缘、宗亲关系为衡量标准。对于先秦儒家而言，家门内的治理要用“恩情”掩盖“道义”，家门外的治理要用“道义”切断“恩情”。因此，虽然君畜臣“如”其子弟，但是，君臣却不是实质意义上的父子关系。父子之间是亲情血缘关系，而君臣之间只是社会关系，前者是先天的，应以仁德为重，后者是后天的，应以义德为主。因此，君臣关系必须以道义为基本原则。如《语丛三》所言：“父无恶，君犹父也，其弗恶也，犹三军之旌也正也，所以异于父，君臣不相戴也，则可已；不悦，可去也；不义而加诸己，弗受也。”（第1–5简）父子之间的血缘关系是不可更改的，而君臣之间的关系则是可以改变的。不义之事加己身，可以不接受而离去。这与孔子“天下有道则见，无道则隐”（《论语·泰伯》）、孟子“天下有道，以道殉身；天下无道，以身殉道”（《孟子·尽心上》）的思想是一脉相承的。特别是对于具有社会使命感和道德情操的君子而言，他们是以“仁义忠信，乐善不倦”的“天爵”（《孟子·告子上》）作为其安身立命的标准，所以他们能够拥有从道不从君、出仕行义的凛然正气和不畏强权、刚正不阿的独立精神，能够以“格君心之非”（《孟子·离娄上》）为道德命令，从而做到“远爵禄”“恒称其君之恶”（《鲁穆公问子思》）、“说大人，则藐之”（《孟子·尽心下》），实现“得志，泽加于民；不得志，修身见于世。穷则独善其身，达则兼善天下”（《孟子·尽心上》）的道德抱负。可见，门内与门外、私人领域与公共领域之间的划分及其张力，在某种程度上有利于维护个人的社会权利，同时也有利于制衡君权的无限膨胀。当然，当我们客观地看待《六德》中君臣对待的道德关系时，也不能过于强调君臣的对等性而忽视了二者之间的尊卑关系，因为，整个简文始终是建立在君作为“使人者”和臣作为“事人者”的职分之上的，我们务必以整个时代的尊卑等级观念作为宏观背景来加以考虑。

第三节 宗教——“三位一体”的超越极

如果说政治具有现实性和秩序性、道德具有人文性和自觉性，那么，比较而言，宗教则具有超越性和神圣性。现实的政治需要道德的规范作为支持，那么道德的规范背后却又是以宗教性作为其终极关切的。虽然关于儒学是不是宗教是当今学术界争论的热点问题，但是，若说儒学具有宗教性则不会引起太多的疑义。中国传统社会是以儒学为底蕴的社会，中国的文化是以儒学为内核的文化，中国习俗是以儒学为基调的习俗。儒学之所以能够在我们传统社会独领风骚，不仅在于其独特的人文性和丰富的哲理性，而且还在于其超越的宗教性和神圣性。儒学并不只是注重实践理性或道德理性，不只是重人事轻鬼神、重人道轻天道，应该说，儒学是一种超越而内在的宗教形态，在天人合一、物我一体、身心互动、主客互融中凸显了宗教的内在性特征。对于传统儒学而言，儒学的宗教性突出地表现在天人关系的范畴之中。

《六德》主要以人道之礼为主，讲六位、六职、六德及其相互关系，给人的感觉好像只是在讲现世的道德伦理、社会秩序和政治治理。但是，需要指出的是，每一种现实政治或者道德伦理都是以其宗教性为最终指向的。如神学家蒂利希（Paul Tillich）所言："宗教是人类精神生活的本体、基础和根基。人类精神中的宗教方面是就此而言的。"[①] 正是作为终极关切的宗教才能从根本上决定和影响着人类精神生活的各个方面。杜维明先生也认为："君子的自我修养（'修身'）绝不是一件私人的事情，因为对人性中原本的宁静状态的体验，不仅只是一种对于这些基本感情出现之前的平静状态所进行的心理学意义上的体验，而且还是一种对终极实在所作的本体论意义上的体验，或者用《中庸》中的话来说，是一个对世界"大本"的体验。"[②] 虽然《六德》之中并没有明确提到"天""帝""神"等神圣的字眼，也没有说明政治和道德在何种意义上得以实现，但是，如果我们联系与《六德》抄写形制相同、思想一致的《性自命出》、《成之闻之》和《尊德义》等诸篇，便可发现，超越的天道或宗教性对于《六德》是必不可少的铺垫。本章认为，超越的天道对于《六德》而言是不言而喻的，正是因为它与其他四篇遥相呼应，所以《六德》没有再次重申天道的内容，而是以天道作为当然之则直接展开论述。《性自命出》主要讲人的心、性、情的关系和道德修养，但是，

① Paul Tillich, *Theology of Culture*, Oxford University Press, 1957, Preface, p8.

② 杜维明：《论儒学的宗教性》，段德智译，武汉：武汉大学出版社，1999 年，第 4 页。

其最终的源泉还是来自超越的天命，即“性自命出，命自天降。道始于情，情生于性”（第 2–3 简）。在此“情－性－命－天”的结构中，人的性、情通过命的纽带作用与天道联系起来，从而将天之所命内化于人主体的心性之中，并在天道性命的贯通中为人的道德修养找到了终极的源头，从而促使道德主体努力实践“尽心”“知性”而“知天”、“存心”“养性”以“事天”（《孟子·尽心上》）的道德命令。《六德》中圣智、仁义、忠信等德性正是在以此天命为依托，并通过修身养性的功夫才得以形塑的。《成之闻之》与《六德》的关系更为密切。《成之闻之》曰“君子慎六位以祀天常”（第 40 简），此处的六位即是《六德》中所言的夫妇、父子、君臣六位。天常，即“天登大常，以理人伦，制为君臣之义，作为父子之亲，分为夫妇之辨”（第 31–32 简），也就是天道的名义赋予了现实的礼治规范以神圣的意义。“是故小人乱天常以逆大道，君子治人伦以顺天德。”（第 32–33 简）六位关系中的个人必须谨守自己的本位，严格依照人伦礼法来约束自己的视听言动，这样才是顺应天德的表现。否则，僭越名分，不分尊卑，便是变乱天常、大逆不道的小人。可见，《六德》中所没有言明的人道之礼的宗教性、神圣性和权威性，都早已在《成之闻之》中做好了充分的铺垫。只有将君臣、父子、夫妇的礼法等级制度提高到天道的高度，才能以天常、天德为神圣权威来维护政治的统治。因此，《六德》认为六位是“生民斯必有”（第 7–8 简），甚至将其提高到生与死的高度：“三者，君子所生与之立，死与之敝也。”（第 46 简）因此，《尊德义》曰：“察者出，所以知己。知己所以知人，知人所以知命，知命而后知道，知道而后知行”，“有知己而不知命者，无知命而不知己者也”（第8–10简）。人只有知道自己的天命所在，才能洞晓天道的奥秘，才能在社会中安置自己为人处世的法则。《六德》中六位、六职和六德对于每个人而言，都是自己的天命所在，人只有“明乎此六者”（第42–43简），坐自己该坐的位分、行自己当行的职分、彰显自己当拥有的德性，如此才能使自己的位、职、德与自己所得的天命相匹配。

《六德》六位、六职、六德的人道中，处处暗含着宗教性的观念。作为政治总纲的礼，本身就有宗教性的起源。《说文解字 · 示部》曰：“礼，履也，所以事神致福也。”王国维先生也认为，古代的礼像“盛玉以奉神人之器”（《观堂林集 · 卷一 · 释礼》）。《大戴礼记 · 礼三本第四十二》中也有礼有三本的说法。礼最终的指向就是天道、天理、天命。因此，“礼以顺天，天之道也”（《左传 · 文公十五年》），礼是与天道相通的圣人顺应天道而制定的规范，于是，礼与天道之间的这种内在联系，便赋予了人伦礼法神圣性与超越性，同时，一切现实的礼仪法度又都是为了实现与天的冥合为终极指向的。“由于‘人伦’直接来自‘天常’，所以君臣、父子、夫妇的关系都是神圣化的关系，是天经地义的‘天常’投射，所以是神圣不可侵犯的。”[①] 父子关系是建立在自然天道之上的慎终追远、报本反始；夫妇关系是建立在阴阳大化基础之上的天

① 欧阳祯人：《从简帛中挖掘出的政治哲学》，武汉：武汉大学出版社，2010年，第173页。

尊地卑、阴阳互补；君臣关系是建立在天命观念之上的君权神授、上承天祚。因此，杜维明先生指出："这种人文主义内蕴着一种与天的'盟约'，因为我们的道德责任不在于把我们自己作为一个孤立的个体来实现自己，也不在于把我们的社群完善成某种自足的实存，而是通过自我实现和社群完善去实现'与天地参'的人类的最高理想。"[①] 政治领域中君权与天道结合的产物便是君权神授的神权观念，其突出的特征就在于君权的神性化和政治制度的神圣化。这样一种礼法制度的设立，可以说是先秦儒家政治哲学独特智慧的体现。先秦儒家的天，超越了纯粹的自然意义，而拥有了道德、义理、主宰的含义。因为对于古人而言，天无疑是一种崇高而可畏的神秘力量，面对这样一种超越的神圣力量，人们不能不在它面前恐惧和战栗，因此天成为维系社会关系的神圣力量。至高无上的天成为古人精神世界的终极关切，成为人间一切公义、德性的根本保障。因此，一方面，礼的宗教性为君权的合法性披上了一层神秘的面纱，"天与贤，则与贤；天与子，则与子"(《孟子·万章上》)，从而以天道之名维护了君权的权威性和尊严性；另一方面，礼的宗教性又成为约束和制衡君权的强有力的保证。"唯天为大，唯尧则之"(《论语·泰伯》)，因为天有生生之德，因此，作为天子的君，应该敬德保民以体现他对天的敬仰和崇拜，做到对天之"孝道"。正是君对天的这种敬畏之心，成为制衡其政治特权，促使其统治能够尊德崇道、敬天保民

① 杜维明:《论儒学的宗教性》，段德智译，武汉：武汉大学出版社，1999年，第113页。

的强有力的道义力量。

此外,《六德》中的宗教性突出地表现在它对血缘亲情的依附之中。“是故先王之教民也，始于孝弟。”（第39–40简）先秦儒家这种亲亲之爱的思想有其深厚的社会文化背景。在我国古代以农耕文明为主的社会中，长期以土地为主要生产资料的经济模式，使得家庭成为社会的细胞单位，家庭关系的和睦与否直接影响到社会整体结构的稳定与和谐。特别是人对父母、兄长的孝悌之情，是一种原始的、自发的、天然的血缘亲情，是人类一种本然天成的真情实感，由此便形成了我国古代独具特色的血缘宗法制的社会结构。先秦儒家思想正是依托于这种血缘宗法制思想来建立其整个哲学体系。但是儒家思想的伟大之处在于，它并没有因此局限在血亲家庭关系的藩篱中，而是在顺应人的这种自然性情的基础上，力求道德的超越。如《论语·学而》所言：“君子务本，本立而道生。孝弟也者，其为仁之本与！”本，根也。孝悌作为仁的根本和基础，本身只是一个起点，它最终是以“道”为超越旨归的。儒家提出孝道并非私养自家之亲，乃是通过孝，培养人的诚恳、笃实的仁性，并以此为跳板，在忠恕的践行中实现普遍的仁爱。如孟子所言：“君子之于物也，爱之而弗仁；于民也，仁之而弗亲。亲亲而仁民，仁民而爱物。”(《孟子·尽心上》)《六德》谈到子之德时，说道：“子也者，会埻长材以事上，谓之义；上共下之义，以睦□□，谓之孝；故人则为［人也，谓之］仁。仁者，子德也。”（第21–23简）子之德是仁，仁也是儒家伦理道德的灵魂与核心，是人之为人的根本德性。因此，子之德可谓是六德中的重中之重，其他五德都是以仁为基础而深入展开的。此处谈到子之德，也并非只是认为养亲事亲，而是将子之孝、子之仁放在整个社会范围内展开论述。“会埻长材以事上”“上共下之义”，均是将子之德放在整个等级关系的社会体系中来加以衡量的，并以建立人与人之间彼此信赖、融洽、和谐的社会关系为宗旨。古语中“忠臣出于孝子”就是这个原因。通过“弟子入则孝，出则弟”，达到“谨而信，泛爱众而亲仁”（《论语·学而》）的政治教化。因此，孟子认为“尧舜之道，孝弟而已矣”（《孟子·告子下》），将整个理想的圣王政治都建立在孝悌的根基之上。

此外，儒家的宗教性也突出地体现在“慎终追远，民德归厚”（《论语·学而》）之中。《六德》第27−30简有关于丧服制度的详细描述：“疏斩布绖杖，为父也，为君亦然，疏衰齐牡麻绖，为昆弟也，为妻亦然。袒免，为宗族也，为朋友亦然。为父绝君，不为君绝父。为昆弟绝妻，不为妻绝昆弟。为宗族疾朋友，不为朋友疾宗族。”正如孟子所言“养生者不足以当大事，惟送死可以当大事”（《孟子·离娄下》），古人之所以如此慎重、虔诚地对待丧礼、祭祀事宜，其意义不仅仅在于维系家族的团结，也不仅仅在于对先祖表达一种诚挚的缅怀，更在于通过此种仪式性的活动表达自己对天道的一种崇仰和敬拜。孝悌和祭祀所表达的是人的一种报本反始的精神，就是以人的原始、天然的情感为导向，从生命的本源中去挖掘生命的本真状态。“养生、送死，事鬼神之大端也；所以达天道、顺人情之大窦也。”（《礼记·礼运》）对孝悌和祭祀的重视体现出来的是礼法与天道的相互贯通，是一种天人合一之道，这是先秦儒家宗教人文化的充分体现，同时也由此衍生出“神道设教”的政治理念。《礼记·祭统》对此有绝好的解释：“凡治人之道，莫急于礼；礼有五经，莫重于祭。夫祭者，非物自外至者也，自中出，生于心也。心怵而奉之以礼，是故唯贤者能尽祭之义。贤者之祭也，必受其福，非世所谓福也，福者，备也。备者，百顺之名也，无所不顺者谓之备。言内尽于己，而外顺于道也。忠臣以事其君，孝子以事其亲，其本一也。上则顺于鬼神，外则顺于君长，内则以孝于亲，如此之谓备。唯贤者能备，能备然后能祭。是故贤者之祭也，致其诚信，与其忠敬，奉之以物，道之以礼，安之以乐，参之以时，明荐之而已矣，不求其为。此孝子之心也。”以孔子为代表的儒者虽然不语“怪、力、乱、神”，但“不语”并不代表他没有宗教情怀。先秦儒家虽然以人文精神著称，致力于“人事”“人道”，但是，这并非意味着它不关心“天命”“天道”。不同于西方基督教的独一神论的宗教形态，儒家的宗教性是通过对在世父母的尽孝敬奉养之道、对已逝先祖尽追忆祭祀之礼来表达的。这里所呈现出的祖先崇拜，是古代社会普遍具有的一种宗教形态。先秦儒家继承了殷周宗教中“先祖宾帝”观念，以及由此演变出的祖先崇拜与天帝崇拜的合流思想。因此，古人正是在孝悌之道、祭祀之礼中实现与天的交流和对话，并由此为生命永恒、灵魂不朽等宗教问题找到终极的根源。因此，李泽厚先生指出：“孟子为代表的中国伦理绝对主义特点却又在于，一方面它强调道德的先验的普遍性、绝对性，所以要求无条件地履行伦理义务，在这里颇有类于康德的‘绝对命令’；而另一方面，它又把这种‘绝对命令’的先验普遍性与经验世界的人的情感直接联系起来，并以它为基础。从而人性善的先验道德本体便是通过现实人世的心理情感被确认和证实的。”[①] 由此可见，儒家的宗教性中寓人道言天道、即凡即圣的特点，是支撑《六德》中六位、六职、六德的宗教背景所在。

小结 “三位一体”模式中资源与负担的双重性

通过以上对三位一体中政治、道德、宗教的分别阐释，我们可以看到，三者之间是一种你中有我、我中有你、彼此贯通、互为补充的关系。在三者当中，政治作为现实极，是道德和宗教的实现空间。只有在具体的政治生活中，在人与人之间相互联系的政治网络中，道德才有用武之地，超越的宗教才有现实的着落。否则，没有政治现实作为基础，道德只能成为空洞的玄谈，宗教也只能变成虚无缥缈的幻象。道德作为人文极，是政治的道义保证和宗教的现实体现。只有建立在仁义、忠信、圣智等道德之上的政治才能称之为“德治”“仁政”，只有拥有光辉德性的圣人才最有资格成为君。否则，如果礼法等级只有形式上的君臣、父子、夫妇关系，有其名而无其实的话，那么，礼无异于“吃人”的剥削工具。宗教只有通过天－命－性－情的天人贯通之道，才能将超越的天道内化于人的心性之中，才能使神圣而崇高的天道与平凡而现实的人间产生联系，而不是超然物外。宗教作为超越一极，是政治和道

① 李泽厚：《中国古代思想史论》，北京：三联书店，2009 年，第 42 页。

德生活的终极根源。只有借助于神秘、超越而可畏的天道才能为政治的合法性找到神圣根据，只有凭借君对天命的敬畏和崇敬之心才能为制衡君权找到超越的力量。也只有通过道德、命运的、义理的至诚天道，人的道德才能找到终极的根源，人的德性生命才能找到真正的慰藉。

这种政治、道德和宗教三者之间彼此贯通、相互寓居的关系，是儒家哲学的独特性之所在，在世俗中追求神圣、在人道中践行天道、在平凡中见证超越，这正是儒家独特的宗教性之所在，正像《中庸》所表达的：“尊德性而道问学，致广大而尽精微，极高明而道中庸。”但是，正如银币的两面一样，此种独特性在政治领域的作用也有正反两个方面，我们必须客观地予以评价。一方面，以道德的自觉来约束政治，对君提出崇德爱民的道德要求，有利于防范君权的专制和滥用；以天道的名义来威慑君权，对君提出敬天保民的要求，有利于控制政治的绝对化和无限化。但另一方面，这种约束或防范只是造成一种道义上的规劝或说教，而缺乏任何强制性的力度。尤其是，不同于基督教中有位格的、亲自向人言说的上帝，先秦儒家的天很大程度上是一种名义上的虚位之天[①]，因而也就缺少了像基督教那样神与人之间的人格关系。因此，作为宗教的人也就缺少了一种宗教的自觉性。特别是传统社会中天帝崇拜与祖先崇拜的结合，使得古人更为强调血缘亲情和家庭关系，从而使得超越之天更加与人道合一。这种人道的逐渐高扬和天道的逐渐隐退，便造成了儒学“弊于人而不知天”的隐患。故此，如何保证作为人君的统

① 徐复观：《学术与政治之间》，台北：台湾学生书局，1985年，第51-52页。

治者一定能够超越私人的血缘亲情关系，如何保证人君一定能够做到爱亲而尊贤呢？先秦儒家将太重的道德负担加在了人君的身上，可是，尧舜那样的圣王时代已经成为逝去的黄金时代，现实中具有七情六欲的人君如何能够承担起如此道德托付呢？“人心惟危，道心惟微”，如果君不仁不义，不敬天、不畏天，那谁又奈何得了他呢？其实，“大德者必受命”（《中庸》）的内圣外王模式只是先秦儒家的一种政治理想，在现实政治生活中，更多的却是“有其人，无其世，虽贤弗行矣”（《穷达以时》第1–2简）。圣君贤相、三代之治是可遇不可求的事情。若没有相应的制度规范或强制措施，面对天下无道、暴虐如桀纣的社会现实，儒家政治哲学也无计可施。由此可见，有治道无政道是儒家政治思想中的严重缺陷。因此，牟宗三先生说道：“儒家虽讲德化，教之养之，有兴发作用，不似道、法之愚民，然这个兴发只是道德的、伦常的，不是政治的。儒家本是想纯以德化的德治而臻人间于天国，即以君相之无限担负的神治而臻人间于天国，即孟子所说的‘君子所存者神，所过者化，上下与天地同流，岂曰小补之哉？’此若只限于教化上的圣贤人格之作用，则自无可议；而若用之于政治上成为圣君贤相之政治，期由其无限担负的神治而臻人间于天国，则便有可议处，即：人间不能以上帝治理世界的方式来治理。”[①] 当政治理念的理想性与现实政治的残酷性相遇的时候，当完美的政治愿景缺少一种现实的操作性的时候，便造成了儒家政治理念与现实政治之间的脱节。故此，《中庸》中叹为观止的圣王形

① 牟宗三：《中国哲学的特质》，上海：上海古籍出版社，2007年，第170–171页。

象——“聪明睿知，足以有临也；宽裕温柔，足以有容也；发强刚毅，足以有执也；齐庄中正，足以有敬也；文理密察，足以有别也”——只能是水中月、镜中花，可望而不可即，贯通天人的圣王模式只能成为中国士人所永远不能释怀的“相思情结”。

正如刘述先先生所言：“传统的资源与负担一根而发。我们能够做到的极限乃是，把传统的资源发挥到顶点，却把传统的负担减少到极小的程度。这样才能推陈出新，与时推移。”① 儒家思想中政治、道德和宗教的三位一体，既凸显了其独特之处，又暴露了其困境所在；既有积极性，又有局限性。当然，我们不能苛求古人，任何思想或观念都不能超越于其所处的时代，都受到历史环境的制约。先秦儒家的政治思想之所以重视道德修养而缺少强制性的制衡思想，乃其所处的历史环境使然。即使是在西方，民主和法治思想也是近代以后的产物。问题是，在现代化、数字化、网络化的今天，我们探讨儒家的现实意义何在？儒家思想是不是真的已经成为尘封在博物馆的古董？儒家思想是不是真的变成了无所依附、四处飘荡的“幽灵”？在民主、自由、法治思想成为政治公器的时代背景下，儒家思想是不是已经过时了呢？本章认为，作为政治化的儒学，也许已经随着政治和社会结构的解体而隐退，但是，作为一种生命的学问、作为精神资源的儒学，却具有超越时空的价值和意义，而且这种精神性的儒学几千年来随着生活方式和族群认同的积淀，业已变成了中华民族的“集体无意识”，潜移默化地影响着人们的日常行

① 刘述先：《儒家思想的转型与展望》，石家庄：河北人民出版社，2010 年，第 218 页。

为。离开了这种文化积淀和族群无意识，中国文化将成为无源之水、无本之木。因此，在当今民主法治的语境下，儒学仍然具有宝贵价值，它可以与诸子百家一样，去粗取精，古为今用，作为民主法治积极有效的补充因素。今天我们所讲的法治，是通过法律手段维持社会秩序，保证个人权利，避免互相伤害。然而，单凭这种强制性的措施能够给社会带来真正的和谐和安宁吗？社会上知法犯法、有法不依、钻法律漏洞的现象层出不穷，不正是说明了法律本身的疲软和不足吗？而且法律不是万能的，很多社会问题，比如亲情、爱情，并不都是直接诉诸法律就可以解决的。因此，要实现社会的真正和谐和稳定，我们不仅需要一系列的法律条文，更为重要的是，法律本身也需要更为稳固的保证和根基。故此我们应该建构一种良法，即一种根植于道德和宗教之上的法治。它使人能够出于道德的自觉，出于一种对天道的敬畏而主动地去遵守法律，而不是出于外力的强制或压制而被动地去遵守法律。由此可见，进一步促进诸子百家的各种思想的融合，去粗取精，把儒家、法家、道家等各家中合理的思想与现代的民主、法治结合起来，不仅对于现代中国的民主、法治而言是一种积极的促进因素，而且对于儒家以及诸子百家来说，也是促使其与时俱进，在新的时代背景下重新绽放光彩的新契机。

第二编

第七章 《性自命出》认识论检析

《性自命出》的认识论与本体论是糅合、互渗在一起的，其相互摩荡、互为其根的理论形态，与《周易》、《易传》、《中庸》、《孟子》以及《乐记》都有深刻的理论照应，在心志物我的内外磨砺之中突出了人的性情，弘扬了人的主体性，是中国哲学史上一笔宝贵的遗产，值得我们认真发掘。

第一节 凡人情为可悦也

不论《性自命出》是否出于公孙尼子之手[①]，都不妨碍我们确认它的确与《乐记》有深刻的联系，虽然《乐记》的理论趋向是“隆礼”，而《性自命出》则侧重于性情的引导、心性的修养。不难发现，《乐记》在思想的渊源上也是传承了《周易》，特别是《易传》的精神

① 陈来先生称《性自命出》当属《公孙尼子》，参见氏著《郭店楚简之〈性自命出〉篇初探》，《孔子研究》1998 年第 3 期。

的[①]，但是，由于它的理论趋向是“隆礼”，因此，就绝对不能把它与《中庸》《孟子》混为一谈，更不可能与《性自命出》相提并论。[②]《性自命出》只能归属于思孟学派，其根本原因并不仅仅在于它是否谈论了性情，更是在于它导向于心学、注重个人的心性修养。

《荀子·非十二子》斥思孟一派曰：“案往旧造说，谓之五行。甚避违而无类，幽隐而无说，闭约而无解。”如果郭店楚简《五行》一文诚如整理者所说，就是荀子所指斥的“子思唱之，孟轲和之”的五行学说，那么，笔者认真推敲之后，诚以为，斥《五行》一文“避违而无类，幽隐而无说，闭约而无解”的说法，至少与《五行》文本不符！[③]

郭沫若先生在《十批判书·荀子的批判》中指出：“《荀子》的思

① 《乐记》与《周易》《易传》的传承关系是十分明显的：证一，“天尊地卑，君臣定矣。卑高已陈，贵贱位矣。动静有常，小大殊矣。方以类聚，物以群分，则性命不同矣。在天成象，在地成形；如此，则礼者天地之别也。地气上齐，天气下降，阴阳相摩，天地相荡，鼓之以雷霆，奋之以风雨，动之以四时，暖之以日月，而百化兴焉。如此，则乐者天地之和也”，借用、化解《易传》之处几乎比比皆是。证二，“大乐与天地同和”，“流而不息，合同而化，而乐兴焉”，“君子之听音，非听其铿锵而已也，彼亦有所合之也”，都与《周易》《易传》辩证法阴阳消长、循环往复之中突出统一、突出和合的思想路径是一致的。证三，“土敝则草木不长，水烦则鱼鳖不大，气衰则生物不遂，世乱则礼慝而乐淫。是故其声哀而不庄，乐而不安，慢易以犯节，流湎以忘本。广则容奸，狭则思欲，感条畅之气，而灭平和之德。是以君子贱之”，排斥中庸、中和思想以外的一切倾向。

② 李泽厚、刘纲纪主编的《中国美学史·第一卷·〈乐记〉的美学思想》（北京：中国社会科学出版社，1984 年）第 340 页说：“不论《乐记》的作者为谁，从它的基本思想来看，属于荀子学派。它的成书，不会在荀子之前，而应在荀子之后。”关于《乐记》对《荀子》的依托，刘纲纪先生在书中进行了系统的论证。

③ 郭店简《五行》一文通篇都只是在论述儒家“仁义礼智圣”德性的修养，全文简明通畅，论述平实，毫无乖异之处。所以，要么是整理者的推论错了，要么就是荀子在胡说。任继愈先生主编的《中国哲学发展史》（先秦卷）（北京：人民出版社，1983 年）第 722 页也认为：“这段文字有许多费解之处，但可看出其抨击甚为激烈。”

想却是相当驳杂”，“论证太薄弱，而且每每自相矛盾”①。笔者以为确论。上面指斥思孟的话，就是一显例。如果说《五行》一文“案往旧造说”还稍微有一点点道理的话，“避违而无类，幽隐而无说，闭约而无解”之论，则完全不与《五行》沾边，那么，我们是否就可以说荀子是在胡说八道呢？这就要从思想体系上来分析这个问题了。笔者以为,《荀子》一书的灵魂在“隆礼”，人世间的一切，在荀子的笔下都纳入了礼制，那么，从国家集权高于一切的角度来看，“避违而无类，幽隐而无说，闭约而无解”就只能针对思孟思想如下两个方面了：第一,《中庸》说：“唯天下至诚，为能尽其性；能尽其性，则能尽人之性；能尽人之性，则能尽物之性；能尽物之性，则可以赞天地之化育；可以赞天地之化育，则可以与天地参矣。”《孟子》说：“君子所性，虽大行不加焉，虽穷居不损焉，分定故也。君子所性，仁义礼智根于心，其生色也，睟然见于面，盎于背，施于四体，四体不言而喻。”（《尽心上》）“说大人，则藐之，勿视其巍巍然。堂高数仞，榱题数尺，我得志，弗为也。食前方丈，侍妾数百人，我得志，弗为也。般乐饮酒，驱骋田猎，后车千乘，我得志，弗为也。在彼者，皆我所不为也；在我者，皆古之制也，吾何畏彼哉。”（《尽心下》）类似的论述，都是“材剧志大”,“不知其统”

① 郭沫若：《十批判书 · 荀子的批判》，北京：人民出版社，1954 年，第 186、191 页。郭沫若先生从宇宙观、人性论、社会理想、政治理想四个方面论述了《荀子》深厚、驳杂而又充满矛盾的思想。《荀子》中有的文章给人的印象是论证严密、气势逼人的，但是郭沫若先生为什么会这么说呢？笔者以为，可能是古代竹简的顺序难以整理，历代文人又相继丢失、错误理解并妄加编排等原因导致的。

(《荀子·非十二子》)，倡导个人的独立意志，当然是荀子所不能容忍的。第二,《中庸》又说："天命之谓性，率性之谓道，修道之谓教","全诚之道，可以前知。国家将兴，必有祯祥；国家将亡，必又妖孽；见乎蓍龟，动乎四体。祸福将至：善，必先知之；不善，必先知之。故至诚如神"，"至诚无息"，"维天之命，于穆不已"，以及《孟子》的"莫之为而为者，天也；莫之致而至者，命也"(《万章上》),"尽其心者，知其性也。知其性，则知天矣"(《尽心上》)，本来都是从本质上继承和发展了《易传》"《易》与天地准，故能弥纶天地之道。仰以观于天文，俯以察于地理。是故知幽明之故"的思想。孔子当初深研《周易》,"韦编三绝"，亲自撰写了《易传》之后[1],《易》学之热便骤然而起，同时也使"五行"(金木水火土)与《周易》的关系更加密切化。[2]《周易》研究的分寸是最难以把握的，数千年来都在占卜、蓍龟与哲学研究之间摇摆，孔子早就有先见之明，说："后世之士疑丘者，或以《易》乎？"[3]不幸而言中！但是，承担罪过的却是子思子、孟子。

荀子的指斥，反映了战国时代社会发展、思想潮流的趋向，但同时也说明了荀子并没有同情地理解孔子、子思子以及孟子思想的深刻性、

① 金景芳、李学勤先生均持是说。

② 金景芳先生说:《易传》"在天成象，在地成形，变化见矣"一句中，"象"就是日月星三辰；"在地成形"的"形"就是指"五行"，金木水火土(参见氏著《〈周易·系辞传〉新编详解》，沈阳：辽海出版社，1998年，第6页)。笔者以为,《易传》的"刚柔相摩，八卦相荡。鼓之以雷霆，润之以风雨"已经包括了"五行"(金木水火土)的内容。《周易》与五行学说的密切化，从《礼记》的诸多篇章中可以窥见。

③ 语见长沙马王堆帛书《易传》的一部分《要》篇，转引自李学勤：《失落的文明》，上海：上海文艺出版社，1997年，第294页。

传承性。当然，更为重要的是，这种指斥体现了儒家哲学中不可避免的个体与整体的对立、性情与礼制的矛盾。这是我们把握《性自命出》思想的关键之一。当然，荀子的指斥，使我们更清楚地看到了《性自命出》与思孟学派不可割舍的关系[①]，对此，笔者提出的证据是：

第一，《性自命出》说："性自命出，命自天降。道始于情，情生于性。"（第 2–3 简）"道者，群物之道。凡道，心术为主。道四术，唯人道为可道也。"（第 14–15 简）"君子美其情，贵其义，善其节，好其容，乐其道，悦其教，是以敬焉。"（第 20–21 简）这里的三段引文，可以超拔为著名的三句话："天命之谓性，率性之谓道，修道之谓教。"（《中庸》）"性自命出，命自天降"当然是说"性"来自天命，是点明"性命"对"天"的终极依托，此其一。"道始于情，情生于性"，"凡人伪为可恶也"（第 48 简），"凡人情为可悦也"（第 50 简），这就是"率性"，只有情感率性而出，才是真实可靠的，才能体现"道"的"诚"，此其二。"凡道，心术为主"，君子通达天命，率直性情，以义节容，乐道为教。这完全是子思子的思路，此其三。

第二，既然人的性命由天而降，那么人的一切就都具有了一种先天的性命规定。这就是《易传》"一阴一阳之谓道，继之者善也，成之者

① 此前，李学勤先生似乎认为《性自命出》属于《子思子》，参见氏著《荆门郭店楚简中的〈子思子〉》，《文物天地》1998 年第 2 期（陈来先生据此断定李学勤先生持《性自命出》属于《子思子》说）。但是，李学勤先生在其《郭店简与〈乐记〉》一文中，又同意陈来先生《性自命出》当出于《公孙尼子》的观点。参见北京大学哲学系编：《中国哲学的诠释与发展》（张岱年先生九十寿庆纪念论文集），北京：北京大学出版社，1999 年。

性也”“与天地准”理论的终极目的，也是“性善论”的最终源头。孔子的“贵其不已”[①]，子思子的“维天之命，于穆不已”和孟子的“反身而诚”，追本溯源，都始于斯。《性自命出》开门见山，表明了与这种“与天地准”思想的紧密联系，因此，把人的“心志”“性情”的锤炼修养，都纳入了“中”与“和”的定式之中。《性自命出》从第 42 简到第 48 简，从第 62 简到第 65 简[②]，都是讲“中和”思想的，通过“中和”之道，对“性情”的锤炼、洗涤、陶冶，最后达到“君子身以为主心”（第 67 简）的心学目的（中和之道的本质是天命论，而天命论的本质又显示了“性”的独立性、不可替代性，是性善论的理论前提，更是“民为贵”的思想源泉。儒家的理论路径是通过凡俗的修养“下学上达”，复归天命）。这与《中庸》的“喜怒哀乐之未发，谓之中；发而皆中节，谓之和。中也者，天下之大本也；和也者，天下之达道也”，然后“与天地参”“至诚而化”是完全一致的。所不同的是，《性自命出》的心学，偏重于对性情的分析、锤炼的过程论述；而子思子的《中庸》却把心学进一步超拔到了“诚”的境界，理论视点更高、运思措意更深，但都是为了“德由中出”。

---

① 《礼记正义》卷五十，《十三经注疏》本，北京：中华书局，1980 年，第 384 页。

② “有其为人之节节如也，不有夫柬柬之心则采。有其为人之柬柬如也，不有夫恒始之志则缦。人之巧言利辞者，不有夫诎诎之心则流。人之悦然可与和安者，不有夫奋作之情则侮。有其为人之快如也，弗牧不可。庄有其为人之□如也，弗辅不足。”（第 42–48 简）“身欲静而毋羡，虑欲渊而毋伪，行欲勇而必至，貌欲庄而毋伐，[心] 欲柔齐而泊，喜欲智而亡末，乐欲怿而又有志，忧欲敛而毋昏，怒欲盈而毋希，进欲逊而毋巧，退欲肃而毋轻。欲皆敏而毋伪。”（第 62–65 简）

第三,《性自命出》属于思孟学派的最有力的证据，是它已经间接地提出了“性善论”。孟子的“善端说”在这里已经开始萌芽。“善”字在《性自命出》中凡七见，除四处动词外，其他三处为名词，而且都与“性善论”有关:“义也者，群善之蕝也。习也者，有以习其性也。”(第13简)“其居次也久，其反善复始也慎，其出入也顺，始其德也。”(第26-27简)“未言而信，有美情者也。未教而民恒，性善者也。未赏而民劝，含福者也。”(第51-52简)其中“义也者，群善之蕝也”一句，把“义”归为“群善”之列，由此我们可以推断出，“群善”的内容，就是儒家一整套德性修养的标准，精炼地讲，就是郭店简《五行》中的“仁义礼智圣”。更为重要的是，它提出了“反善复始”的重要命题，把自天而降的“性”规定成了“善”。“反”“复”连用，来自《周易》，有循环往复之意，于是在这个命题中，“善”就具有了“始”的性质，“始”也具有了“善”的趋向。

《中庸》的“诚”充塞宇宙，与天地互参，至诚而化，与《孟子》的“我善养吾浩然之气”(《公孙丑上》),“所过者化，所存者神，上下与天地同流”“万物皆备于我”(《尽心上》)的主体意识，从本质上都依托于孔子《易传》“与天地准”的思想轴心[①]，他们都从“自强不息”“贵其不已”的阴阳大化中发现了生命的真谛，由此才引发了《孟子》“民为

① 金景芳先生说:“‘《易》与天地准’句，我最近有了新的认识，认为这句话对于学《易》来说，至为重要，甚至可以说了解不了解它，是了解不了解《周易》的试金石。”(金景芳:《〈周易·系辞传〉新编详解·自序》，沈阳：辽海出版社，1998年，第14页)并且对此进行了系统的论证。

贵，社稷次之，君为轻”、实行“仁政”的重要思想。荆门郭店简中的“天生百物，人为贵”（《语丛一》第20简）、“命与度与”[①]（《语丛三》第71简上）、“有性有生”[②]（《语丛三》第71简下）、“爱类七，唯性爱为近仁”（《性自命出》第40简）等极为深刻、超前的哲学命题，与思孟的政治思想是完全一致的。认识这种理论上的渊源，是我们准确地把握《性自命出》认识论的必要前提。

第二节　凡见者之谓物

从儒家思想的整体结构来说，《性自命出》的目的在于论述心性的修养、心志的持定；从儒学理论的构建来讲，《性自命出》对于性情的分析有独到之处；但是，笔者以为，《性自命出》最大的贡献，却在于它卓越的认识论。

《性自命出》的认识论是深刻地依托于《周易》与《易传》的，虽

① “命与度与”，是说生命是与天道的运行相一致的，中和的法则是宇宙万物的根本法则，也是生命的至高境界。因此，君子养心就应该知天命而致中和。这一思想当然来自《周易》，特别是《易传》。

② “有性有生”，字面的意义是，人没有性情的激发，就谈不上生命的存有。但是，任何一种思想都有它的渊源，张岱年先生说：孟子的“性善论在事实上是民主思想的理论基础”（《中国伦理思想研究》，上海：上海人民出版社，1989年，第95页）。我们都知道，“民主”一词来自古希腊，它的根本前提是“天赋人权”理论的建立。也就是说，孔子对于《周易》的研究，并且亲自创作《易传》，把人的生命与天道的阴阳大化紧密地联系在一起，本身就透露出朴素的天赋人权的思想，这种思想后来被孟子发展成为“天爵”思想，与“人爵”相抗衡，这是思孟学派对中国哲学史巨大的贡献。所以，有性有生，直切地透露了孔子思想的秘密，超拔成了“唯性爱为近仁”，跨越了宗法制，闪耀着耀眼的人性光辉。但是，这一思想在早期儒家先哲中并没有得到淋漓尽致的发展，之后也没有受到现代民主制度的洗涤，因此它仅仅是一种早熟，但又先天营养不足、后天发育不全的思想萌芽而已。

然在这方面《性自命出》所占篇幅并不多。笔者持有这样的认识，是从《性自命出》流行的年代（或此前）儒家的相关著作（主要是依据《十三经》）之传承的内在逻辑上来说的，也是根据《性自命出》一文本身所显示的思想实际来说的。在《性自命出》之中，“性自命出，命自天降”的命题，当然是非常重要的，以至于郭店简的整理者采撷了其中半句作为篇名，来突出其思想。但是，《性自命出》的作者自始至终都没有对这一命题进行正面论述，为什么呢？道理很简单，因为在当时，这个命题可能是非常流行的公理，也许在作者的思想体系中是一个基础性的定理，是不证自明的。就像《性自命出》提出“反善复始”的命题，轻描淡写，一笔带过，根本不用花费过多的笔墨一样。笔者以为，《易传》中的“命”实际上就是宇宙万物的发展规律，就是“道”，具有赫拉克利特 logos 的特质，《周易》给予了孔子理论背景上的支持，也在认识论上给孔子及其后学带来了重要的启示。《礼记·礼运》有一段话是值得我们注意的：“故人者，其天地之德，阴阳之交，鬼神之会，五行之秀气也。故天秉阳，垂日星；地秉阴，窍于山川。播五行于四时，和而后月生也。是以三五而盈，三五而阙。五行之动，迭相竭也；五行四时十二月，还相为本也。五声六律十二管，还相为宫也。五味六和十二食，还相为质也。五色六章十二衣，还相为质也。故人者，天地之心也，五行之端也，食味、别声、被色而生者也。”天人合一的思想在这里更为深刻地渗透于人的认知方式、思维方式之中，主体必然是通过性情与外在世界多角度、多方位的摩荡、磨砺才得以存有、得以超升。

这种理论的形态与《性自命出》的内在联系是显而易见的。

《性自命出》开门见山地写道："凡人虽有性，心无定志，待物而后作，待悦而后行，待习而后定。喜怒哀悲之气，性也。及其见于外，则物取之也。性自命出，命自天降。道始于情，情生于性。始者近情，终者近义。"（第 1–3 简）这几句话实际上是全文的总纲。其认识论的意义也是深远的。"性"与"心志"是一组互为表里的概念，前者来自天命，后者"待物而后作"，"作"者，起也，生也。"四海之内其性一也，其用心各异，教使然也。"（第 10 简）因此，在儒家的理论中，教育就被提到了极为重要的高度。"圣人比其类而论会之，观其先后而逆顺之，体其义而节文之，理其情而出入之，然后复以教。教，所以生德于中者也。"（第 16–18 简）教育的目的就是要固定心志，以免外物滋扰，迷惑心志。从"作"到"悦"还有一段心路历程，只有引起了主体愉悦之情的事物，才能唤起主体的行动；正是在这种不断"作"与"悦"的反复训练之中（"习"），心志才能固定下来。很明显，作者在这里已经提出了知与行、习与定的关系问题。那么，在人的心性中是什么东西"作"于"物"呢？是"情"。作者认为，"情"是"性"的表现形式，在"物"的激荡下外发出来，从而形成了性情与外物的摩荡。以天生的真情为出发点，经过审美的、现实的磨炼、陶冶，人的性情就可以上升到一个随心所欲而不逾矩，"身以为主心"、身心高度统一的境界。可以说，《性自命出》通篇的思想布局，都是试图涵盖在这样一个总纲下来构思的。

笔者认为《性自命出》最为精彩的地方，并不在于对性情本身的刻画，而在于对性情与外物互为摩荡的过程的论述，精微、深刻，富有生命的动感，具有穿越时空的超前性格。《性自命出》写道："凡见者之谓物，快于己者之谓悦，物之设者之谓势，有为也者之谓故。"（第12–13简）作者在这里给"物"下了一个令人瞠目结舌的定义：对"我"来说，看得见的就是"物"（存在），看不见的就不是"物"（不存在）。"快于己者之谓悦"是一个被动式，翻译成现代汉语就是"被我所认定为具有意义的事物，才能够引起我的愉悦"。"设"借作"势"，第一个"设"为动词，第二个"势"为名词，是"威力""权力"的意思；"物之设者"为定语后置的结构。"故"，《说文》曰："使为之也。"在先秦典籍中，又有"根由""事情""事变"之义。因此，"物之设者之谓势，有为也者之谓故"就应该阐释成：只有被我的灵性感悟、捕捉到了的事物，才能够被我所认知；只有与我发生了关系的事物，才能够找到我与它之间互为摩荡的基础。这种具有超前性格的命题在《性自命出》中是很多的，其内涵之深刻，往往令人耳目一新。例如，"好恶，性也；所好所恶，物也"（第4简）。这一命题超越了作者自己设定的"性自命出，命自天降"的前提，受到了自然、激越的情感的左右，也受到笔势、文气惯性的驱使，于是，超越既成概念的思想之流就不绝如缕、层出不穷：喜欢什么还是不喜欢什么，这是由人主观的"性"决定的，也就是说，不同的"性"是有不同的价值取舍的［超越了"四海之内其性一也"，作者承认"性"是因人而异的。所以《性自命出》"凡物，无不异也"（第

8 简）的命题也包括了人本身]；万事万物的性质不是独立存有的，而是由我的所“好”所“恶”决定的。这就使我们不由自主地想起了古希腊普罗泰戈拉命题：“人是万物的尺度，是存在的事物存在的尺度，也是不存在的事物不存在的尺度。”① 东西方哲学相距山高水长，但是在它们的初创时期居然有如此令人惊异的相似之处，实在是不可思议！

但是，笔者这里的用意并不是试图比附普罗泰戈拉，而是要从理论形态上指出，《性自命出》的主体性学说（Subjektivitat）②，要比前者彻底得多、宽泛得多、优美得多。原因就在于它从本体上依托于《周易》的天道观，依托于《易传》认知世界的思维模式。上面《礼运》的那段引文已经充分地证明了这一点。直到这个时候，我们似乎才真正领悟到子思子、孟子“大哉圣人之道！洋洋乎！发育万物，峻极于天”“上下与天地同流”“万物皆备于我”那无处不在、充塞宇宙的主体精神的壮丽之美！它始终是一种把人放在重要的位置，却又与万事万物融为一体的“情”的宇宙观；它始终是处于本体论与认识论互为渗透的一种感性的、直觉的状态；它始终是一种流动不息，在阴阳大化、风雷相激、彼此消长的运动之中生生不已的追求！

《性自命出》这种性情与外物互为摩荡的主题，并不仅仅停留在认识的层面。它最可宝贵之处，在于把这种认知的感性体悟推广、延伸到

① 全增嘏主编：《西方哲学史》，上海：上海人民出版社，1983 年，第 113 页。

② 德语 Subjektivitat 翻译成中文，主要指独立自主、自我意识、个人的特殊性和发挥个人的聪明才智、以个人的意志自由为根据、主观主义等。它的哲学背景是主体与客体的对立、分离。

了生活的实践、道德的践履之中："凡性或动之，或逆之，或交之，或厉之，或绌之，或养之，或长之。凡动性者，物也；逆性者，悦也；交性者，故也；厉性者，义也；绌性者，势也；养性者，习也；长性者，道也。"（第 9–12 简）由于这种动性、逆性、交性、厉性、绌性、养性、长性都是以"天地之德，阴阳之交，鬼神之会"为其根本的准则，因而，它们的动与静，皆中于节，与天地万物合而为一。用《中庸》的话来说，就是"喜怒哀乐之未发，谓之中；发而皆中节，谓之和。中也者，天下之大本也；和也者，天下之达道也。致中和，天地位焉，万物育焉"。在《性自命出》中，最终目的就是达到"其居次也久，其反善复始也慎，其出入也顺，始其德也"（第 26–27 简）的境界。

在中国哲学史上，知与行互为结合的理论模式并不是《性自命出》首先提出来的，但是，《性自命出》却能从完善主体之"性"、固定"心志"的各个层面、各个角度，在认识与实践的摩荡、磨砺之中，在认识活动的运动之中来摹写它的存有和发展，把儒家哲学的理想人格在本体论与认识论相辅相成、循环往复的渗透中进行多层面的道德践履的状态书写得铺张扬厉、淋漓尽致，实在是一个创举！

第三节 其反善复始也慎，其出入也顺，始其德也

与众不同的是，在磨砺性情、固定心志的过程中，作者从性情出发，正面论述了艺术创作与审美活动对人的主体性之完善、提高的巨大作用。由于它的出发点不带任何偏见，以性情的真诚为最基本的出

发点，还由于对美的本质、功能有深刻的理解，因此，作者把美学有效地纳入了认识论的范畴，丰富了儒家认识论思想的宝库，同时也为儒家美学思想何以提高、丰富人的主体性的理论建设做出了不可忽视的贡献。

《语丛三》中有一个耐人寻味的命题，是一把解读《性自命出》美学思想的钥匙。这个命题就是“忠则会”（第 63 简）。在《性自命出》中，所谓“忠”就是“凡声，其出于情也信。然后其入拨人之心也够”（第 23 简）、“凡人伪为可恶也”（第 48 简）、“凡人情为可悦也。苟以其情，虽过不恶；不以其情，虽难不贵。苟有其情，虽未之为，斯人信之矣。未言而信，有美情者也”（第 50–51 简），与《中庸》的“诚”“一”之道，“不勉而中，不思而得”，具有一样的品质，情真意切、拳拳服膺，是《性自命出》美学思想的出发点。在《性自命出》的性情论中，始终贯穿全文的一个重要命题是：“情出于性”（第 40 简）。“情出于性”的走向是双层双向，而且循环往复、互为磨砺。亦即，性是情的本源、依托，是生命的天命之源；情是性的激发、摇荡，是性命飞动的灵采：“喜怒哀悲之气，性也。”（第 2 简）“凡至乐必悲，哭亦悲，皆至其情也。哀、乐，其性相近也，是故其心不远。”（第 29 简）挖掘出了人之所以为人的根本特征，在儒家哲学史上，《性自命出》在我们目前已知的文献中似乎是第一次深入、具体，而且是系统地正视了人的情感世界；在中国美学发展史上也似乎是第一次从理论上开拓了一片新的天地，因此其意义之重大，可想而知。更为重要的是，“情出于性”不仅是双层面的，而且是互为激发、依持的关系。人的喜怒哀乐之情，是“性”摇荡于外物的结果，而情感的激荡、升华，却又是锤炼“心性”、固定“心志”的重要手段：“其声变则其心变，其心变则其声亦然。”（第32简）“闻笑声，则鲜如也斯喜。闻歌谣，则陶如也斯奋。听琴瑟之声，则悸如也斯叹。观《赉》、《武》，则齐如也斯作。观《韶》、《夏》，则勉如也斯敛。”（第23–26简）这种内外的摩荡只有在真情至性的基础上才有可能进行，而人的真情至性也只有在这种摩荡中才能得以超升。所以，“忠，信之方也。信，情之方也”（第39简）。情的基本质素是“忠”，是“信”。美学史家刘纲纪先生指出：“情感的表现是中国古代艺术哲学的核心。”[①] 应该说，《性自命出》的作者对艺术本质的把握是相当准确的，对人性的基本特征之描述也是客观的，不带任何理论偏见。

所谓“会”，就是领会、交感、神化的意思。这与《乐记》的“君子之听音，非听其铿锵而已也，彼亦有所合之也”有同样的底蕴。“和”与“会”在美学上的意义是一样的。它们有两个趋向，一个是审美对象作用于主体所唤起的美感；另一个则是主体对审美对象的价值取舍。二者交合，就出现了“融合”“神会”的境界。这种论述，在《性自命出》中是尤其生动的：“喜斯陶，陶斯奋，奋斯咏，咏斯犹，犹斯舞。舞，喜之终也。愠斯忧，忧斯戚，戚斯叹，叹斯辟，辟斯踊。踊，愠之

① 刘纲纪：《艺术哲学》，武汉：湖北人民出版社，1986年，第586页。

终也。”（第 33–35 简）[1] 与许多后儒不一样的是，它的情与性不仅不是对立的，而且情感的自然迸发，审美意识的摇曳多姿，本来就是一条完善主体性的必由之路。虽然在儒家许多经典中都有以乐养心的论述，但是，《性自命出》更注重真情的自然流露、真性的保持，尤其是审美活动的进行始终都依持在这种真情的磨合、默契之上，因此具有较大的理论价值。这是《性自命出》本身认识论的深化、延展和飞跃，因为它并不是为了审美而审美、为了艺术而艺术来立论的。

作者之所以重视审美在认识活动中的作用，主要是他已经认识到一般的教育手段难以打动人的心灵，达到教化的目的，同时他又充分认识到，在审美体悟与性情不可分割的内在联系之中，有一条最为直接、深入地触及人的灵魂，直达仁、义的捷径——这就是审美体悟：“《诗》，有为为之也。《书》，有为言之也。《礼》《乐》，有为举之也。圣人比其类而论会之，观其先后而逆顺之，体其义而节文之，理其情而出入之，然后复以教。教，所以生德于中者也。”（第 16–18 简）“凡学者求（逮？）其心为难，从其所为，近得之矣，不如以乐之速也。”（第 36 简）作者的手法是，利用人们在审美活动中真情至性完全放开的时机，用“与天地同和”的“大乐”，就是把儒家的“道义”“仁义”灌注到其中去的“礼乐”，来净化人的心灵：“吟，游哀也。噪，游乐也。啾，游声（也）。呕，游心也。”（第 33 简）通过审美的活动，把一切“情”、一切

① 此段引文又见于《礼记·檀弓下》，但那是讲的丧葬之踊，而这里却是地道的美学之论。

“爱”都纳入“仁”的范围之中；把一切认知的活动、一切智慧的激发都纳入“义道”的轨道之上：“爱类七，唯性爱为近仁。智类五，唯义道为尽忠。恶类三，唯恶不仁为近义。”（第40–41简）这就彻底地与孔子、孟子“居仁由义”的思想融为一体了。①

然而，《性自命出》的美学思想并没有仅仅停留在这个层面上，它的背后还有一种深层次的天命关照，从而拥有了一种深沉的性命导向。这表现在两个方面：第一，“凡用心之躁者，思为甚。用智之疾者，患为甚。用情之至者，哀乐为甚。用身之忭者，悦为甚。用力之尽者，利为甚。目之好色，耳之乐声，郁陶之气也，人不难为之死。”（第42–44简）与第44–48简、第62–65简正面大篇幅地论述中和之道的为人标准，形成鲜明对照。在上文我们已经提到，儒家的“中和”思想是《周易》思想的本质，是“与天地准”（《易传》）的最高法则，是“天下之大本”“天下之达道”，是人的性命之中不可须臾失去的东西。第二，《性自命出》的思想依托，是“性自命出，命自天降”，这是儒家“心志”之学的渊源，也是《性自命出》的归宿。通过下面一段引文，我们可从行文的上下关系中看到，作者的美学思想是相当深刻的：

> 观《赉》、《武》，则齐如也斯作。观《韶》、《夏》，则勉如也斯敛。……其居次也久，其反善复始也慎，其出入也顺，始其德也。

① 《荀子》的“故知而不仁，不可；仁而不知，不可；既知且仁，是人主之宝也，而王霸之佐也”（《君道》）的“仁知”之论，与孔、孟、《性自命出》的认识论观点是一致的。

> 郑、卫之乐，则非其声而从之也。凡古乐龙心，益乐龙指，皆教其人者也。《赉》、《武》乐取；《韶》、《夏》乐情。（第25–28简）

这段文字完全是讲音乐审美的。其中最为引人注目的就是“反善复始”的哲学命题。具有这种特殊组词方式的命题，在先秦的各种著作中是很多的：《系辞传》有“原始反终，故知生死”；《礼记·礼器》有“反本修古，不忘其初者也”；《礼记·郊特牲》有“万物本乎天，人本乎祖，此所以配上帝也。郊之祭也，大报本反始也”；《老子》还有“万物并作，吾以观其复。夫物芸芸，各复归其根。归根曰静，是谓复命，复命曰常”，似乎都与“反善复始”有一些联系。但是，“原始反终”乃生死之说；“反本修古”是宗法之论；“报本反始”为礼仪之德；“归根复命”则属虚无之思。

唯独“反善复始”在结构上“反”与“复”连用，说明它吸纳了《周易》的思维方法；而且又由于“反”与“复”之间本来就具有一种天然的联系，具有循环往复的内在规定性，因此，“善”就具有“始”的质素，“始”也具有“善”的趋向。如果把这个命题置于《性自命出》的整个篇章结构中，我们就会立刻发现，这是一个关于“天命观”的命题，是对“性自命出，命自天降”的照应（应该说，这种照应在《性自命出》最后的第62–67简体现得更为明显、丰富、彻底）。也就是说，作者认为“性”自“命”出，而“情生于性”，在“乐”的审美中，通过情感的洗涤、陶冶、净化，人又可以复归到“性”，并且最终将上升到最原初的

“天命”，去感受、去拥抱最真实、最原初的你——善。这就全面地构建起了由“天命”→“性”→“心志”→“情”→“物”→“道义”，再由“道义”复归到“物”→“情”→“心志”→“性”→“天命”这样一个认识论的螺旋式圆圈。在后来的儒家哲学中，这种认识论与政治学说互为渗透的理论模式就被孟子超拔成为“尽心”“知性”“知天”(《孟子・尽心上》)。

第八章　论《性自命出》对儒学思想的转进

荆门郭店简《性自命出》一文的思想来源于孔子，但却是对孔子思想的本质性深化和转进。它依托于天命，生发于心志，摩荡于性情，在各个实践层面的道德践履和人生“反善复始”的追求中，调节、补充和丰富了儒家思想。它不仅透露了从孔子向孟子发展的内在逻辑，而且更为重要的是，它本身就系统地论述了“性”“情”在道德践履的各个层面上存有的状态，加强、巩固和提高了人的主体性在儒家哲学理论框架中的地位。这对整个中国哲学史的发展来说，有至深至远的影响。

第一节　性自命出，命自天降

孔子的思想主要是以“与命与仁”的总框架构成的。“命”，就是把人的主体性来源神秘化为一种异己的“天命”力量，或者说是由上天下注于人的精神主体的一种天赋本源。这当然是对主体性从生发、存有到终极关照的深刻把握。它解决了人与天的关系问题，也解决了人的灵魂归依的问题，给世俗的哲学注入了“相当深厚的宗教内涵”[1]，是天命下

① 杜维明：《一阳来复》，上海：上海文艺出版社，1997 年，第 141 页。

注于人、人上达于天的理想境界，是天道与人道的统一。其意义是巨大的。“仁”，是一种道德规范。“克己复礼为仁。”（《论语・颜渊》）“孝弟也者，其为仁之本与！”（《论语・学而》）“仁”也具有一种先验的本源性质：“不知命，无以为君子也。”（《论语・尧曰》）“君子而不仁者有矣夫，未有小人而仁者也。”（《论语・宪问》）“君子学道则爱人，小人学道则易使也。”（《论语・阳货》）另外，仁学还具有一种下学上达的功夫：“我欲仁，斯仁至矣。”（《论语・述而》）“为仁由己，而由人乎哉？”（《论语・颜渊》）因此，“仁”就成了一种主观修养、完善、提高自我的精神，在人的主体性中，亦即从人的思想内部弘扬了“仁”的力量：“无求生以害仁，有杀身以成仁。”（《论语・卫灵公》）使中国数千年来的知识分子都有了一种“天下兴亡，匹夫有责”的使命感，“舍我其谁”的担待感，以及“舍生而取义”的崇高气节，在中国文化史上产生了深远的积极影响。

但是，孔子“与命与仁”的主体性构架是有缺陷的。这就是对人的“性”“情”，亦即对人所具有的最初始的自在本质、本性敬而远之，从而使“仁学”在实践层面上失去了主体性存有的个体支持：“夫子之文章，可得而闻也；夫子之言性与天道，不可得而闻也。”（《论语・公冶长》）“性相近也，习相远也。”（《论语・阳货》）这是《论语》仅有两次提到“性”的地方。从中我们可以领悟到：第一，孔子认为“性”是先天性的东西，因此，“不可得而闻也”；第二，“性”是人的主体性之先验本源，每个人的“性”都是一样的。后天的教养与学习，只能改变人的道德，并不能改变人的“性。”《论语》论“情”，也只有两次：“上好义，则民莫敢不服；上好信，则民莫敢不用情。”（《论语·子路》）“上失其道，民散久矣。如得其情，则哀矜而勿喜！”（《论语·子张》）严格地说，这里的两个“情”字，都与“性情”的“情”无直接的联系。[①] 我们如果站在人的“性情”这一特殊视点来通观《论语》，就会更为清晰地发现，孔子的理论，确实是要把“仁义礼智”、君臣父子的道德戒律灌注到人的主体性之中去，或者说，与人的主体性融为一体，“学而时习之”（《论语·学而》），“举一反三”（《论语·述而》），以至于“从心所欲，不逾矩”（《论语·为政》），以一种高度的主体自觉，取代人的天性，从而达到“非礼勿视，非礼勿听，非礼勿言，非礼勿动”（《论语·颜渊》），强化政治集权、实行思想钳制的目的，这就是“与命与仁”的本质。

郭店简《性自命出》一文的卓越之处，就在于系统地论述了人的“性”“情”，正视了人的原初本质、本性，从主体性的高度，为儒家哲学的理论框架奠定了一个坚实的人性基础，从而调节、补充和完善了上述孔子的思想。作者开宗明义地写道：

凡人虽有性，心无定志，待物而后作，待悦而后行，待习而后

---

① 有关“性”“情”，按照孔子思想的逻辑应该还有更多的叙述，没有对子贡讲“性与天道”，并不等于不对别人，特别是不对颜回讲“性与天道”，但是，毕竟目前在我们能够确定的文献中还找不到更多的证据，尤其是，《性自命出》对人的“性”“情”进行了淋漓尽致的描述，这在儒家哲学史上是前所未有的，因此值得我们充分肯定。

定。喜怒哀悲之气，性也。及其见于外，则物取之也。性自命出，命自天降。道始于情，情生于性。（第 1–3 简）[①]

在《性自命出》这篇不到 1 600 字的文章中，作者就至少提到“性”字 24 次，提到“情”字 21 次，从各个层面全面论证了“性”“情”在人性中的地位。作者强调了每一个人都有天赋的“性”“情”，它们具有由天而降的先验性、本源性，是生命的基质、根据和前提。《性自命出》对此还有许多精彩的论述：“虽能其事，不能其心，不贵”，“凡人伪为可恶也”，“凡人情为可悦也”，等等，全面提高了“性”“情”在儒学体系中的分量。在郭店简中，与《性自命出》的竹简形制相同的有《成之闻之》、《尊德义》、《六德》、《唐虞之道》和《忠信之道》，抄写的字体也相近。笔者以为，至少这六篇的思想可以互相参照。在《成之闻之》中，作者写道：“圣人之性与中人之性，其生而未有非之志。次于而[②]也，则犹是也。虽其于善道也，亦非有怿，数以多也。及其博长而厚大也，则圣人不可由与墠之。此以民皆有性，而圣人不可慕也。”应该说，这是一个有力的佐证，进一步说明了《性自命出》增强了儒家“仁义礼智”的道德框架体系中人性的基础，也是孟子“民本”思想、“仁政”学说的先驱。

《性自命出》虽然大谈性、情，但是作者的主观用意，仍然是沿袭

① 本章中《性自命出》的引文均引自文物出版社 1998 年版《郭店楚墓竹简》。
② 裘锡圭先生说，此处“而”字疑为误字。

孔子的“心志之学”，试图调和心志（仁义礼智信）与性情的矛盾，谈性论情的目的就是要解决“心无定志”的问题，是儒家“心志之学”的自然延伸、发展、深化。也就是说，《性自命出》的作者已经清醒地认识到，儒家哲学仅仅用仁义礼智信来界定人的一切，用“毋意，毋必，毋固，毋我”（《论语·子罕》）来限制人的主观能动性，是不符合实际的，也不利于人类自身的成长和社会前进。就连孔子自己也说“吾未见好德如好色者也”（《论语·子罕》），因此，不能不面对人的性情，以及各种天生的欲求；但是，同时又必须解决人性中理性与情感的关系问题。没有理性的情感，是野兽式的情感；没有情感的理性，是对人的扭曲，使人成为非人。于是，《性自命出》提出了几个意味深长的哲学命题：（1）“所善所不善，势也。”人的好恶意向，是由人的情感所决定的，情感所及，是不得不发的必然选择。（2）“礼作于情。”人类的社会群体用礼仪、道德来协调、控制人的欲望、情感，是有必要的，但是，一切礼仪、道德戒律的制定，必须符合人的天性，强制推行扭曲人、作践人，把人不当人的“礼”，就是“以礼杀人”。（3）“道始于情，情生于性。”一切人类的情感都来自人类本身的天性，是人类天赋的权利；所有的社会法规都必须以此为出发点，以此为归依。（4）“爱类七，唯性爱为近仁。”只有以“性”为出发点的“爱”，只有发自真情的人性之爱，才是对仁最诚挚的追求。这是对孔子亲亲之爱的超越。（5）“凡性为主，物取之也。”人的主体性是根据，外在的万事万物是条件，是“物”取“性”，还是“性”取“物”，《性自命出》的作者有十分深刻的系统探讨。总之，上述命题都具有深刻的哲学意蕴，即便是在今天，也有借鉴意义。

虽然作者的著文目的在于调和心志与性情的矛盾，但是他却空前地给予了“情”巨大的空间和篇幅。在中国哲学史上，很多人都不同程度地忽视了人的“情”，特别是个体之“情”。从《礼记·檀弓下》的“有直情而径行者，戎狄之道也”到《荀子》的“一民心”“统天下”，至李翱把情与性对立起来——“弗虑弗思，情则不生；情既不生，乃为正思。正思者，无虑无思也”(《复性书·中》)，程朱理学之后，更是要“灭私欲则天理明矣”(《遗书》卷二十四)，林林总总，草蛇灰线，都是在宗法制的千丝万缕中、集权制大一统超稳定的社会结构下，所必然要引发出来的结果。从这个角度说，《性自命出》可谓一枝独秀，流光溢彩。然而，在《性自命出》中，“情”的阐述是充满生机、充满生命的底蕴的。它内在地依赖于性命，外在地牵发于万物，从而使这种生命的活性之泉激扬着温润的浪花。尤其引人注目的是，它始终都是与“性”胶着在一起的。亦即，性是情的本源、依托，是生命的力量；情是性的激发、摇荡，是性命的飞动。它们相辅相成，内外摩荡，构成了儒学思想极富生命力的重要基础。

> 四海之内其性一也，其用心各异，教使然也。(第9简)
>
> 凡声，其出于情也信，然后其入拨人之心也够。(第23简)
>
> 凡至乐必悲，哭亦悲，皆至其情也。哀、乐，其性相近也，是

故其心不远。哭之动心也，浸杀，其烈恋恋如也，戚然以终。乐之动心也，浚深郁陶，其央则流如也以悲，悠然以思。凡忧思而后悲，凡乐思而后忻。（第29–32简）

仁，性之方也。性或生之。忠，信之方也。信，情之方也。情生于性。（第39–40简）

休谟说："情感是一种原始的存在。"[①]《性自命出》就是准确地抓住了人性中这种本质性、天赋性、根源性的东西，作为立论的前提。人之所以为人，就在于他是一种有情感的灵性之物。杜绝了情感的外发，人何以为人？斩断了情感的鼓荡，性何以存有？《性自命出》的作者对此已经有了深刻的认识。

第二节　性之动、逆、交、厉、绌、养、长

从上文的叙述中，我们已经明确地感到，《论语》是十分重视人的地位的，具有深刻的人道主义思想。"未能事人，焉能事鬼"(《论语・先进》)，"厩焚。子退朝，曰：'伤人乎？'不问马"(《论语・乡党》)，更有一种"仁者爱人"的博大胸怀。但是，孔子重视的是关系中的人，是社会群体中的人，是伦理道德中的人；并且，在现实生活的关系、社会群体和伦理道德中，人的主体性几乎完全被淹没了："孝弟也者，其为仁之本与！"(《论语・学而》)"父在，观其志；父没，观其行；三年无

① 休谟：《人性论》，关文运译，北京：商务印书馆，1980年，第453页。

改于父之道，可谓孝矣。”（《论语·学而》）“父母在，不远游，游必有方。”（《论语·里仁》）“出则事公卿，入则事父兄，丧事不敢不勉，不为酒困，何有于我哉？”（《论语·子罕》）“不在其位，不谋其政。”“君子思不出其位。”（《论语·宪问》）在《论语》中，这种论述可谓俯拾即是。人是社会中的人，当然不能不讲关系、群体以及伦理道德，而且有时还十分重要，但是，笔者以为，它们与人的主体性是两码事，决不是人的主体性本身。孔子哲学的根本缺陷，在于根本没有主体性的概念，人作为“自在”的人来说，在孔子那里没有存有的独立空间，完全为视听言动各个方面的戒律所束缚、覆盖或淹没。在人类社会的早期，这种“人”的观念，也许有它一定的合理性，但是，在中国文化的现代转型中，我们必须对它进行甄别、整理、超拔。

郭店简《性自命出》，一方面注重仁、义、礼、智的践履，是对孔子思想的承续，另一方面又极为注重人的主体性以及主体性的追求目标，是对孔子的超越。笔者以为，《性自命出》的关键，并不仅仅在于论述了“性”“情”的来龙去脉，至为重要的是，它深刻地认识到了，人，首先应该是一种独立的存在，有它来源于天命、生发于心志、摇荡于性情的内在本源、根据和依托，一切道德层面的磨砺，都只是完善本源之“性”的手段、途径，决不能取而代之。这在中国哲学史上具有划时代的意义，从本质上为思孟学派的诞生奠定了丰厚的基础。

凡性或动之，或逆之，或交之，或厉之，或绌之，或养之，或

> 长之。凡动性者，物也；逆性者，悦也；交性者，故也；厉性者，义也；绌性者，势也；养性者，习也；长性者，道也。（第9–12简）
>
> 义，敬之方也。敬，物之节也。笃，仁之方也。仁，性之方也。性或生之。忠，信之方也。信，情之方也。情出于性。（第38–40简）
>
> 闻道反上，上交者也。闻道反下，下交者也。闻道反己，修身者也。上交近事君，下交得众近从政，修身近至仁。（第55–57简）

把性的动、逆、交、厉、绌、养、长等人生各个层面的实践活动都看成对人性的锤炼，以及完善主体性的途径和手段，人的主体性始终处于人的核心地位；人生的一切活动，也都是主体性内在张力的物化释放、能动超越的结果。郭店简中与《性自命出》形制基本相同的《唐虞之道》写道："夫古者舜处于草茅之中而不忧，登为天子而不骄。处草茅之中而不忧，知命也。登为天子而不骄，不专也。"对自己的性命、心志有十分准确的把握，因此，持己守中，保持自我的高洁、独立，不为浊世所动；保持本性的真纯、清丽，一切以性情为归依，才是人生的最高境界。这种论述基于中国特殊的社会生活形态，给予了主体性至圣至神的空间，不仅超越了孔子的"内省"、曾子的"自省"和杨朱的"为我"，启迪了思孟的"尽人之性""尽物之性""尽心，知性，知天"，而且完全可以与李贽的"童心说"、公安三袁的"性灵说"以及陆王的心学体系进行思想对接。

不仅如此，《性自命出》还进一步以人的主体性为根本依托，提出了“反善复始”这一本体论、认识论与人生论互为渗透、互为表里、互为支持的创造性的哲学命题，从而从根本上改变、转进和发展了孔子的思想：

笑，礼之浅泽也；乐，礼之深泽也。凡声，其出于情也信，然后其入拨人之心也够。闻笑声，则鲜如也斯喜。闻歌谣，则陶如也斯奋。听琴瑟之声，则悸如也斯叹。观《赉》、《武》，则齐如也斯作。观《韶》、《夏》，则勉如也斯俭敛。……其居次也久，其反善复始也慎，其出入也顺，始其德也。郑、卫之乐，则非其声而从之也。凡古乐龙心，益乐龙指，皆教其人者也。《赉》、《武》乐取；《韶》、《夏》乐情。（第 22–28 简）①

① 在 1999 年武汉大学郭店楚简国际大会上，有人提出“反善复始”脱胎于《论语·述而》“子与人歌而善，必使反之，而后和之”。这是笔者不能同意的，原因有三：第一，虽然《性自命出》与《论语》确乎具有相同的儒家背景，但是，从思想内核上看，《性自命出》与《论语》并没有直接的联系，前者对后者的转进是巨大的，特别是在情感、性命的论述上，《性自命出》的论述，要深刻、条贯得多，《论语》完全没有这种语境。第二，《性自命出》虽然是一篇哲学文章，但是，它始终依托于天命的背景，始于兹，终于兹，这是我们理解《性自命出》的关键。如果我们连《性自命出》这一根本性的思想及其相关的整体结构都没有清醒的宏观把握，那么我们何以进行深入的研究呢？第三，从这段引文本身来说，是在谈论音乐的欣赏，以及音乐与德、与心的相互关系，完全没有讲唱歌。整个《性自命出》都只是讲音乐（通过欣赏）的养心，没有一个句子是讲唱歌的。所以，我们对《性自命出》的理解一定要建立在形而上的层面上，把它当成一篇哲学文章来读。对此，笔者著有《从“反古复始”到“反善复始”》一文专门对这一命题进行研究。窃以为，“反善复始”是一个深刻的哲学命题，从表述形式上来说，它受到了《易经》《易传》“循环往复”“反复其道，七日来复”的直接启发；从思想传承来说，它与孔子的“内省”、曾子的“自省”、子思子的“反求诸身”和孟子的“反身而诚”，显然是同一条路径。但是，它是“天命论”、“复性论”和“性善论”的复合体，具有承先启后、继往开来的作用。从《性自命出》的整体结构来理解这一重要命题，我们得到的启发尤其明确。虽然作者一笔带过，并没有系统地、专门地予以论述，但是，从《性自命出》的天命论背景，我们完全可以窥测到这一哲学命题的自明性和深厚性。

人生的目的，在这里已经不再限于修、齐、治、平了，而是具有“反善复始”的深刻意义。从上文的论述中，我们也可以知道，“性”，在《性自命出》中，是一个本源性的概念，这篇文章的灵魂就在于“性”与“情”的天赋本源。此所谓“性自命出，命自天降。道始于情，情生于性”。因此，这里的“反善复始”，就是对性情的归依、对天道的体认、对天命的复观。也就是说，这里的“善”，就是孟子的“此善不与恶对”的“善”；这里的“始”，就是《易·乾》“大哉乾元，万物资始，乃统天”的“始”，就是超越了善恶的、先验的心之本体，是对《性自命出》开头“性自命出，命自天降”的照应。一切以“性”为出发点，一切又以“性”为归依，这是《性自命出》的神髓。这是由《性自命出》的文章结构和布局所决定了的必然解读结果。

“反善复始”的命题，可能受到了《易经》“原始反终”的影响；也可能受到了《老子》“归根复命”的启发；《礼记·礼器》的“反本修古”和《礼记·郊特牲》的“报本反始”似乎也与之具有某种联系。但是非常明显，这是一个高于《易经》、《老子》和《礼记》相关论述的哲学命题，具有深刻的本体论、认识论和人生论意义，而且，在漫长的中国哲学史上产生了深刻的影响。笔者认真玩味、体悟《性自命出》全文，力求贯通，得其精要。窃以为，这个命题的哲学依据是作者倡导的“人道”：

> 道者，群物之道。凡道，心术为主。道四术，唯人道为可道

也。（第 14–15 简）

爱类七，唯性爱为近仁。智类五，唯义道为近忠。恶类三，唯恶不仁为近义。所为道者四，唯人道为可道也。（第 40–42 简）

这个命题的哲学基础是“凡人情为可悦也”：

虽能其事，不能其心，不贵。求其心有伪也，弗得之矣。人之不能以伪也，可知也。[不] 过十举，其心必在焉，察其见者，情焉失哉？（第 37–38 简）

凡人情为可悦也。苟以其情，虽过不恶；不以其情，虽难不贵。苟有其情，虽未之为，斯人信之矣。（第 50–51 简）

“反善复始”，是人的主体性追求的目标，也是人性的终极归依，更是人的认知才能赖以奋进、发展、提高、飞跃的动力。郭齐勇师指出：儒家的复性、复初“是一种反省式的直觉，唤醒灵明的本心本性，体认天道。这是一种生命的智慧，生命的辩证法，是本体理境的追求”[①]。因此，反善复始的意义就至为深刻了。因为它依托于《易经》《易传》“与天地准”，体认天道，以主体反省式的直觉，去追寻生命的本体，去呼唤心灵的照应，以求达到我与天的和谐统一，身与心的和谐统一，心与志的和谐统一。在《性自命出》的构思中，笔者以为，这种追寻是以

① 郭齐勇：《冯契对金岳霖本体论思想的转进》，载《人文论丛》（1998 年卷），武汉：武汉大学出版社，第 312–313 页。

“习性”（“习也者，有以习其性也”）为最基本、最主要的手段，并通过以下三方面的路径来实现的：第一，调整自我与“物”的关系：人性“待物而后作，待阅而后行，待习而后定”。只有固定了心志的人，才有可能处事不惊，“凡见者之谓物，快于己者之谓悦”（第12简）。作者在这里给“物”下了一个令人瞠目结舌的定义：对“我”来说，看得见的就是“物”（存在），看不见的就不是“物”（不存在）。万事万物的存有取决于我的主体意向，由于我在“习性”的过程中“生德于中”，心含万物，就可以达到“独处而乐”“修身近至仁”的至高境界，因此，我就不会为外物所惑，做到“心有定志”。《性自命出》有关认识论的思想显示了卓越的超前性格，应该引起我们高度的注意。第二，“四海之内，其性一也。其用心各异，教使然也”。因此，作者把“性”在各个道德实践层面上的磨砺看得十分重要（这方面的引文已经见诸上文）。道德践履只是手段，并不是目的，这是《性自命出》与《论语》最根本的区别。这当然是对《论语》的超越，因为它注重了“心”的差异性、可塑性、个体性和发展性。由于后天的经历不同，每一个个体都有了他所独具的“喜怒哀悲”之“性”，善恶真伪之“情”。当这种“性”“情”与肃穆、辽远的“天”“命”相摩荡的时候，主体性就必然在敬畏、自守之中得到冶炼、超拔，“身以为主心”，内外和谐、天人和谐、心志和谐，达到至真至纯的境界。身与心、人与天、物与我的关系是《性自命出》自始至终予以了系统性关注的问题，但究其实质，它的出发点仍然还是在性情之上。第三，作者认为，审美体悟是人最真诚的表现，也是人最真实的存有方式。因此，“吟，游哀也。噪，游乐也。啾，游声（也）。呕，游心也”（第33简）。通过审美体悟，人可以达到道德教化无法达到的，也是任何其他教化途径都无法企及的体认天道、天命的人生境界。唯其如此，《性自命出》把审美体悟与天命论、人生论结合起来，在中国美学史上开辟出了一片新的天地。在这个理论天地里，作者把美学提升到了本体论的高度来予以论述，把归依性情、体认天道、复观天命与审美活动的过程结合起来，在艺术的境界之中去弘扬主体。这实在是一个了不起的拓展！

根据“义也者，群善之蕝也”和“反善复始”两个命题（《性自命出》中至少有八次提到“善”字，而且基本上都与“性”的修、习有间接或直接的关系），我们可以断言，《性自命出》虽然没有全面论证“性善论”，但是，作者的理论倾向已经初见端倪。亦即，从学派归属上来看，《性自命出》应该属于思孟学派。“性自命出，命自天降”，“四海之内，其性一也”。但是，为什么很多人“心无定志”呢？关键是没有“习”。“习”什么？怎么“习”？“习”的结果又是什么？从上述三个方面我们已经予以了回答。实际上，这就是孟子“性善论”的道德践履的路径。有了这种学派的归属，我们对《性自命出》的思想就在更为深远、更为广阔的背景下，有了更为深刻的把握和理解。

第九章　从一支楚简看儒学的超前性格

在郭店简中,《语丛》是以语录的形式构成的教科书，是“东宫之师”对学生讲课的话题集，因而其行文精炼，准确而深刻地阐明了儒家哲学的要义。唯其如此,《语丛》言简意赅，内蕴丰富，充分地展现了儒家哲学思想中的许多基本的概念，并且在其后的儒家篇章中也逐步得到了进一步的阐释和深化，值得我们认真研究。本章就是在这样的思路指引下，所做的一点点微小的工作。

第一节　万物都有其独立性和实在性

郭店简《语丛一》第 72 简“无物不物，皆致焉，而无非己取之者”[①]所蕴含的思想内容十分深刻，如果以先秦儒家哲学经典作家的思想为背景支持，联系郭店简其他相关内容，再在与西方哲学的比较之中一照应，我们会立刻发现，这支竹简上所展示的内容不仅说明了儒家哲学关于本体论、认识论独到而深刻的见解，而且它终究是一个哲学的命题，并且具有令人吃惊的超前性格。

① 《郭店楚墓竹简》，北京：文物出版社，1998 年，第 196 页。

"无物不物"，第一个"物"为名词，第二个"物"为动词。至少从字面上我们就可以领会到其中两层重要的哲学含义：第一，世界上的一切物质，无不以其不可替代的特殊性而存有，因而昭示了世界万物的差异性［"凡物无不异也者"(《性自命出》第8简)］[①]；无不以其不可替代的功能而发挥作用，因而显示了世界万物的不可替代性［"物各止于其所"(《语丛一》第105简)］；无不以其不可替代的内在规定性显示其规律，因而展示了世界万物的可知性，彻底把命题建立并统一在了物质之上。第二，物之为物，其首要的特点在于发展，在于永不止息的运动。因此，《语丛一》又有"凡物有本有卯，有终有始"(第48–49简)的说法。"本"与"卯"，根据上下文文意，以及先秦时期的思维方式，结合古汉语训诂学的原则，当为"本""末"二字。[②]如果这个训释成立，那么这个命题就非常准确而又简明地阐述了物质无不运动、发展的基本特征。而且与《易经》"小往大来""无往不复"、《礼记·大学》"物有本末，事有终始"等命题连成了一片。凡是"物"，就意味着历程，就意味着发展，就意味着变化。这是儒家思想以《易经》《易传》为依托，

① 既然荆门郭店简是"东宫之师"的教材，是一个由浅入深的整体，那么，《语丛》中提到的"物"的概念，在其后的篇章，如《性自命出》中就得到了进一步的阐发，因此我们不能够把它们割裂开来。

② 笔者的同学，古汉语研究专家，已故武汉大学教授李步嘉先生亲口对笔者讲："本""末"都是明母字，因此，"本""卯"按上下文文意，是"本""末"的假借字。

在《中庸》和《孟子》中形成“大化流行”思想的哲学起点①；说到底，也是中国文化翻波涌浪、不断前进的最终动力。因此，郭店简《性自命出》还有“凡人虽有性，心无定志，待物而后作，待悦而后行，待习而后定”（第1–2简）的命题，说明简文作者已经强烈地认识到了“物”作为认识的对象和前提，在流变中给人以牵制或激发，对人的主观能动性具有深刻的影响，所以，《性自命出》接着又说：“喜怒哀悲之气，性也；及其见于外，则物取之也。”（第2简）也就是说，物之所以为物，就在于它是在与人的性情相摩荡而存有，并且无时无处不是在激发着人的情感、心志的过程中显示出特性的。《礼记·乐记》说：“凡音之起，由人心生也。人心之动，物使之然也。感于物而动，故形于声。”又有，“夫物之感人无穷，而人之好恶无节，则是物至而人化物也。人化物也者，灭天理而穷人欲者也”。在物与我的相互摩荡之中，物是具有独立性的，因此它理应对人的心志产生巨大的影响力。

物的这种独立性和实在性，使先秦的思想家们必须在两个方面做出回答：第一，在物与人的关系问题上，各自处在一个什么样的位置之上？对此，先秦思想家的论述是全面而深刻的。《庄子》就认为，在人与物发生关系的过程中，人是应该掌握主动权的，不仅要“与物为春”

① 孔子晚年好《易》，已经为长沙马王堆新出土的帛书所证明。李学勤先生指出，孔子是有史以来第一个从哲学的角度全面研究“易学”的专家，“孔子晚年对《周易》十分爱好，而且自己撰成了《易传》（至少其中一部分）”（李学勤：《失落的文明》，上海：上海文艺出版社，1997年，第279页）。这样一来，我们对道家思想的渊源就要重新考虑了，庄子的思想可能最终渊源于孔子，而孔子的天道思想从《礼运》到《中庸》、《子思子》、《孟子》，得以发扬光大。

(《德充符》),“与物有宜而莫知其极”(《大宗师》),与物和谐相处,协调一致,而且还要“物物而不物于物”(《山木》),“不以物挫志”(《天地》),“不以物害己”(《秋水》)。对此,儒家的论述也有惊人的相似,其中尤以《荀子》为突出:“君子役物,小人役于物”(《修身》),“因物而多之,孰与骋能而化之?思物而物之,孰与理物而勿失之也?愿于物之所以生,孰与有物之所以成?”(《天论》)第二,物是否可以被认识,物通过什么途径来认识?在认识物的过程中,人到底何以取得它自己的地位?于是,《荀子》又说道:“凡以知,人之性也;可以知,物之理也。”(《解蔽》)人为什么可以认识物呢?“精于道者也,精于物者也。精于物者以物物,精于道者兼物物。故君子壹于道而以赞稽物。壹于道则正,以赞稽物则察;以正志则行察论,则万物官矣。”(同上)关键在于自我的修养,上承天命,下学上达,固定心志,磨砺性情,天人合一。“精于道”,才能“精于物”,充分重视认识活动中人的主观能动性。很显然,如果没有这种认识论的基础,儒家“朝闻道,夕死可矣”(《论语·里仁》)的追求精神就没有依傍的根由;但是,没有心志的原创性,人也就淹没在“物”的汪洋大海之中了。这正是我们理解郭店简《语丛一》第72简的理论背景。

第二节　物是本体的呈现

“无物不物,皆致焉,而无非己取之者”的后半句,真可谓神来之笔,应当引起我们高度的注意,因为它再明显不过地告诉我们,主体与客体的交接，我与物的摩荡，都取决于我的取舍，凸显了“天地之德，阴阳之交，鬼神之会，五行之秀气”（《礼记·礼运》）的重要位置，把“我”的主体地位一下子就推向了极致。

在上面的行文过程中，笔者略有提及，即儒家哲学在天与人、物与我的关系中，是以《易经》和《易传》为依托的。这种理论的依托，在子思子、孟子那里，就发展成为一种以“诚”为出发点、为主体，“尽心、知性、知天”，“万物皆备于我”，“所过者化，所存者神，上下与天地同流”（《孟子·尽心上》）的交会于天人之间的主体精神。这正是郭店简儒家文献《五行》《性自命出》《穷达以时》《鲁穆公问子思》《唐虞之道》等篇章的思想精髓，也是我们研究郭店简的肯綮之一。《性自命出》写道：“凡见者之谓物，快于已者之谓悦，物之设者之谓势，有为也者之谓故。”（第12–13简）楚简的作者在这里眼光独具，给“物”下了一个令人瞠目结舌的定义：对“我”来说，看得见的就是“物”（存在），看不见的就不是“物”（不存在）。“快于已者之谓悦”是一个被动式，翻译成现代汉语就是“被我所认定为具有意义的事物，才能够引起我的愉悦”。“设”借作“势”，第一个“设”为动词，第二个“势”为名词，是“威力”“权力”的意思；“物之设者”为定语后置的结构。“故”，《说文》曰：“使为之也。”在先秦典籍中，又有“根由”“事情”“事变”之义。因此，“物之设者之谓势，有为也者之谓故”就应该翻译成：只有被我的灵性感悟、捕捉到了的事物，才能够被我所认知；只有与我发生了关系的事物，才能够找到我与它之间互为摩荡的基础。《性自命出》的这四句话，都是对“无物不物，皆致焉，而无非己取之者”的进一步解释，但是落脚点，仍然在“而无非己取之者”之上。

也就是说，第72简本身就是从认识论的角度，以人的主体性为中心，给“物”下的一个定义。用现代汉语来解读就是：世界上的万事万物，都以其各自特有的属性而存有，而发挥其不可替代的作用；但是，它们之所以为我所认识，都是因为我的主体的需要。我的主观意识需要它，它就存在；我的主观意识不需要它，它就不存在。这种思想在当时的历史背景之下，当然是非常深刻的。

从巴门尼德到高尔吉亚，容易；从赫拉克利特到柏拉图，也容易；然而，从巴门尼德到笛卡儿，从赫拉克利特到贝克莱，就太难了！但是，儒家的思想，却令人吃惊地在同一支古老的竹简中跨越了西方哲学史跋涉了两千多年才走完的历程，而且直追海德格尔！[①]

那么，我们现在的问题是，儒家哲学为什么具有这种超前的性格呢？这种理论的力量是从哪里得来的呢？经过认真研究，笔者以为，这个答案仍然可以在郭店简中找到：

> 天生百物，人为贵。（《语丛一》第18简）
>
> 生为贵。（《语丛三》第67简下）

---

① 海德格尔认为：“在世并不是一种孤立的、单独的存在。它总是处于一世界中。此在和其他世界是不可分割的，人（此在）并不是首先独立存在，然后才与世界（事物和他人）接触，而是与其他世界同时出现、同时在此。在世是此在的最根本的存在状态，是此在的先验规定性。”（刘放桐主编：《现代西方哲学》下册，北京：人民出版社，1997年，第595-596页）

> 有性有生。（《语丛三》第 71 简下）

在《语丛二》中，作者把性与“情”“爱”“欲”“智”“慈”“恶”“喜”等人生性情的各个方面及人的天性直接联系起来加以论述，从而极大地丰富了人的内涵，昭示了人之所以为人的至尊至贵。然后在《语丛三》中才提出“有性有生”的命题。生命的激荡，是以“性”为前提的。笔者以为，在结构和编排的顺序上，作者是有深意的。也就是说，只有充分尊重人的性情，使之得到自由的摇荡、激发、发展，人才能够说得上具有了真正的生命，才能够说得上是真正的人。“有性”才会“有生”。没有在《语丛二》对“性”的广泛诠释，“有性有生”的命题就涵纳不了它深刻而又丰富的理论意蕴。因此，“有性有生”是一个非常有价值的思想，因为它与现代人权的概念，只有一纸之隔了。《孟子》对此有充分的发展，它的“性善论”、“天爵”论和“浩然之气”实际上都是以此为基础的。

于是，在“生为贵”“有性有生”的基础上，《语丛一》的作者建立了他认识论的思想路径，温润真切，有血有肉，充满生命的气息：

> 凡有血气者，皆有喜有怒，有慎有庄，有体有容有色，有声有嗅有味，有气有志。（第 45–48 简）
>
> 容色，目司也。声，耳司也。嗅，鼻司也。味，口司也。气，容司也。志，（心）司（也）。（第 50–52 简）

很显然，作者对感性是认知的基础，理性是认知的深入，通过感官的经验上升到心志的推理、综合，二者互为表里、互为支持的认识论规律把握得极为透彻，但是，究其实质，仍然是在一个“人”字上做文章。由于注重了人的价值，由于把人的性命之学看得比什么都重要，儒家的本体论和认识论才最终发生了质的飞跃：

凡物由望生。(《语丛一》第104简）

《说文》曰：“生，进也。象草木之出土也。”从字面意义来解释就是，世界上的万事万物是随人的主观意愿而存有的。但是，笔者以为，应该有两个更为深刻的理解层面：第一，已经存有的事物，对“我”来说未必真的存有；只有当“我”的意向、意志与它发生了关系，它才真正具有了存有的意义。第二，世界上并不存在的事物，只要“我”的意志所及，只要“我”的主体性需要，就会被“我”创造出来。用海德格尔的话来说，就是“真理不是关于对象（客体）的真理，而是人自己的在的真理。真理不是知识，而是人的在本身的展现、澄明”[①]。这才是“无物不物，皆致焉，而无非己取之者”的哲学制高点。

① 刘放桐主编：《现代西方哲学》下册，北京：人民出版社，1997年，第594页。

第十章 《语丛》凸显出来的儒家人格

说是《语丛》，实际上只是指《语丛一》与《语丛三》两部分。因为《语丛二》只讲情欲的一般性规则，并不涉及人格问题，而《语丛四》则不属于儒家文献。《语丛一》与《语丛三》表现了较为全面的儒家人格思想。由于这种人格思想具有由孔子“天→礼→仁→人”（《论语》）的结构向思孟学派“天→命→性→情→道→人”（《性自命出》）框架的转折背景，因而具有重大的理论价值，而且在我们重构中国文化的今天，思孟学派的理想人格，对我们当代中国人的人格构造有着直接的现实意义。因此，对这种理想的人格模式进行一种逻辑的分疏、现代的诠释、理性的思考和价值的评判，就十分重要了。

第一节 忠则会

简文：

1.“有命有文有名，而后有鲧。”（《语丛一》第 5 简）

2.“有天有命，有物有名，有物有容，有家有名。”（《语丛一》第 13 简）

3.“知天所为，知人所为，然后知道，知道然后知命。”(《语丛一》第29–30简)

《语丛》体现出来的理想人格，首先表现在宗教性地依托于天命。这抓住了人的根本特性。因为人在他的灵魂深处和情感世界里，是不可能没有这种终极性依托的。儒家的天命论，既是哲学，又是宗教，还是生活方式本身。本来，这种思想的意识，来自上古氏族社会父系制的祖宗崇拜。但是，儒家的先哲们却把它推而广之、深而化之，通过祭祀活动的仪式，让人们体悟到祖宗对自己的福荫、威严和统摄。在这种福荫、威严和统摄的情感氛围中，体认天道，并建立起一个遥远无际而又无处不在的终极世界。在这个境界中，人，为了寻找自我的性命根源，为了满足求知的欲望，去体悟天命的神秘，就必须努力加强自我的道德修养，“忠则会”(《语丛三》第63简)的本质在于“诚”，在于“尽心”。尽心，知性，进而知天，是孟子思想的核心。知天知命，才会知道什么是度，什么是名。“度”是就人的行为方式而言的，“名”则是就人的社会角色而言的。有度有命，人就会知道他在这个世界上到底占据着一个什么样的位置，有哪些相应的职责，这就是“伦”。换言之，人知天知命之后，就会有度有名，只有由这种“知天知命，有度有名”的人组成的有秩序、讲礼仪的社会才是儒家先哲们努力追求的伦理大同。在这个社会里，人们要努力学习，践履道德，通过居仁由义，父慈子孝，在现实生活中实现自我的转换、超越。

在先秦儒家先哲的论述中，人的性情始终是与义理相互发明的，伦理道德建设也好，社会管理模式也好，儒家哲学始终都没有脱离人的性情内核，正是具有这样的依托，儒家哲学的“人道”精神才得以闪耀着夺目的光辉。在人道的基础之上，建立仁、义、礼、智、圣的价值体系，让人们终身为之奋斗，其目的在于两个回应：一是对性情的天命回应。此所谓“性自命出，命自天降”(《性自命出》)，性情来自天，但仍然需要后天不懈地努力提升，才能真正与“天道”相与为一。二是仁、义、礼、智、圣的终极目标仍然是“天道”，以天道为最高的人生标准，是先秦儒家的最高境界。因此，只有知天，才有可能知人；只有“有命有度”，才能“有名有伦”。所以，在儒家哲学中，下学上达，“反古复始”(《礼记·祭义》)，通过自己的一言一行，提升自我的人格，趋向于“天”与“圣”的境界，实际上是要大家超越凡俗的亲亲之爱，推而广之，进入人人相亲相爱、“泛爱众”、平等互利的“大同世界”。

第二节　有性有生

简文：

1. 凡有血气者，皆有喜有怒，有慎有庄，有体有容有色，有声有嗅有味，有气有志。(《语丛一》第 45−48 简)

2. 有性有生。(《语丛三》第 51 简)

3. 毋意，毋固，毋我，毋必。(《语丛三》第 65 简)

就目前我们掌握的材料可知，思孟学派当为先秦儒家最重性情的一支。郭店简中的儒家简，据学界公认，极有可能为《子思子》，如果此论为确，那么对我们认识《语丛》的性质以及它与郭店简其他篇章的关系，就有着极大的帮助。事实上，整个郭店简，从《语丛》、《太一生水》到《性自命出》，从宇宙观到人性论，从形上学到人生论，都是有内在联系的，这就是"有性有生"。如果我们站在天地玄黄、阴阳大化的角度来理解《太一生水》的文字，我们看到的就是《性自命出》"性情论"的自然哲学背景和郭店简中"性情"跌宕不息的根源：

> 太一生水，水反辅太一，是以成天。天反辅太一，是以成地。天地复相辅也，是以成神明。神明复相辅也，是以成阴阳。阴阳复相辅也，是以成四时。四时复相辅也，是以成寒热。寒热复相辅也，是以成湿燥。湿燥复相辅也，成岁而止。(《郭店楚墓竹简·太一生水释文注释》)

这种宇宙生成的思路，我们在《礼记·礼运》《系辞传》中是可以找到相关的词句作为笔者上述观点的证据的：

> 故圣人作则，必以天地为本，以阴阳为端，以四时为柄，以日星为纪，月以为量。(《礼记·礼运》)
>
> 是故《易》有太极，是生两仪，两仪生四象，四象生八卦，八卦定吉凶，吉凶生大业。是故法象莫大乎天地，变通莫大乎四时，县象著明莫大乎日月。……日往则月来，月往则日来，日月相推而明生焉。寒往则暑来，暑往则寒来，寒暑相推而岁成焉。往者屈

也，来者信也，屈信相感而利生焉。(《系辞传》)

集孔子、思孟学派和荀子思想之大成的学者董仲舒在《春秋繁露·天容》中，在论述到君主要“审好恶喜怒”以治理天下事时，就透露了儒家思想中人之性情本于天的思想。人的性情不仅先天性地受到了“天”的影响，是天命灌注的重要组成部分，而且在后天的道德践履之中，人的血气心知、喜怒哀乐、容色声嗅，都并不是一成不变的固定之物，它们是变动的、发展的、五彩缤纷的，像天地之间的水一样，无定式，无定型，千变万化而奔流不息；日月星辰出没，风雨雷电交加，山川峡谷起伏跌宕，江河湖泊洪波涌起的宇宙世界，不就是人的性情的扩展吗？在“毋意，毋固，毋我，毋必”(《论语·子罕》)的开放心态下，“志于道，据于德，依于仁，游于艺”(《论语·述而》)，展开思想自由的翅膀，追求面向整个人类的“大同”的自由世界：“思无疆，思无期，思无怠，思无不由义者”(《语丛三》第49简)。“义”，在儒家哲学的价值体系中，是一个超越“孝道”的概念，它的思想精髓在于个人的性情提炼，在于通过内在德行的修养，走出亲亲之爱的藩篱，去爱一切大众，从而使我们的社会成为一个平等、“博爱”的社会，使我们每一个人都具有性情舒畅、精神自由的情怀。

自父系制社会以来的宗法制，以自给自足的自然经济为基础，与户口制相表里，在夏商周三代根深蒂固。至孔子，高扬人文主义的旗帜，提倡以“仁者爱人”为核心、以“反古复始”为修养途径的“礼乐文明”，时代的风气为之一变；继孔子之后，子思子注重人的性情以及这种性情与上天持久的对话，通过“诚”的主体，在现实生活中实现自我转换、提升，以及人性的自我挖掘、扩充，“反善复始”（《性自命出》），进而“成圣”。这就完成了孔子人性论以后的重要转进，也完成了中国哲学史上的重要转折，它的真正目标是社会的安定祥和，更是人的精神自由。

第三节　知天知命，有度有名

简文：

1. 为孝，此非孝也；为弟，此非弟也；不可为也，而不可不为也。为之，此非也；弗为，此非也。（《语丛一》第 55–58 简）

2. 不尊厚于义，薄于仁，人无能为。（《语丛一》第 82–83 简）

3. 有仁有智，有义有礼，有圣有善。（《语丛一》第 17 简）

正因为是知天知命、有度有名的人，是性情诚悫、志气舒展的人，所以仁、义、礼、智、信，对他来说，都融入了他的血液，化入了他的灵魂，成了他天生具有的素质，是他有机体的一部分，慈爱也罢，孝悌也罢，礼仪也罢，忠信也罢，都不是他刻意做出来的。他是诚悫慎庄、惇于反己的君子，是世界的典范、民众的旗帜。“所过者化，所存者神，上下与天地同流，岂曰小补之哉？”（《孟子・尽心上》）

与历代现实政治生活中的伪道学不一样的是，先秦儒家先哲一直在追求性情与气志的统一，诚悫与礼仪的统一，人性与孝悌的统一。在春秋战国礼仪救国思潮十分强劲的时代，儒家先哲以匡正时弊、拯救天下苍生为己任，坚定地认为，在强大的礼仪的支撑之下，人就可以通过道德践履，达到自我转化、与上天对话的目的，从而实现人性的最大真实。《语丛》“爱善之谓仁”的命题，是对孔子仁学的重要拓展。仁是善的先导，善是仁的目的，它是对知识分子社会角色的重新界定，增强了知识分子的社会作用和独立精神。它提出了推动社会历史的发展，批评君主的不义行为，关怀民生疾苦，都是“仁”的德性。而且从哲学上也进一步丰富了孔子“仁学”的内容，亦即，仁义礼智信，使人在人性上向“圣”的境界提升，但是，其最终的目的、归宿是“善”，“善”就是拯救世界、改造世界、建设世界的行动、善举。因此，没有善，人就将不成其为人。相对于孔子而言，思孟学派的入世精神更强，更为关心民生疾苦，更具有历史的批判精神，在这里确实具有充分的显现。

在这里，作者提出了“孝”、“善”（仁义礼智信）与“圣”的关系。应该说，这是先秦儒家的精华之所在。通过凡俗的孝道，父慈子孝的生活修养、道德提升，努力达到“善”（仁义礼智信，在郭店简中被规定为“群善”），而善的巅峰状态，就是“圣”的至高境界。

第四节 察天道以化民气

简文：

1. 察天道以化民气。（《语丛一》第68简）

2. 君臣，朋友，其择者也。（《语丛一》第87简）

3. 友，君臣之道也。(《语丛三》第 6 简)

4. 君臣不相戴也，则可已；不悦，可去也；不义而加诸已，弗受也。(《语丛三》第 5 简)

既然具有天命的依托，性情纯真，志气舒展，思想自由，化仁、义、礼、智、信为自己的灵魂、血液，儒家的理想人格就必然是一种不假外求的独立人格。居庙堂之高，而不以为自大；居草茅之野，而不以为自轻。上承天命，下化民气，自然是道德的表率，民族的精英，社会的良心，人类的希望。不计个人的得失，舍小我而兼养天下，“一箪食，一瓢饮”而志在高远，不以为陋，不以为贫，孔颜自以为乐，师生授受，形成了强有力的“道统”。先秦的先哲们就坚信自己所从事的事业是正义的事业，所研究、追求的学问是与真理同在的至高无上的“道”，因此，“从道不从君，从义不从父，人之大行也”(《荀子・子道》)，就是要在人格上至少与君主平起平坐，但是在“道统”上却要远远地压倒君权的“势”。“友，君臣之道也”，就是说，君主与“我”仅仅是一种双向选择的朋友关系而已，如果彼此志趣相投，那我们就可以走到一起去；如果我们根本没有共同的语言，我们连朋友都不是，又何以成为君臣呢？因此，任何时期的任何君主，企图以“权势”的威力把他不正当的意志强加在“我”身上的时候，“我”就会拒绝他的强暴和淫威，“恒称其君之恶”(《郭店楚墓竹简・鲁穆公问子思》)，甚至离他而去。

思孟学派理想人格思想中最珍贵的价值在于，知识分子的批判精神是建立在主体的精神自由和人格的独立性的基础之上的。他们对权势没有依赖的屈从性，对君主更没有屈从的依赖性。思孟学派的先哲们非常清楚地知道，没有思想的自由，就没有“我”的独立；而没有人格上的独立，就没有对历史、对现实的批判精神；更为重要的是，没有对历史、现实的批判精神，人格也就无从建立。

这就使我们看到，郭店简在《语丛》中基于人的性情，在理论上构建了一个由人人平等的理念，进入君臣平等、君臣彼此制衡的理想社会。应该说，先秦儒家已经敏锐地感觉到了，没有一个良好的社会环境，没有一个使人心情舒畅的社会组织结构，理想人格的建立是不可能的。

历史的经验已经再明白不过地表明，先秦儒家的理论是成龙配套的，是十分精致、周详、合理的；而且具有很多即便在今天看来，其价值也十分突出的地方，因此，这是一笔值得我们现在深刻反思和吸取的、十分珍贵的理论遗产。

第十一章 《易传》的性情思想研究

随着郭店简《性自命出》和上海博物馆藏楚竹书《性情论》的出土，先秦时期各种典籍中的性情思想成了大家关注和搜寻的对象，因为这不仅可以加深我们对新出简帛文献内容的理解，而且可以将出土简帛中的有关内容与传世文献中的思想融会贯通，扩展我们研究的视野，增强研究的深度与广度，从而进一步发掘先秦儒家的思想资源，为中国传统文化的现代转型提供依据。本章拟就《易传》中“性”与“情”两个字的用法，结合文本本身，做一些必要的分析和梳理，对《易传》的性情思想做一些初步的探讨。

第一节 乾道变化，各正性命

《乾·彖》云：“大哉乾元！万物资始，乃统天。云行雨施，品物流形，大明终始，六位时成，时乘六龙以御天。乾道变化，各正性命。保合大和，乃利贞。首出庶物，万国咸宁。”

有人认为，按照汉语的发展规律，总是先有单词再有复合词，像

《老子》、《论语》、《孟子》、《墨子》和《庄子》内篇等书中，就只是使用“道”“德”“精”“神”“性”“命”等单词，凡是用了这些词的复合形式，就说明该作品晚出。《易传》用了“性命”一词，所以它应该属于战国中后期的作品。[①] 笔者不能同意这种思考问题的方法，因为先秦时期各种著作之成熟过程有其特殊的途径[②]，把性与命放置到一起来表述，可能首先是《孟子》：

> 口之于味也，目之于色也，耳之于声也，鼻之于臭也，四肢之于安佚也，性也，有命焉，君子不谓性也。仁之于父子也，义之于君臣也，礼之于宾主也，知之于贤者也，圣人之于天道也，命也，有性焉，君子不谓命也。(《尽心下》)

文本显示，“性”与“命”正在急剧地靠拢，在思维方式上实际上已经

① 王博：《易传通论》，北京：中国书店，2003 年，第 49 页。

② 刘师培曾经指出：“三代之时，文字勒书于简毕，有漆书刀削之劳。抄胥非易，传播维艰。学术授受，多冯口耳之流传。孔子之以六经教授也，大抵仅录经文以为课本，而参考之语，诠释之词，则大抵以口耳相传。”马宗霍也说过：“孔子治经，述而不作；孔子传经，授而不书。弟子所接闻于师者，互有所记，或举大义，或撢微言，详略偶殊，异同斯出，弟子又各以所得者为传授，承之者其详略异同亦必如之。”（马宗霍：《中国经学史》，上海：商务印书馆，1936 年，第 19 页）余嘉锡先生也说过，先秦诸子之书，往往是聚徒讲学而成。先生讲学之言，弟子各有所记录，并予以加工整理，形成各种传本，在学派内部传习，有时还附有各种参考资料和心得体会。其中数传之后，先生的东西和弟子的东西往往难以分辨清楚，所以就推本先师，转相传述曰：此某先生之书。先秦诸子之书，不必如后世作文，必皆本人手著，云某某之作，只是说其学出于某人（余嘉锡：《古书通例》卷四“古书不必手著”段，上海：上海古籍出版社，1985 年）。按李学勤先生的表述，《易传》是孔子的作品，但是并非每一个字都是孔子亲自写的。我们看到的《易传》是其后学一代代口耳相传绍述其师的结果。

分不开了。在这样的话语背景下,《易传》在阴阳大化、品物流行的思想体系中来使用“性命”一词就似乎并没有什么突兀之感。如果说命是天之命，是天的显明、显豁，而“性者，所受于天也，非人之能为也，武者不能革，而工者不能移”(《吕氏春秋・荡兵》), 则命与性实际上就在本质上搭挂起来，并且最终会融通为一。上面《乾・象》中的“乾道变化”，指的是天道的阴阳鼓荡而显豁为命、为性的过程是“云行雨施，品物流行”，但是，“在天成象，在地成形”之后的“性命”，只有“保合大和，乃利贞”。这是对“性”提出的在其与“情”“物”“心”“志”的磨合过程中的天人合一的要求。不论是从卦爻体系来讲，还是从《周易》的理论表述来说，天人合一，都是《易传》的真精神。“各正性命”的“各”字，有两层意思：第一，由天而命，再由命而性，这是由上而下的两个阶段。第二，命是天与性之间的中介，是天的显豁；而性则是人仰受于天，通过命贯注于中的人的本质。“正”在这里是一个动词，是使之正的意思。因此，“正”就是天在阴阳大化流行的过程中，给万事万物（包括人，或者说是以人为中心）定命、定性。与《论语》《孟子》文本不同的是，这里的性命观，注重的是性命思想中天道“云行雨施，品物流形，大明终始，六位时成，时乘六龙以御天”的内涵，它依托于六爻的动态复、变，把性与命描述成了一个动态的、生气流行的、与时偕行的过程，从而补充了《论语》“性与天道”的不足。这在先秦儒家性情思想史上，实际上具有非常重要的地位。

那么，“乾道变化，各正性命”到底在人身上是怎样一步步落实、显发出来的呢？《孔子家语·本命解》中有一段鲁哀公向孔子请教的对话，可供我们参考。

> 鲁哀公问于孔子曰："人之命与性何谓也？"孔子对曰："分于道，谓之命；形于一，谓之性。化于阴阳，象形而发，谓之生；化穷数尽，谓之死。故命者，性之始也；死者，生之终也。有始则必有终矣。人始生而有不具者五焉：目无见，不能食，不能行，不能言，不能化。及生三月而微煦，然后有见。八月生齿，然后能食。三年腮合，然后能言，十有六而精通，然后能化。阴穷反阳，故阴以阳变；阳穷反阴，故阳以阴化。是以男子八月生齿，八岁而龀；女子七月生齿，七岁而龀，十有四而化。一阳一阴，奇偶相配，然后道合化成。性命之端，形于此也。"①

这段话不仅回答了命与性是从哪里来的，尤其是引入了道、阴、阳等观念来诠释命与性的生发，而且也间接地交代了命与性的关系，进而描述了命与性形成的过程。从这一段文字，我们发现，先秦儒家孔子的"性相近也"、告子的"生之谓性"到孟子的仁、义、礼、智、圣之性，走向汉代以阴阳论性的转折点，正在于《易传》的传统。不过，"乾道变化，各正性命"中虽然含有以阴阳论性的成分，但它的立足点在于"生生之谓易""天地之大德曰生"，它的目的是要通过自然之天与义理之天的融合，彻底将人从主宰之天的牢笼中解放出来。

---

① 廖名春、邹新明校点：《孔子家语》，沈阳：辽宁教育出版社，1997 年。

《系辞传》云："一阴一阳之谓道也，继之者善也，成之者性也。"这是对《乾·彖》"乾道变化，各正性命"一种深化性的诠释。一阴一阳摩荡的结果，成就了天道的运行不息，此之谓自然之天的"天功"；但只有"继之者善"，加入了义理，亦即仁义礼智圣之后，才能成就人之所以为人的"性"。既避免了生之谓性而流连荒亡的隐忧，也避免了没有大化流行的切入而导致的性情世界的偏枯，这是《易传》性情思想在贯通天道、地道、人道之后最大的特色。

> 《乾·文言》云："乾元者，始而亨者也。利贞者，性情也。乾始，能以美利利天下，不言所利，大矣哉！大哉乾乎！刚健中正，纯粹精也。六爻发挥，旁通情也。时乘六龙，以御天也。云行雨施，天下平也。"

这是《易传》十翼中有关性情的一段经典性的表述。这是《乾·文言》解释《乾·彖》的一段话，并且是《乾·彖》相关思想的进一步展开。《子夏传》云："元，始也。亨，通也。利，和也。贞，正也。"总的来讲，这是在说乾卦之德，但这个"德"毕竟有一个物得以生、嘉美开通、协和万物、各得其正的下贯过程，既然这里的"利贞"是从元、亨而来，那么这里的"性情"二字首先是指"乾"德的性情、天的性情。实际上在《乾·文言》这段话中，已经把天乾的性情内容说得很清楚了："刚健中正，纯粹精也。六爻发挥，旁通情也。"《乾·彖》"大哉乾元！万物资始，乃统天"的意思指的是，天以乾为性，天的本质是乾，所以，这里“刚健中正”指的是乾之“正位”（中），“纯粹精也”指的是乾的一气流行的纯质（诚）。而“六爻发挥，旁通情也”则指的是乾之性假借于六爻而通“情”的功能。

既然“乾道变化”是万物之始，一气流行而“各正性命”，故此性此情就不仅仅是指乾之性、乾之情，它通过阴阳相推、八卦相荡的变易之道化入了千变万化、无奇不有的事物中，因此，这里的性情，也包括了人的性与情。只有这样来把握《乾·文言》的“性情”之义，才能真正符合“天地感而万物化生，圣人感人心而天下和平；观其所感，而天地万物之情可见矣”（《咸·彖》），人道本于天道的《易传》理路。

由于“成之者性”的“性”指的是天道一阴一阳的摩荡，“各正性命”而产生的“性”，是天道之“性”，也就是通过品物流行，而化成天下万物，同时也成就的人之性，所以，在诠释“天地设位，而《易》行乎其中矣，成性存存，道义之门”时，虞翻曰：“‘成性’之谓‘成之者性也’。”李鼎祚疏曰：“天地消息，乾坤相续，易以坤成乾之性，故‘成性之谓成之者性也’。”[①] 虞翻之谓是从一阴一阳下贯化成之总体上说，李鼎祚之疏则仅就乾元上说。但是“成性”后面还有“存存”二字，笔者以为，“存存”是“成性”通向“道义之门”的桥梁。“存存”，“谓存而又存，不已之意也”[②]。这是在说，《易》行乎其中而化成人之性，此性虽有元、亨、利、贞的端质，但是，吾人仍需终日乾乾，不断地

① 李鼎祚：《周易集解》，北京：九州出版社，2003年，第817页。
② 朱熹：《周易本义》，武汉：武汉市古籍书店，1988年，第59页。

存、养这种由天命下贯而来的“性”，才能最终进入“道义之门”。《周易折中》引吴慎曰：“道义之出不穷，犹易之生生不已也，然未有不存存而能生生者。”① 通过“存存”而“成性”，来进入道义之门，正是先秦儒家“天生人成”的理路，也是《易传》的主旨。

说“六爻发挥，旁通情也”是乾之性的功能，意犹未尽。在《易传》中，在具体的爻卦体系中，实际上更多的是说，在每一个卦象中，随着六爻的消息盈虚，六十四卦的因革损益，《易传》通过对卦爻体系的诠释，在人的面前设置了周流六虚、变化无常的各种层出不穷的人生场景，人们必须本于天道，根据具体的环境设置来调整自己的人生态度和性情选择。从这个层面上来讲，天道之阴与阳，地道之柔与刚，人道之仁与义，都可以称为“性”，而六者彼此之间本于天道的摩荡、发挥，则是“情”。如果说孟子以仁、义、礼、智、圣为性，以恻隐之心、羞恶之心、辞让之心、是非之心为情，是一种静态与动态的模式，是源与流的关系，那么，《乾·文言》中的表述方式与孟子也是一致的，性是江中奔腾不息的“水”，情是水流激荡起伏的“波”。这是先秦儒家性情思想的基本套路。

> 《说卦传》云：“昔者圣人之作《易》也，幽赞于神明而生蓍，参天两地而倚数，观变于阴阳而立卦，发挥于刚柔而生爻，和顺于道德而理于义，穷理尽性以至于命。”

① 李光地：《周易折中》，成都：巴蜀书社，1998年，第866页。

这是《说卦传》的开篇第一段话，意在开门见山，阐明《周易》的理论目的在“和顺于道德而理于义，穷理尽性以至于命”。前面有关“蓍数卦爻”的话，如果从纯义理的角度上来把握，正说明了《易传》的理论目的，是要在天与人，天道、地道、鬼神之道与人道的复杂关系中，寻求人之所以为人的来龙去脉，在天、地、人的关系中给“人”定位，并且更为重要的是，其思想的本质是要把“天道”与“人道”统一起来，在此基础之上，把人的主观能动性发挥到极致。

依托于天道，就是要深究“蓍数卦爻”的道理，使人的道、德与理、义，一方面寻求到天道的根据，另一方面也使它们能够彼此兼容，此之谓“和顺于道德而理于义”。但是，儒家之所以为儒家，就在于它的目的并不在于“蓍数卦爻”，而在于如何才能做到“穷理尽性以至于命”，把人的“性”与“命”通过人为的努力，推向极致。从思想的发展脉络上来讲，这与孔子“不知命，无以为君子也”（《论语·尧曰》）、孟子“尽心、知性、知天”（《孟子·尽心上》）的思想方式是一致的。

“穷理尽性以至于命”的根本精神，在于充分强调人后天的能动性。[①]

① 《庄子》一书中，有九次提到“性命之情”。这种“性命之情”是由“天”自然而然“委顺”于人的自然天性（《知北游》）。庄子认为，如果人们“盈嗜欲，长好恶，则性命之情病矣”（《徐无鬼》）。庄子还说：“今世之仁人，蒿目而忧世之患；不仁之人，决性命之情而饕贵富。故意仁义其非人情乎！自三代以下者，天下何其嚣嚣也？”（《骈拇》）因此，只有避免因功利而产生的一切“喜怒失位，居处无常，思虑不自得，中道不成章”（《在宥》）的行为，无为而无不为，“而后安其性命之情”（同上）。有意思的是，儒、道两家都是在探讨人之所以为人者，而且有些价值观念还是一致的，如这里提到的“中道”“成章”，而且庄子对“今世之仁人”和“不仁之人”都予以否定而崇尚自然。《易传》也崇尚天道和中道，但是，它们因为各种复杂的原因，其价值取向最终不同。

这个命题分三步走[①]，穷理→尽性→至命。穷理，就是要穷“蓍数卦爻”之理，但这里面包括了天道、地道、人道各个方面；尽性，说的是“君子终日乾乾”，在六十四卦、三百八十四爻设置的各种处境中自强不息、与时偕行的奋斗历程；至命，《周易折中》引《周易正义》云：“命者，生之极，穷理则尽其极也。”又引何楷云：“穷、尽、至，皆造极之意。性者，理之原，理穷则逢其原，故穷理所以尽性；命者，性之原，性尽则逢其原，故尽性所以至命。只是一事。”[②]这个表述精微而有条理，特别是“穷、尽、至，皆造极之意”一句，把先秦儒家思想的魅力展现得淋漓尽致，因为穷、尽、至的过程，就是孔子“知命”的过程，孟子“知天”的过程，它把理、性、命统一起来而融为了一体。

邵雍云：“天使我有是之谓命，命之在我之谓性，性之在物之谓理。”[③]界说得非常清楚，而且也比较客观。《周易折中》又引项安世云：“道即命，德即性，义即理。”[④]看似深刻，实为扭曲。命分为道，但命并不完全等于道；性中有德，但性并不完全等于德；理中有义，但理并不完全等于义。《易传》思想的根本，在于自然之天与义理之天的融合，这是后世之儒往往有所忽略的地方。

---

① 程明道有言曰：“‘穷理尽性以至于命’三事一时并了，元无次序。不可将穷理作知之事。若实穷得理，即性命亦可了。”（《宋元学案·明道学案》）此论自然精确，但是，笔者以为，对客观研究《易传》，特别是站在探讨卦爻之象与《易传》之义理的关系上来讲，过于玄乎了。

② 李光地：《周易折中》，成都：巴蜀书社，1998年，第1005页。

③ 同上书，第1004页。

④ 同上。

《说卦传》云："昔者圣人之作《易》也，将以顺性命之理，是以立天之道曰阴与阳，立地之道曰柔与刚，立人之道曰仁与义。兼三才而两之，故易六画而成卦。分阴分阳，迭用柔刚，故易六位而成章。"

这段话的要点，在于指出了"性命之理"就是"立天之道曰阴与阳，立地之道曰柔与刚，立人之道曰仁与义"。"性命之理"在卦爻体系中的展现方式就是"兼三才而两之，故易六画而成卦。分阴分阳，迭用柔刚，故易六位而成章"。其"成章"的内容就是天道之阴阳、地道之柔刚、人道之仁义。为了行文的方便，笔者在此先表述后者。"六画而成卦"说的是性命之理在卦象之中非复即变、消息盈虚形成的过程；"分阴分阳，迭用柔刚"是从"中正"之位（爻位）的角度对性命存有状态的一个界定，是对情与心志、万物摩荡的一个描述。"六位而成章"说的是人的性命包括了天道之阴阳、地道之柔刚、人道之仁义。性命之理就是由这所谓三才的"六位"彼此贯通、互相推荡与渗透而"成章"的。换言之，人道是依据天道而形成的一种生生不息的创生过程，它于穆不已、生气流行，不仅有自然之天与义理之天的融会，而且有"鼓之以雷霆，润之以风雨。日月运行，一寒一暑"（《系辞传》）的创生机制。据此，我们可以看到，《易传》的理论已经相当的成熟。

"立天之道曰阴与阳，立地之道曰柔与刚，立人之道曰仁与义"的理解，须与《系辞传》中"在天成象，在地成形，变化见矣"和"一阴一阳之谓道，继之者善也，成之者性也”两个表述联系起来。阴阳的摩荡，构成“天道”的内容，但是，阴与阳的摩荡之象是“天”的造化之功，是超越而感知的“形而上”者。所以，《系辞传》有“仁者见之谓之仁，知者见之谓之知，百姓日用不知，故君子之道鲜矣”。这几句话对“一阴一阳之谓道”做了进一步的解释。“在地成形”的柔与刚，是“乾道变化”而“各正性命”催生下来的万物呈现，这就是我们所能感知的大千世界的“形而下”者，《系辞传》有“形而上者谓之道，形而下者谓之器”，此之谓也。但是，人道的仁与义，必须以天道阴阳为依据，并且在人与物的刚柔“感应”中，在仁与义的施行之中显发天道的阴与阳、地道的柔与刚。牟宗三先生云：“在天为阴阳，即以阴阳立天之道。在地为刚柔，即以刚柔立地之道。在人为仁义，即以仁义立人之道。天以气言，故曰阴阳。地以质言，故曰刚柔。人以德言，故曰仁义。此不过就其有形者分别而言之。故如此分属。实则天地可统于一，故阴阳刚柔只是一义，实即一阴阳也。再进一步，统于一而言之，天地人只是一道。此道即是生化之道，道德的创生之道也。此创生之道，就天地而言之，由阴阳变化之不测、不息而见。就人而言之，由仁义之精熟与配合而见。”[①] 牟先生的观点承接二程而来，理论的抽绎也十分到位，但是，笔者要强调的是，《易传》中的“三才”理论不仅仅是注意了“德”的仁与义，由于它注重了天道之阴阳、地道之柔刚，是“六爻发挥，旁通情也”之卦象思想的提升，因此，它也注重了三者之间、人

① 牟宗三：《心体与性体》，上海：上海古籍出版社，1999 年，第 83-84 页。

与物之间、人与人之间的消息盈虚、非复即变的性情摩荡。而且，如果我们在理解上失去了这样的一个经验层面、人性层面的基础，那么，不仅儒家的“性命”之学立刻会失之于偏枯，而且对《易传》本身的性情思想以及其他方面的把握等一系列的问题都会随之而来。

第二节　通神明之德，类万物之情

《系辞传》云：“八卦以象告，爻彖以情言。刚柔杂居，而吉凶可见矣。变动以利言，吉凶以情迁。是故爱恶相攻而吉凶生，远近相取而悔吝生，情伪相感而利害生。凡易之情，近而不相得则凶。或害之，悔且吝。”

由于《易传》以“六爻发挥”为“通情”之物，因此随着卦象的阴阳相推、蓍爻的刚柔相荡，有关情感、情绪的描写自然就随处可见，俯拾即是。但是，据笔者准确统计，真正直接用到了性情的“性”字的地方，凡六见，已见于上面的分析；用到“情”字的地方，凡十四见。在认真甄别了这十四个“情”字之后，笔者以为，凡用作“情实”的地方有八见：

1. 观其所感，而天地万物之情可见矣！（《咸·彖》）
2. 观其所恒，而天地万物之情可见矣！（《恒·彖》）
3. 大壮利贞，大者正也。正大而天地之情可见矣！（《大壮·彖》）

4. 观其所聚，而天地万物之情可见矣。(《萃·彖》)

5. 精气为物，游魂为变，是故知鬼神之情状。(《系辞传》)

6. 圣人立象以尽意，设卦以尽情伪。(《系辞传》)

7. 爻象动乎内，吉凶见乎外，功业见乎变，圣人之情见乎辞。(《系辞传》)

8. 于是始作八卦，以通神明之德，以类万物之情。(《系辞传》)[①]

以上八例均毫无疑问地属于情实之情，这个“情”字虽然在有的时候包含了情感的成分，如第 7 例就较为突出（单独地看，这个“情”似为情感之情，但它与前面的句子一搭配，我们就发现它主要是表示“真实思想”的意思，当然也包含了情感，亦即价值选择的“情”），但是，总的来讲它们的主要用意，在于说明探赜索隐、钩沉致远之后，卦爻所显示、揭发出来的思想和吉凶状态；而且在有的时候还表示事物的质实、天地的玄机，如第 1、2、3、4 例。这是受《周易》一书的特殊性质决定了的必然现象。

另外六例均为情感的情。由于情况有些特殊，故不得不在此做一些必要的剖析。

1. 利贞者，性情也。(《乾·彖》)

已见上面的阐述。这是相对于“性”运用的情感的“情”。

---

① 今本《系辞传》“是故夫象，圣人有以见天下之赜，而拟诸其形容……极天下之赜者存乎卦，鼓天下之动者存乎辞”两句中的两个“赜”字，在帛书《系辞传》中都写作“情”字。这对我们理解这一组“情”字是一个重要的启示。

2. 六爻发挥，旁通情也。(《乾·彖》)

已见上面的阐述。此指爻之情，亦指由“性”而激发出来的人之“情”。

3. 八卦以象告，爻象以情言。刚柔杂居，而吉凶可见矣。(《系辞传》)

如果从上文“圣人之情见乎辞”的角度来讲，这个“情”字似乎为情实之情，但是，笔者以为，这个“情”还是界定为情感的“情”比较好。第一，爻象是“六爻发挥，旁通情”的产物，属于“利贞”的范围。第二，“刚柔杂居，而吉凶可见”在《易传》中可以理解为刚柔复变的性情、善恶损益的德性给自己带来的吉凶祸福。第三，从爻本身、象本身来讲，它们都属形而下者。爻是对人生处境的具体、动态设置；象是对各种卦象基于社会生活之经验进行的描述，其方而直、圆而神的表述中，透出的是对人之“情”的关注。

4. 变动以利言，吉凶以情迁。(《系辞传》)

这里的“利”字，按李鼎祚的说法，与“变而通之以尽利”“利见大人”“利有攸往”之“利”是一样的。[1] 也就是说，人的变动是在“利”的驱动之下的一种价值选择，故“变动”是有一定的情感、情绪动力的。在不同的情感、情绪驱动之下产生的变动而带来的吉凶，当然会激发起更大的心理、情绪反应。因此，“吉凶以情迁”的“情”字当为情感义。说这个“情”字是情感义的另一个原因，还在于后面紧接着的

① 李光地：《周易折中》，成都：巴蜀书社，1998 年，第 983 页。

“是故爱恶相攻而吉凶生，远近相取而悔吝生，情伪相感而利害生”。爱恶、悔吝、利害都是情感激荡的产物，而“吉凶以情迁”的命题，实际上是在说，人生的吉凶、祸福都是在价值观念的驱动下情感取向导致的结果。

5. 爱恶相攻而吉凶生，远近相取而悔吝生，情伪相感而利害生。(《系辞传》)

“情伪”一词在先秦典籍中并不多见，其中的“情”字，在很多情况下为情实义：

1）民之情伪，尽知之矣。(《左传・僖公二十八年》)

2）人君泄，则言实之士不进；言实之士不进，则国之情伪不竭于上。(《管子・七法》)

3）慎维深思，内观民务，察度情伪，变官民能，历其才艺，女维敬哉。(《大戴礼记・文王官人》)

4）圣人立象以尽意，设卦以尽情伪。(《系辞传》)

5）内则用六戚四隐，外则用八观六验，人之情伪贪鄙美恶，无所失矣。譬之若逃雨汙，无之而非是。此圣王之所以知人也。(《吕氏春秋・论人》)①

但是，《系辞传》“情伪相感而利害生”中的“情伪”，虽然在表面上与上面的引文一样，是一个复合词的形式，可实际上它们是两个词，情是情，伪是伪，就像爱是爱、恶是恶、远是远、近是近一样，它们之

① 王利器：《吕氏春秋注疏》，成都：巴蜀书社，2002 年，第 354-356 页。

间是对立的，是一个十分松散的组合结构，是“相感”的关系，它们二者并无复合词词素之间的内在张力。因此，这个表面上看起来好像是“情伪”的词，实际上与上面引文中的“情伪”是不一样的。在“爱恶相攻而吉凶生，远近相取而悔吝生，情伪相感而利害生”的语境中，这个“情”与“伪”明显指的是真诚和虚伪，它们与“爱恶相攻”“远近相取”是成龙配套的一组表达。

在郭店简的《性自命出》中，作者将“情”与“伪”相提并论：“凡人伪为可恶也。伪斯吝矣，吝斯虑矣，虑斯莫与之结矣。慎，仁之方也。然而其过不恶。速，谋之方也，有过则咎。人不慎，斯有过，信矣。凡人情为可悦也。苟以其情，虽过不恶。不以其情，虽难不贵。苟有其情，虽未之为，斯人信之矣。未言而信，有美情者也。未教而民恒，性善者也。”（第50–52简）这也是两个完全独立的概念。初步接触文献，这个“情”字似乎是“情感”的意思，但是，结合《性自命出》的整个文本和思想体系，我们发现这个“情”字高于一般的情感、情绪的“情”，指的是一种绝对的圣洁，可能是介于孔子与孟子之间，为孟子和子思子之“诚”的前奏或铺垫。[①]《易传》中这个“情伪相感”的“情”与“伪”就和《性自命出》中的“情”与“伪”很相似，指的是性情、情感和品质、德性上的真诚与虚伪。

6. 凡易之情，近而不相得则凶；或害之，悔且吝。（《系辞传》）

相得则吉、不相得则凶的“情”当然是情感之情。韩康伯云：“近，

① 欧阳祯人：《郭店儒简的宗教诠释》，《中国哲学史》2001年第3期。

况比爻也。《易》之情刚柔相摩，变动相逼者也。近而不相得，必有乖违之患也。或有相违而无患者，得其应也。相须而偕凶，乖于时也，随事以考之，义可见矣。”[①] 韩氏的诠释相当深刻，把阴阳、刚柔、仁义与“时”的摩荡中，“情”的相违、相须而导致的吉凶悔吝说得很有生活的厚重感。近而不相得，故凶。为什么不说“远而不相得”呢？因为只有“近”，情感才会产生真正感应的作用，喜怒哀乐，才会引起应有的反应。阴与阳、刚与柔，都只有在一个能够引起彼此排斥或吸引的范围之内，才会相推、相荡，这与情感的感应形式是完全一样的。

将“凡易之情，近而不相得则凶；或害之，悔且吝”之“情”解释为情感的另一个重要佐证，就是在这个表述的后面，《系辞传》紧接着就写道：“将叛者其辞惭，中心疑者其辞枝。吉人之辞寡，躁人之辞多。诬善之人其辞游，失其守者其辞屈。”金景芳先生针对这几句话说：“这段话与《周易》没有丝毫关系。总的来看，这一章语无伦次，杂乱无章，肯定不是孔子做的。”[②] 金老的这几句话说得过头了一点，笔者认为值得商榷。第一，这段文字也见于马王堆汉墓帛书之《系辞传》，说明这几句话已经由来已久，属于先秦文字的可能性很大。第二，我们说《易传》传承了孔子的思想，但是并不是说就一定是孔子亲笔所作，二者的区别是相当大的；孔子的后学良莠不齐是难免的，即便是写得差一

① 李鼎祚：《周易集解》，北京：九州出版社，2003 年，第 984–985 页。韩氏此论是化解了王弼的注而成，因为更为精当而取之。

② 金景芳：《〈周易·系辞传〉新编详解》，沈阳：辽海出版社，1998 年，第 182–183 页。

点，难道就不是孔子的后学？尤其是，难道就不是传承孔子的学问？第三，这几句话实际上是围绕着“凡易之情，近而不相得则凶；或害之，悔且吝”而发的，其目的一方面是避免“凶、害、悔、吝”，另一方面也是总结相得与不相得之情有哪些表现方式，与“君子进德修业。忠信所以进德也。修辞立其诚，所以居业也”（《乾·文言》）、“天之所助者，顺也；人之所助者，信也。履信思乎顺，又以尚贤也。是以自天佑之，吉无不利也”（《系辞传》）的思想理路基本上是一致的。也就是说，“辞”是人的性情的直接表现，在它的惭、枝、寡、多、游、屈的背后，隐藏着各种各样的情绪与动机，所以，不能不引起我们的注意。

第十二章　从性情思想看《乐记》的理论走向

从思想的主体来讲，《乐记》试图系统地表述孔子“志于道，据于德，依于仁，游于艺”（《论语·述而》）和“立于礼，成于乐”（《论语·泰伯》）的思想，是毋庸置疑的。但是，在传统经典口耳相传、不断释读的过程中，《乐记》经过了七十子裔与汉初儒士的改造，从而裹挟、涵化了原始儒家之外的很多思想资源，在发展和丰富孔子乐教思想的同时，也在很大程度上造成了理论紧张。刘鉴泉先生在其《道家史观说》一文中写道：“所谓儒者，大都不偏刚即偏柔，非中法家之毒，即受道家之风耳。”[①] 这是一个值得我们认真考量的问题。

第一节　礼乐刑政，四达而不悖，则王道备矣

《乐记》的第一大理论紧张是“礼、乐、刑、政”并提。它明显是春秋时期孔子乐教思想的“正”，到战国时期的“反”（指由荀子到韩非），再到汉初的“合”，在思想上进行调和的结果。本来，这种“合”的融汇过程和调整功能是儒家意气风发、富有生命力的表现。但是，孔

① 刘鉴泉：《推十书》（影印本），成都：成都古籍书店，1996 年，第 33 页。

子是不讲“刑”的，他追求的是“无讼”（《论语·颜渊》）的德性境界；他也不在“刑”的基础上讲“政”，他追求的是天人冥合基础上的“为政以德”（《论语·为政》）。在经历了战国时期剧烈的社会大动荡后，人们的性情世界发生了巨大的变化，“有悖逆诈伪之心，有淫泆作乱之事。是故强者胁弱，众者暴寡，知者诈愚，勇者苦怯，疾病不养，老幼孤独不得其所”（《乐记·乐本》），刑与政的结合对社会的管理来讲，是历史的必然趋势，在所难免，因此，《乐记》立足于新的理论基点，熔铸相关的内容以适应新的时代，就成了很自然的事情。也就是说，《乐记》的真正意图，是要站在孔子“志于道，据于德，依于仁，游于艺”“立于礼，成于乐”的立场上，对新时代的“乐教”思想进行一次整合，或者说，是要将孔子的这些思想进行一次新时代的诠释和改造。“礼、乐、刑、政，其极一也”之谓，在于通过礼与乐不离不流的修养，一方面帮助“刑”与“政”达到管理社会的目的，另一方面也可以化解“刑”与“政”所造成的社会矛盾，在思想意识上培养“协和于天地”的中和精神。

“礼、乐、刑、政，其极一也”的理论基础是《乐记》形上与形下两个层面组成的人性论。可是，在笔者看来，“人生而静，天之性也”与“夫民有血气心知之性，而无哀乐喜怒之常”的划分方法实际上有违原始儒家至奇至常，在寻常之中见超越，在凡庸之中见天道，下学上达，上下一贯的思维路向，有违孔子“性相近”（《论语·阳货》）和孟子“性善论”以天命观为背景的整体理论构想。孔子“性相近”的意思是，人性都有上承天命而先天性存有的善质，是天赋予人的人之所以为人者。孟子的“性善论”发扬了孔子的天命思想，以仁义礼智为四端之性。所以，在孔子、孟子的话语系统中，“血气心知”均属于“情气”的范围，是人的后天教养所形成的差别，这就是孔子的“习相远”（《论语·阳货》）。知者，心之功能；心者，“形之君”，“道之工宰”（《荀子·正名》），是人认识、分析、把握万事万物及其规律的“知之体”，因此，它是后天之“智”，而不是先天之“性”。孟子以仁义礼智说人的天命之性，意在承孔子之志。它说明“在中国文化史上，由孔子而确实发现了普遍地人间，亦即打破了一切人与人的不合理的封域，而承认只要是人便是同类的、便是平等的理念”[①]。而“血气心知之性”之说，却有将孔子孟子的人性论经验化的趋向，它的归结点是荀子的“性恶论”，至少是性善、性恶同时并存。这当然违反了孔子、孟子的天命思想，从而破坏了原始儒家天人一贯、物我一体的宇宙观、人生观所显发出来的和谐性。

所以，《乐记》把现实生活中显发为喜怒哀乐的人性都描述得十分丑恶，不离则流，不奸则诈，为什么呢？因为“夫物之感人无穷，而人之好恶无节，则是物至而人化物也。人化物也者，灭天理而穷人欲者也”（《乐本》），如此，则极口腹耳目之欲，最终会导致天下大乱。于是，礼乐就成了维护社会稳定、防止丧德败性的重要手段：“心中斯须不和不乐，而鄙诈之心入之矣；外貌斯须不庄不敬，而易慢之心入之矣”

① 徐复观：《中国人性论史》，台北：台湾商务印书馆，1969 年，第 64 页。

(《乐化》)，礼乐刑政成为一个钳制社会、宰制人心的统治之网："礼以道其志，乐以和其声，政以一其行，刑以防其奸"(《乐本》)。在很大程度上来讲，法家的影子已经若隐若现，阳儒阴法的思维定式已经在事实上形成了。子曰："道之以政，齐之以刑，民免而无耻；道之以德，齐之以礼，有耻且格。"(《论语・为政》)孔子的意思是，"礼""乐"属于"德"的范畴，与《乐记》中的"政""刑"实际上是不能并存的两个概念。但是,《乐记》的作者（们）却将它们在新的历史背景与时代环境中硬性地拼凑到了一起。表面上是发展了孔子，实际上也是修改，甚至葬送了孔子。

与《周礼・天官冢宰》之《舞师》、《春官宗伯》之《大司乐》《乐师》《大胥》《小胥》等与"乐"有关的篇章始终关注天神、地示、人鬼的祭祀活动，"乐以致其神"相比较,《乐记》更加关注人的性情，更加关注与人的性情有深刻联系的社会管理。前者充满原始儒家礼乐的宗教、祭祀气息，而后者在很大程度上加强了礼乐刑政的宰制力量。刘师培云："三代以前之乐舞，无一不原于祀法。"[①]"祀法"之谓，实际上就是巫术、图腾式的祭祀活动，之所以称为"法"，是因为在长期的祭祀活动中形成了一种习惯性的程式和制度。三代以前的乐舞，都是"鸟兽跄跄""凤凰来仪"(《尚书・益稷》)，"百兽率舞"(《尚书・尧典》)，模仿性、再现性很强，宗教的迷狂较为浓烈，而人的主体性又相当渺小、微弱，它

① 《刘申叔先生遗书》第五十三册。现收入李妙根编:《刘师培论学论证》，上海：复旦大学出版社，1990年。

是一种祈神、降神的活动。但是，郭沫若先生亦云："大概礼之起起于祀神，故其字后来从示，其后扩展而为对人，更其后扩展而为吉、凶、军、宾、嘉的各种仪制。这都是时代进展的成果。愈望后走，礼制便愈见浩繁，这是人文进化的必然趋势，不是一个人的力量可以把它呼唤得起来，也不是一个人的力量把它叱咤得回去。"① 在孔子那里，关于礼乐的界定是以中和之美为其本质的。但是，在孟子那里，"礼"的各种仪制受到了挑战。此后，荀子矫枉过正，把"礼"强调到了至高无上、无以复加的地步："礼者，人道之极也。"（《荀子·礼论》）置身于大一统的呼声逐渐高涨的战国晚期，荀子无法脱离他的时代，因此他的诠释在很大程度上就不得不脱离孔子"和为贵"的古训，使他的"礼"成为一种强制性的垂直统治手段，也是时势使然。但是，从荀子到韩非、李斯的理论递延和社会的管理实践，毕竟是一个可怕的路向。所以，虽然《乐记》始终提倡"清明象天，广大象地，终始象四时，周还象风雨"的中和之美、天地之德，但是，由于它的理论体系是建立在"夫民有血气心知之性，而无哀乐喜怒之常"的现实基础之上的，因此，它裹挟了战国时代以来思想潮流的印迹，法家宰制人心的倾向在《乐记》中得到了基于人性论理论体系的支持，《周礼》中"乐以致其神"的高远、神秘、虚无和原始的激情实际上已经在现实的人性层面丧失了。如果说《乐记》果真成书于汉代初年，那么，《乐记》的这种理论向度正好与汉代初年的政治理论界批判秦始皇而又吸收秦始皇的状态是一致的。

---

① 郭沫若：《十批判书》，北京：东方出版社，1996 年，第 96 页。

另外，孔子的哲学是“下学上达”，“成人成己”，因此，“立于礼，成于乐”就是“成于天”。但是，究竟什么是“天”？天从何而来，向何而去？寻根问底，在《乐记》的文本中，实际上是问不出个所以然来的。在儒家看来，夺天地之造化、养万物之灵气、会五行之精神的人只要以天地为大父母，以父母为小天地，心怀孝道，“仁民而爱物”，认真践履，顺其自然，就可以达到天人合一的境界。但是，子墨子“问于儒者曰：‘何故为乐？’曰：‘乐以为乐也。’子墨子曰：‘子未我应也。今我问曰：何故为室？曰：冬避寒焉，夏避暑焉，室以为男女之别也。则子告我为室之故矣。今我问曰：何故为乐？曰：乐以为乐也。是犹曰：何故为室，曰：室以为室也。’”（《墨子·公孟》）原始墨家与儒家是有师承关系的。《淮南子·要略》云：“墨者学儒者之业，受孔子之术，以为其礼烦扰而不说，厚葬靡财而贫民，服伤生而害事，故背周道而用夏政。”可见，儒、墨两家本来有一个由师承到分崩离析的过程。子墨子的问题在于没有认识到人之所以为人的形而上学的价值层面，因而认为儒家的乐是没有什么社会功用的。这当然是指以孔子为核心的原始儒家。但是，我们在《乐记》中看到，“乐”的社会功用明显加强，它不仅可以“教民平好恶而反人道之正”，而且可以官天地，治人伦，移风易俗，“礼乐刑政，四达而不悖，则王道备矣”（《乐本》）。因此，《乐记》明显从反面吸纳了墨家“可用”即“善”（《墨子·兼爱下》）的思想，乐的社会作用已经明显提高。从《墨子》的文本来看，一开始，墨家与儒家还有一些共同的话语，越到后来分歧越大，对儒家的批评完全没有接受；但是，儒家在猛烈批判墨家思想的同时，却又正在接受、涵化对方的批评。《乐记》就是一个明证。这是不是在中国学术史上墨家之所以衰竭、儒家之所以兴旺的原因所在呢？不过，坚持“无讼”“德政”的孔子果真希望在礼乐刑政交相钳制的社会背景下发挥“乐”的现实功用吗？老子云：“祸，福之所倚；福，祸之所伏，孰知其极？”（帛书《老子》第五十八章）这实在是一件两难的事情。原始儒家为后代学者所误读、篡改，并且最终为统治者所利用，其理论教训无论如何是值得我们高度注意的。

第二节　大乐与天地同和，大礼与天地同节

《乐记》立论的思想背景显然与《易传》和《中庸》有关，这是众所周知的。萧萐父先生云：“儒家产生以前，中国文化已历史地形成若干文化区，各自创建又互相汇合，已蓬勃发展数千年。儒家产生以后，虽曾列为‘显学’，实与并世诸家（如阴阳、墨、法、名、道等）并行，且互为采获。”[①] 萧先生又云：“《易》、《庸》之学的理论内容多采自《老》、《庄》。”[②] 笔者深究《易》《庸》，认为萧先生的判断是正确的。不过，叙述起来并不是一个轻松的话题。由于孔子是一位“君子不器”式的人物，他并不认为自己已经独立门户，为儒家开山之祖。而且，老子也未必就自诩为“道家”。所以孔子与老子在文化资源上是共享的，关

① 萧萐父：《吹沙集》，成都：巴蜀书社，1991 年，第 131–132 页。
② 萧萐父：《吹沙二集》，成都：巴蜀书社，1999 年，第 95 页。

注的社会问题也是共同的。孔子不言“性与天道”，并不等于孔子不研究性与天道。长沙马王堆的帛书《易传》已经证明了孔子曾在晚年长期研究《易经》，并且形成了传世本《易传》的思想主体。

冯友兰先生在其《中国哲学简史》中谓，《易传》的理论体系构成了儒家与道家完全不同的形上学、宇宙论的基础。[①] 但是，笔者深以为，问题似乎并不那么简单。从形上学的角度上来讲，《乐记》的根本精神在于指出了“人生而静，天之性也”，君臣、父子、夫妇都是“天高地下，万物散殊”，“流而不息，和同而化”，自然而然形成的结果。如果人们违寒暑之时，风雨之节，“感条畅之气而灭平和之德”（《乐言》），则伤世无功、狱讼益繁而天下大乱。因此，《乐记》始终坚持孔子“礼，与其奢也，宁俭；丧，与其易也，宁戚”（《论语·八佾》）的道路：“乐至则无怨，礼至则不争。”（《乐论》）与《易传》“易简而天下之理得”的思想完全一致，追求的是“道”的整合与圆融。

这个“道”当然是被改造过的儒家的“道”，是一种生生不息的“乾元”之“德”：“地气上齐，天气下降，阴阳相摩，天地相荡，鼓之以雷霆，奋之以风雨，动之以四时，暖之以日月，而百化兴焉。”（《乐礼》）从《乐记》的整个文本来看，它试图强调人是宇宙的一部分，与宇宙相续相连，不仅礼乐与天地是一个整体，人与天地也是一个整体，因此，人与宇宙合同化一，无阻碍，无怗懘，一切都是自然而然的显发。《乐记·师乙》“上如抗，下如队，曲如折，止如槁木，倨中矩，句

① 冯友兰：《中国哲学简史》，北京：北京大学出版社，1996 年，第 147 页。

中钩，累累乎端如贯珠。故歌之为言也，长言之也。说之，故言之；言之不足，故长言之；长言之不足，故嗟叹之；嗟叹之不足，故不知手之舞之，足之蹈之也”就是“大乐与天地同和”的至高境界，其中充满了生生不息、大化流行的天道之美，终其极，仍然是回归自然而然的“天之性”，也就是儒家人道与天道的统一。

但是，不论是孔子的“性相近”，还是孟子的“性善论”，应该说，都没有先天之“静”的向度。很明显，这个“静”来自《老子》“致虚极、守静笃。万物并作，吾以观复”（第十六章）、“不欲以静，天下将自定”（第三十七章）的“静”。我们似乎也可以把《乐记》中的这个“静”理解为依托于《易传》的“静”，也就是“万物资始，乃统天”“刚健中正，纯粹精也”的“乾元”之“静”。从《乐记》的整个文本来看，它的路径是由礼乐而鬼神，由鬼神而天地，由天地而道，最后不得不归于“无”。因为它在美学上依托于“天之性”的“静”是由“朱弦而疏越”“尚玄酒而俎腥鱼”“大乐必易，大礼必简”的途径达到的，所以这个“静”就依然与《老子》“无名之朴”的“静笃”十分接近。

不过，话要说回来，上引《老子》第十六章中的“静”是以静制动，静为躁君，是为了更大的“动”，而且“万物并作，吾以观复”与《易传》的精神是没有两样的。换言之，《乐记》在思想的主体上，始终没有摆脱道家的阴影。它要通过易、简之德的修养，反古复始，“大乐与天地同和，大礼与天地同节”，协和于天地之性。换一个角度，我们也可以说它是《老子》的返璞归真。先秦儒家的初衷可能还是想涵化道家的思想资源，拿来为我所用，但是，从《乐记》的理论实践来看，道家思想以一种文本结构的形式，以一种思维的方式左右了《乐记》解决问题的出路，特别是其中的形上境界和理论归宿，最终只能是道家的虚无之静，而不是儒家的差等之爱。道家的虚无之静是从形而上的层面上说，儒家的差等之爱是从现实的修为上说，它们本来是不存在矛盾的。抑或，中国学术最理想的状态本来就是儒家与道家的整合，而不是各执一端，所以，《老子》中的“静”实际上也有它生机盎然的话语背景，并不是僵死的“静”。《老子》第十六章中的“静”是落脚到“复”字之上的。在这里，“静”虽然是“虚”，是“笃”，但是，它依托于“道”，具有大、逝、远、返的路向，它可以生养万物，因而“万物并作”。它有两个最重要的特点：一是“复”；二是“和”。深究《乐记》文本，我们实在不能说《乐记》之“静”中没有这两种根本性的精神。不过，《乐记》与《老子》有根本的不同。《老子》追求的是“无为”：“道常无为，而无不为。侯王若能守之，万物将自化。化而欲作，吾将镇之以无名之朴。无名之朴，夫亦将无欲。不欲以静，天下将自定。”（第三十七章）完全否定人后天的现实修为。而《乐记》则强调通过长期的礼乐锤炼，由生疏到熟练，由乖戾到和谐，超越礼与乐之“不离不流”的数度，反复修炼，“如切如磋，如琢如磨”（《礼记·中庸》），最后抵达“累累乎端如贯珠”的自由境界。不过，无论如何，这仍然是一个深究不得的问题。因为，“累累乎端如贯珠”之后怎么样？其必曰“大乐与天地同和，大礼与天地同节”。而天地之性是“静”，礼乐之“情”是“易”

与“简”。“易”要易到什么程度？“简”要简到什么地步？它与《老子》的“大音稀声”之“朴”到底有多大的距离？深究到底，答案就只能有一个，那就是先秦原始儒家与原始道家，不仅在资源上共享，而且在理论的归宿上也是一致的。既然如此，儒家哲学在一定程度上就成了道家哲学的一个注脚。

以这样的逻辑推之，道家哲学是“天下万物生于有，有生于无”（《老子》第四十章）的“无”，儒家哲学是“有生于无”的“有”，儒家哲学完全比道家哲学低了一个层次。但是，刘止唐先生在其《子问》一书中引苏东坡云：“人皆入世，出世者谁？人皆出世，世谁为之？”[①] 在人类的哲学世界里，我们不可能没有“有”的、积极入世的哲学。《乐记》讲“事与时并，名与功偕”（《乐论》），就是隐含了《易传》“与时偕行”的深刻道理。如果把老子的哲学推到极致，就是不出户，不窥牖，“损之又损，以至于无”（《老子》第四十八章），进而再发展到《庄子》形如槁木，心如死灰，“堕肢体，黜聪明，离形去知”，等是非、齐生死。从形而上的角度来讲，这未必没有道理，而且有的时候还很深刻；但是，如果我们的现实世界真成了庄子所描述的这个样子，那么，人类的一切物质与精神的文明就没有存在的必要了。因此，儒家吸收、涵化，尤其是改造道家的哲学就是完全有必要的事情了，是对中国文化的一个重大的发展。

丹麦哲学家克尔凯郭尔（Soren Aabye Kierkegaard，1813—1855）

---

① 刘止唐：《子问》，成都：成都乐善堂藏，光绪丙戌重刊，第 15 页。

在《人生道路的各种阶段》中把人的生命过程划分为三个不断递进的境界，即审美境界、道德境界和宗教境界。审美境界指感性境界，以感性需求为中心；道德境界指理性境界，承担义务与责任；宗教境界是忘我与献身。从《乐记》“乐者，音之所由生也，其本在人心之感于物也”的初级阶段来讲，它是一种感性的情感激发，“感于物而动，故形于声。声相应，故生变；变成方，谓之音。比音而乐之，及干戚、羽旄，谓之乐”(《乐本》)，这是审美的阶段。《乐记》之“乐者为同，礼者为异。同则相亲，异则相敬。乐胜则流，礼胜则离。合情饰貌者，礼乐之事也”，礼与乐彼此牵制，不离不流，使审美主体相亲相敬的状态，就是道德的阶段。其“清明象天，广大象地，终始象四时，周还象风雨，五色成文而不乱，八风从律而不奸，百度得数而有常，小大相成，终始相生，倡和清浊，迭相为经”(《乐象》)则描述的是富有神秘性的天人合一的境界，它实际上是人的一种特殊感受，带有强烈的宗教性，就是“忘我与献身”。根据上述萧萐父先生的说法，我们可以知道，如果没有吸纳道家的思想方法，儒家不可能达到这三个境界的圆满。

他山之石，可以攻玉，这本来是无可厚非的，问题在于，《乐记》是否真正妥善地处理了“有”与“无”的关系？“有”要“有”到什么程度？是不是一定要“有”到“礼乐刑政，四达而不悖”，以至于成为专制主义的帮凶，被人所利用？“无”要“无”到什么地步？是不是一定要“无”到“朱弦而疏越”，“尚玄酒而俎腥鱼”，并且达到“无怨”“无争”“暴民不作，诸侯宾服，兵革不试，五刑不用，百姓无患，天子不怒”的境界，最后干脆就是“大音稀声”之“朴”？这确实是一个值得我们深思的问题。

总之，《乐记》作为一部较为全面地反映了孔子乐教思想的经典著作，具有别的经典无法替代的重要地位。但是，由于它流传于周秦之际，成书于汉代初年，各种复杂的思想掺杂其间，在很大程度上影响了思想的精纯。因此，立足于经典的实际，从学派的源流、文本的学理上探讨其思想上的差异，就是一件必要的事情了。

第十三章 《太一生水》与儒家性情论

《太一生水》不仅构建起了“太一→水→天地→神明→阴阳→四季→寒热湿燥→岁”的宇宙模式，把这个模式设计为一个周而复始的动态过程，而且，这个过程中的每个环节本身，是既相对独立，又相对开放的体系，它们彼此依持、激发的态势具有明显的有机性。《太一生水》是道家思想史上很重要的一篇文字，因为《庄子》等其他道家要籍都很明显地受了它的深刻影响。笔者想要特别指出的是，既然郭店简都出自一个坟墓，许多篇章是不是可以相互发明、相互诠释呢？《太一生水》的宇宙生成论，与儒家的性情论是不是也具有某种联系呢？本章试图借助先秦儒家的传世文献和郭店简的文本本身，对这种可能的联系进行一些探讨，以就教于同仁专家。

第一节 太一生水，水反辅太一，是以成天

在深入思考之后，笔者以为，《太一生水》的文眼在“神明”两个字上。对“神明”两个字的理解，也许是我们参透整个郭店儒家竹简文献的肯綮。为什么这么说呢？我们还是先来看一看文本：

> 太一生水，水反辅太一，是以成天。天反辅太一，是以成地。天地［复相辅］也，是以成神明。神明复相辅也，是以成阴阳。阴阳复相辅也，是以成四时。四时复相辅也，是以成寒热。寒热复相辅也，是以成湿燥。湿燥复相辅也，成岁而止。故岁者，湿燥之所生也。湿燥者，寒热之所生也。寒热者［四时之所生也］。四时者，阴阳之所生［也］。阴阳者，神明之所生也。神明者，天地之所生也。天地者，太一之所生也。是故太一藏于水，行于时。（《太一生水》第1–6简）

“太一”生水，是万事万物的最终源头。天地生于“太一”；天地摩荡，生发出“神明”。我们的问题是，天地为什么能够摩荡，何以又能够生出“神明”呢?《庄子·知北游》中的一段话对我们的理解是有启发的：“天地有大美而不言，四时有明法而不议，万物有成理而不说。圣人者，原天地之美而达万物之理。是故至人无为，大圣不作，观于天地之谓也。今彼神明至精，与彼百化。物已死生方圆，莫知其根也。扁然而万物，自古以固存。六合为巨，未离其内；秋豪为小，待之成体；天下莫不沈浮，终身不故；阴阳四时运行，各得其序；惛然若亡而存；油然不形而神；万物畜而不知：此之谓本根，可以观于天矣！”庄子说过“至精无形”，所以这里的“神明”是一种看不见、摸不着的精神；它是天与地、阴与阳，以及与“百”物相摩相荡而“化”出的一种神灵之境，是一种天地、阴阳、乾坤、上下、内外的感通。“六合为巨，未离其内；

秋豪为小，待之成体"，无影无形，却又无所不在。

神明的出现是天地摩荡、阴阳感通的结果，是生命缘起、灵气交会的象征。《太一生水》文章不长，但生发的"生"字却一口气用了八次，对宇宙生成的过程进行了认真的探讨（《易传·系辞传》有"天地之大德曰生"），并且提出了"上，气也，而谓之天"的重要判断，把"天"、"天道"与"气"直接联系起来了。在汉字中，气是一个象形字，轻微如云翳，流动如野马，层层叠叠，变化万千。在中国哲学史上第一次从"气"的角度，把天道与人的性情联系起来的似乎应该是《左传》，这就是著名的"天生六气"说：

> 六气曰阴、阳、风、雨、晦、明也。分为四时，序为五节。过则为灾，阴淫寒疾，阳淫热疾，风淫末疾，雨淫腹疾，晦淫惑疾，明淫心疾。（《昭公元年》）
>
> 民有好恶喜怒哀乐，生于六气。是故审则宜类，以制六志。哀有哭泣，乐有歌舞，喜有施舍，怒有战斗。喜生于好，怒生于恶。是故审行信令，祸福赏罚，以制死生。生，好物也；死，恶物也。好物，乐也；恶物，哀也。哀乐不失，乃能协于天地之性，是以长久。（《昭公二十五年》）

在这里，不仅人的喜怒哀乐的情感直接来源于"六气"，而且人的生老病死也是"六气"鼓荡变化的结果。因此，只有与天道、"六气"相"配"合，与天地之性合而为一，人的生命才能长久，人的性情才能得到伸张，人的心志才能最终达到理想的境界。

自然的、天道的“六气”之所以能化解为人的情感，关键是由于阴阳变化、天道流行引发的天与人的感通。这种感通，用《太一生水》的话来讲，就是“神明”。在先秦时期的典籍中，“神明”一词主要只有三个意思，一是神灵、神祇；二是人的精神；三是不可知的高深莫测、宇宙玄机。在先秦儒、道两家的哲学体系中，如果仅仅从自然哲学的角度出发来界定这个词的定义，那么主要是第三个意思。《太一生水》也正是在这一点上取“神明”之意的。为什么这么说呢？我们还是来翻一翻目前儒、道两家学者聚讼不已、都视为已有的先秦著作《易传》上面的相关记载吧：

> 是以明于天之道，而察于民之故，是兴神物，以前民用。圣人以此斋戒，以神明其德夫。……日往则月来，月往则日来，日月相推而明生焉。寒往则暑来，暑往则寒来，寒暑相推而岁成焉。往者屈也，来者信也，屈信相感而利生焉。乾，阳物也，坤，阴物也。阴阳合德而刚柔有体，以体天地之撰，以通神明之德。

在《易传》中，始终贯穿其中的是一种天地相摩相荡、阴阳相推相成、刚柔相辅相成的思维定式，而这种相摩相荡、相推相成、相辅相成只是一种下学上达的手段，天人冥合的途径，它的真正目的在人，不在自然。准确地说，在于人与自然的“通”“会”“变”“化”，一句话，就是“以通神明之德”。把《太一生水》与《易传》的整个文本一比较，我们会惊异地发现，二者之间在思想上的深刻联系如出一辙，不仅天人、阴阳、刚柔摩荡的思维方式完全一样，而且有些词汇出现的顺序、频率，甚至氛围、语境，都有相通之处。

据司马迁的《史记·孔子世家》，孔子曾问学于老子；在《论语》中，也多次反映出孔子具有道家思想，或者说深受道家思想的影响。这是众所周知的事实。窃以为，《易传》中凡是有“子曰”的地方，也许都可以肯定是孔子的思想。中国科学院的李学勤先生甚至还说：“孔子晚年对《周易》十分爱好，而且自己撰成了《易传》(至少其中一部分)。”[1] 孔子是否创作或参与了《易传》的写作，笔者暂时搁置不论，我们还是先来看一看孔子本身的哲学体系中有关“性与天道”的思想。

孔子思想的总框架是“与命与仁”，由此生发开来，最高深的学问就是“性与天道”了。徐复观先生说：性与天道“是孔子在自己生命根源之地——性，证验到性即是仁；而仁之先天性、无限的超越性，即是天道；因而使他感到性与天道，是上下贯通的。性与天道上下贯通，这是天进入于他的生命之中，从他生命之中，给他的生命以道德的要求、规定，这便使他对于天，发生一种使命感、责任感、敬畏感”[2]。但是，不论从天灌注而下，还是人在现实中的下学上达，都要有一种至真至纯的修炼功夫，来体认天道、回归天道、“与天地参”。

“天地”以“神明”为精神，生发出阴阳、四时、寒热、湿燥，以

① 李学勤：《失落的文明》，上海：上海文艺出版社，1997年，第279页。
② 徐复观：《中国人性论史》，台北：台湾商务印书馆，1969年，第99页。

及世界上的一切。《礼记》的《郊特牲》有“交于神明之义也”“交于神明者”,《乐记》有“穷本知变，乐之情也；著诚去伪，礼之经也。礼乐偩天地之情，达神明之德，降兴上下之神”,《杂记》有“交神明之道”,《祭义》有“以其恍惚以与神明交”,《祭统》有“交于神明”“配天地之神明”，等等，这些文献中，“交”“达”“配”三个概念的反复运用，生动地说明了在先秦儒家的思想体系中，在天地、天道、天命与人的精神、性情之间，“神明”是人经过不断的努力，“以体天地之撰，以通神明之德”的结果。“神明之德”就是会通，就是变化，就是天地玄黄、阴阳大化、风雨薄施、天道流行的结果。这是孔子性与天道思想的扩展。

另外，孔子把性与天道联系在一起来思考问题，人的性就只能是善的了。为什么这么说呢？孔子是崇尚天、天道的。他说：“巍巍乎！唯天为大。”(《论语·泰伯》) 滋润大地、生长万物的天，是生命的源头，也是人的性命的皈依，因此，十全十美的“天”贯注而下而成为人的“性”，当然就是人性的范本。《性自命出》的“四海之内，其性一也”(第9简)，说的就是天道之性，就是善性，因为它只有一个来源，那就是天命、天道。当身心修炼导致人的内在人格最后与天道融为一体的时候，就与天地感通，达到了“神明之德”。这应该是从孔子、曾子到子思子、孟子的一贯性理路。

第二节　神明复相辅也，是以成阴阳

《性自命出》不仅构建起了一套由天命贯注而下的“性情”体系，更为重要的是，它把人的生命直接界定为“性情”与外物的摩荡，把“性”定义为“喜怒哀悲之气”(第2简)，是一个“好恶，性也”(第4简)的动态过程。在《性自命出》中，“性”是生命的本质，是人之所以为人的内在资源。但是，由于它依托于天命，生发于心志，假借于“情感”而意气风发、摇曳多姿，因而使人的“性”“情”个性化、感性化、情感化（先秦时期，“情”字的内涵和外延往往比现代汉语中的“情”字宽泛），凸显了个体存有的理据：“凡声，其出于情也信。”（第23简）“凡人伪为可恶也。”(第48简)“凡人情为可悦也。苟以其情，虽过不恶；不以其情，虽难不贵。苟有其情，虽未之为，斯人信之矣。”（第50-51简）把真性挚情提升为衡量一切是非善恶的标准。值得注意的是，在这里，《性自命出》把“性”与“气”联系了起来，人生内在的资质与外界的好恶摩荡，就像“气”的吞吐、伸缩、变化、飞动一样，因物而动，因情而发，因志而归。所以，人的“性”就成了一种可以修炼、提升、掌握的东西。

这种动态的真挚性情在整个儒家哲学体系中最终的来源实际上是“天道”的精神，《性自命出》的性情论只不过贯彻了《礼记·礼器》中“天道至教”的一贯性思想而已。这种思想的一贯性，从《周易》《易传》《礼记》一直到郭店简，草蛇灰线，千里伏脉，是有迹可循的。《周易》载："夫大人者，与天地合其德，与日月合其明，与四时合其序，与鬼神合其吉凶，先天而天弗违，后天而奉天时。天且弗违，而况于人乎？况于鬼神乎？"《易传》载："是故刚柔相摩，八卦相荡。鼓之以雷霆，润之以风雨，日月运行，一寒一暑。乾道成男，坤道成女。乾知大始，坤作成物。"《礼记·礼运》亦云："故人者，其天地之德，阴阳之交，鬼神之会，五行之秀气也……天地之心也。"人既是宇宙精神的结果，也是宇宙精神的体现。性情的摇荡，更是天地阴阳感动于人的心志而生发的结果。人生的一切，在先秦儒家看来，实际上只是"天道""天命"在世界上的投射，人的生命由天命灌注而成，人在社会伦理中的各种关系，在郭店简中被称为"天常"，就是天经地义的"天道"复本。

因此，长期以来，在先秦儒家的笔下，人的性情从来都是与宇宙的阴阳大化、天道流行交织在一起的。在笔者看来，这是先秦儒家受到并吸取了道家《太一生水》以及相关文献的启发而把自然哲学的成果引进了人文学科的领域。

> 夫礼，必本于太一，分而为天地，转而为阴阳，变而为四时，列而为鬼神。……故圣人作，则必以天地为本，以阴阳为端，以四时为柄，以日星为纪，月以为量。(《礼记·礼运》)
>
> 是故《易》有太极，是生两仪，两仪生四象，四象生八卦，八卦定吉凶，吉凶生大业。是故法象莫大乎天地，变通莫大乎四时，县象著明莫大乎日月。(《易传》)

> 凡礼，始乎棁，成乎文，终乎悦校。故至备，情文俱尽；其次，情文代胜；其下，复情以归大一也。天地以合，日月以明；四时以序，星辰以行；江河以流，万物以昌；好恶以节，喜怒以当；以为下则顺，以为上则明；万物变而不乱，贰之则丧也。（《荀子·礼论》）

在《礼记·礼运》中，“太一”很显然是一个高于阴阳的终极性的本体论概念，是宇宙的终极起源。由太一而天地，而阴阳，而四时，而日月，而寒热湿燥，其思维的理路与《太一生水》是完全一致的。《荀子·礼论》不仅在思路上与《太一生水》完全一致，而且把“礼”、“情”、“文”与天地、日月、四时、星辰相提并论，而复归于太一。特别是《荀子·天论》中的一段话，应该引起我们高度的注意：“列星随旋，日月递炤，四时代御，阴阳大化，风雨博施，万物各得其和以生，各得其养以成，不见其事而见其功，夫是之谓神；皆知其所以成，莫知其无形，夫是之谓天。唯圣人为不求知天。”这段话从精神的深处继承和发展了郭店简《太一生水》的神韵，虽然没有明确地论述人的性情是何以生成的，但是，这段话包含了人的性情，它以中国哲学特有的表述方式说明了人的生命特别是性情与大自然相互摩荡的状态。与《太一生水》“天地复相辅也，是以成神明”，“神明”既出，则万物生发的理路如出一辙。先秦儒家的这种思维理路，奠定了儒家思想的基础，从自然哲学的角度说明了人的性情生发的天道根据。儒家哲学始于兹、终于兹的思想是值得我们认真反思的。①

以上各段文献，或以为时代太晚，并不足以说明什么问题。但是我们从上面的文献中已经分明看到，至少在战国时期，儒家思想已经全面融会了“太一”的思想，或者至少说明，儒家思想与《太一生水》的联系，已经从郭店简开始了。

在《性自命出》中，性情、心志都是在与外界的取予、摩荡之中生发出来的：“喜怒爱悲之气，性也。及其见于外，则物取之也。”“好恶，性也。所好所恶，物也。善，不善，性也；所善所不善，势也。凡性为主，物取之也。金石之有声，弗扣不鸣；人之虽有性，心弗取不出。凡心有志也，无与不可。性不可独行，犹口之不可独言也。”（第2–7简）这里有两点是值得我们注意的：第一，性情、心志不是僵死、固定的不变之物，而是“见于外，则物取之”的动态之“气”；第二，性情、心志，没有外在事物的诱发，就不可能摇曳多姿地释放出来。

这种因外感而动的性情论，在先秦时期的儒学中实际上并非肇始于《性自命出》。像孔子基于“迅雷风烈必变”(《论语·乡党》)的判断，提出疾雷大风一定会改变人的性情、神色一样，《周易·震卦》就明确地说，巨大的雷声滚滚而来（“雷索索”），就会使人产生战战兢兢的惊恐情感，“震惊百里，惊远而惧迩也”。（这是一种特殊的宗教情感，但

① 儒家哲学以性情为出发点，又以性情为归宿的理论走向是由儒家人文主义的内涵决定了的必然走向。一方面它提倡亲亲，另一方面它又提倡慎终追远。这都是儒家思想的宗教情怀。在《性自命出》中干脆提出了“反善复始”的命题，以实现本始的原初实在。

笔者以为，儒家的宗教情感是以自然情感为基础的。）因此，“君子以恐惧修省”。可见，《周易》的作者已经深谙感动于大自然的雨雪风霜、惊雷闪电，可以产生各种主体性情变化的道理，并且提出了以一种“恐惧”的心态来自我“修省”以及“恐致福也”的心性论主张。

董仲舒在《春秋繁露·为人者天》中借助先秦儒家的思想，把性情论发挥得更为彻底：“人之形体，化天数而成；人之血气，化天志而仁；人之德行，化天理而义。人之好恶，化天之暖清；人之喜怒，化天之寒暑；人之受命，化天之四时。人生有喜怒哀乐之答，春秋冬夏之类也。喜，春之达也；怒，秋之达也；乐，夏之达也；哀，冬之达也。天之副在乎人。人之情性有由天者矣。”董仲舒的性情论是秦汉时期儒家哲学中比较彻底、全面、深刻的一家，他的论述应该说是对先秦儒家性情论的总结，他根源于《周易》，融会了孟子与荀子的思想精华，与郭店简《太一生水》导引出的性情论具有逻辑联系。人的性情来源于天，而又复归于天，天与人最终融为一体，天人合一，天人冥合，是中国哲学最根本的理论形态和特点。走笔至此，我们就不得不提及《孟子·公孙丑上》关于心志气化的论述了：

曰：“敢问夫子之不动心，与告子之不动心，可得闻与？”

“告子曰：‘不得于言，勿求于心；不得于心，勿求于气。’不得于心，勿求于气，可；不得于言，勿求于心，不可。夫志，气之帅也；气，体之充也。夫志至焉，气次焉。故曰：‘持其志，无暴其气。’”

“既曰‘志至焉，气次焉’，又曰‘持其志，无暴其气’者，何也？”

曰：“志壹则动气，气壹则动志也。今夫蹶者趋者，是气也，而反动其心。”

“敢问夫子恶乎长？”

曰：“我知言，我善养吾浩然之气。”

“敢问何谓浩然之气？”

曰：“难言也。其为气也，至大至刚，以直养而无害，则塞于天地之间。其为气也，配义与道；无是，馁也。是集义所生者，非义袭而取之也。”

《管子·内业》说“精存自生，其外安荣。内藏以为泉原，浩然和平，以为气渊”。《楚辞·远游》中又有“餐六气而饮沆瀣兮，漱正阳而含朝霞。保神明之清澄兮，精气入而粗秽除”。这似乎就是孟子的“日夜之所息”的“平旦之气”，就是稷下黄老学派的“气”，也就是《太一生水》“上，气也，而谓之天”的“气”，是客观存在的。由孟子的思想体系来看，他的“浩然之气”有一个由“平旦之气”到“浩然之气”提升、修养的过程。孟子所追求的是一种至大至刚、塞于天地之间的精神境界，但是，这种“气”的形成，显然有生物性、自然性的基础，是天地“六气”与人的性情摩荡的结果。然而，孟子的“浩然之气”的理论中最为关键的是“明道”与“集义”，是仁、义、礼、智、信、圣的融入，并最终成为“浩然之气”的主体。这当然是孟子的哲学提升。

孟子的“配义与道”的命题还点明了生发于心志、充满于身心的“气”，一方面是个人不断努力、长期积累、修习而成的，其核心是一个“养”字，因此，“非义袭而取之也”。另一方面，它也告诉我们，这种积累、修养，最终要感动天地、神明。“至大至刚”，“塞于天地之间”，本来就是与“天”融为一体的。存神过化，上下与天地同流。“志壹则动气，气壹则动志”，至诚无欺，感动“神明”，就可以气化流行，上达于天，“气化而成天”，与天地精神相冥合，彻底完成由《太一生水》等道家的“气”到孟子“浩然之气”的飞跃。孟子的“养气”论，在先秦儒家学说的发展中有它逻辑性的发展路径，而正是这种理论发展的路径，透露了《太一生水》与郭店简其他儒家篇章的关系。

先秦儒家哲学最高深而又最凡俗的学问，就是“惇于反己”的“为己之学”（这是郭店简中最为突出的特点之一，至少有《五行》《穷达以时》《唐虞之道》《成之闻之》《性自命出》《尊德义》等都正面地论述了这种学问），它的至高境界就是要培养出一种“至大至刚”的“气”，用帛书《五行》的话来说，就是要通过“独”“一”“集大成”达到“舍体”而超生。这里的“舍体”就是上达于天地精神的境界，这种境界就是天道、天命灌注于人心的遥契之机——神明的获得。认识到了这一点，我们就知道，“性自命出，命自天降”的理路，本来是离不开《太一生水》中的“神明”的。《五行》的心性论［“仁之思也精，精则察，察则安，安则温，温则悦，悦则戚，戚则亲，亲则爱，爱则玉色，玉色则形，形则仁。智之思则长，长则得，得则不忘，不忘则明，明则见贤人，见贤人则玉色，玉色则形，形则智。圣之思也轻，轻则形，形则不忘，不忘则聪，聪则闻君子道，闻君子道则玉音，玉音则形，形则圣。”（第12–16简）］和《性自命出》的身心论［“君子执志必有夫广广之心，出言必有夫柬柬之信，宾客之礼必有夫齐齐之容，祭祀之礼必有夫齐齐之敬，居丧必有夫恋恋之哀。君子身以为主心。”（第65–67简）］，是必须通过“神明”才能最终下学上达的。

第十四章 《恒先》与《孟子》的“气”

“气”在先秦时期的中国哲学史上是一个重要的概念。它起源于中国古人对大自然的一种朴素的认识，当它作为一种自然哲学的概念被引进中国医学，并且同时进入人文哲学领域之后，就被提升为宇宙观、人生观以及天人合一理论的重要范畴。相对于《管子》《庄子》等相关文献，新出简帛文献《恒先》在“气”的问题上提出了我们在传世文献中前所未见的内容，不仅对我们认识“气”本身在先秦时期的发展提供了新的材料，而且对我们研究孟子的“养气”学说具有重要的启示作用。对《恒先》与《孟子》的“气”进行比较研究，不仅可以更加鲜明地认识到先秦儒家的“气”与道家的“气”的区别，而且对于我们深入了解孟子的哲学性质，具有重大的作用。

第一节 为一若寂，梦梦静同

笔者以为，《恒先》一文的关键，在于提出了“恒气”的概念。恒，就是常，就是道。在老子、庄子笔下，道本来就是最本源的存在。《老子》云：“道冲而用之或不盈，渊兮似万物之宗。”（第四章）《庄子》亦云：“夫道，有情有信，无为无形；可传而不可受，可得而不可见。自本自根，未有天地，自古以固存；神鬼神帝，生天生地；在太极之先而不为高，在六极之下而不为深，先天地生而不为久，长于上古而不为老。”(《大宗师》）本来，《恒先》开宗明义，就说过“恒先无有，朴、静、虚。朴，大朴。静，大静。虚，大虚”(第1简)。可见，在《恒先》中，“恒气”像“道”一样，是本源性的存在。但是，《恒先》并没有把这个问题简单化，而是为“恒气”的存在寻找依托的条件：“有域焉有气，有气焉有有，有有焉有始，有始焉有往者。”（第1简）我们应该注意到，《恒先》的这段表述具有由空间向时间转化的一个过程，其中的“域”“气”“有”“始”是一组互有关联，由形而上到形而下不断下贯的宇宙发生学概念。它们潜在的话语是“恒气”具有无穷的创生性。

很显然，《恒先》将世界的初期描述成了一种混混沌沌的状态，用它的话来讲就是“为一若寂，梦梦静同”，“一”也就是“未有天地”，或者说天地浑然一体，整个世界还处于“寂”的状态。它有三个特点：第一是“梦”[①]，第二是“静”，第三是“同”。应该说，这与《老子》“惚兮恍兮，其中有象。恍兮惚兮，其中有物。窈兮冥兮，其中有精”（第二十一章）是有相同之处的，这应该是当时该学派的一个共识。这既是一种原始天地未分的状态，也是天道人道冥合的状态。这种状态大约就是“域”，《恒先》说“有出于域”，可见它有创生性，从上文“有

① 董珊先生在《楚简〈恒先〉初探》一文中读作“萌”，见简帛研究网2004年5月12日。

或焉有气，有气焉有有，有有焉有始，有始焉有往者”的表述方式来看，虽然“气”乃“自生”，但是，从中国人传统的叙述方式来讲，“域”在“气”先，诚如朱渊清先生所言，“域”具有“形上学”的意义。[①]这是正确的。但是，笔者始终有一种感觉，亦即，正是由于有了“域”之后，我们感觉到的“气→有→始→往”的运化过程才有可能产生。现代天文学已经证实，时间与空间实际上是不能够分开的，它们是统一的，而《恒先》的表述方式因为有了“域”，而显示了《恒先》的思想具有与现代科学技术相同的某些朴素的认识。诚如郭齐勇师所言：

> “域”是一个“场”或“场有”，不仅是空间，而且是时间。这里说的意思是：“道”自圆自足，不变不动，同时也可以发作、自己运动，“道”之发动即为“域”，亦是“域”之作兴。“域”在这里是“不自忍”、初发动的“道”……有了“域”就有了时间、空间，有了时空就有弥沦无涯的气充盈其间，有了作为物质与精神之一般的“气”，就有了作为现象世界的一般之“有”即总有、大有，这就标志着宇宙的开始，有了开始就有了周而复始、循环往复的运动。[②]

囿于文献的局限，我们现在还是第一次看到“域”作为一个宇宙生成概

① 朱渊清：《“域”的形上学意义》，载刘大均主编：《简帛考论》，上海：上海古籍出版社，2007年。

② 郭齐勇：《上博楚简〈恒先〉的道法家形名思想》，载氏著《中国哲学智慧的探索》，北京：中华书局，2008年，第95页。

念的用法，传世文献中的相关资料相当缺乏，但是，《恒先》中的表述已经基本显示道家在宇宙发生的认识过程中，细致的观察已经达到了令人钦佩的深度。

从《恒先》的理论构架来讲，从无形的世界到有形的世界，“气”是一个重要的临界点。正是有了“气”，这世界才具有了生成的可能。这种创生性的根本性转化，在《恒先》看来，就是“气”起到了推动作用。不论在《老子》、《庄子》还是在《管子》中，“气”都是一个形而下的概念，它是一种看得见、摸得着的具体存在，虽然与“道”有关，但是毕竟不是“道”。《老子》云：“万物负阴而抱阳，冲气以为和。”（第四十二章）《庄子》云：“天地者，形之大者也；阴阳者，气之大者也；道者为之公。”（《则阳》）《管子》云：“精也者，气之精者也。”（《内业》）但是，在《恒先》中，“气”却是一种具有形而上性质的存在。《恒先》说：“气是自生，恒莫生气。气是自生、自作。恒气之生，不独有与也。”（第1-2简）它的意思是，“气”是独立于“恒先”之外的一种自本自根的存在，它不是由“恒”产生的孳生物，而是“自生”“自作”，是一种特别的“恒气”，但是它与“恒”“域”“有”“始”具有互相依持、转化的关系，所以简文说它是“恒气之生，不独有与也”。

“气是自生、自作”一句，十分重要。为什么呢？笔者认为，不论是从自然哲学的角度来讲，还是从中国医学的理论基础来说，“气”都是一个很重要的概念。在《恒先》中，气的生发，既不依赖于“恒”，也不依赖于“有”，它是“自生”“自作”，甚至是“浊气生地，清气生天”，当然也是生成一切人之所以为人的物质与精神的基础。表面上看，这个命题只限于自然哲学，但是把它置于《恒先》的整体框架之中，我们则可以知道，它并不仅仅是在说自然的生成与演变。所以，根据《恒先》，或者说，在《恒先》的启发下，我们对《老子》的思想认识就可能有新的拓展。例如，“道常无名。朴虽小，天下莫能臣也。侯王若能守之，万物将自宾。天地相合，以降甘露；民莫之令而自均”（第三十二章），说的是“道”是自生自作的，就像天下万事万物都是自生自作的一样，以此类推，每一个单独的人，就是一个自生自作的个体，他们本来上承于天道而自足圆满，不需要所谓的“君主”去教化他们，骚扰他们：“不欲以静，天下将自定”（第三十七章），“故以智治国，国之贼；不以智治国，国之福”（第五十八章）等表述，都是以人之所以为人的主体性、独立性作为前提和条件的。

应该特别指出的是，《恒先》的“气”自生自作的本质属性，昭示了人置身于纷繁复杂的社会关系之中的主体性和独立性。说它具有主体性，是因为它依托于天道，“气信神哉，云云相生”，氤氲飘动，大化流行而富有创造力；说它具有独立性，并不是说它是孤立的，而是“不独有与”，与恒、域、有、始、往等各种运化因素相通相连，融会贯通。

《庄子》也认为万事万物“气变而有形，形变而有生”（《至乐》），“人之生，气之聚也；聚则为生，散则为死”（《知北游》），人本来就是由“气”聚合而成的，因此人的本性就是自由的，就是“游乎天地之一气”（《大宗师》）。可以肯定地说，道家关于“气”的生成理论，具有真正的人格独立意识和自由意识，是中国文化走向世界的一种珍贵的精神资源。为什么这么说呢？我们知道，我们的宇宙是一个无边无际、无始无终的巨大的空间，在我们的宇宙世界里，有无数个银河系，更有无数的、更多的太阳系，所以宇宙间肯定还有类似于人类一样的高级动物。如果要用某一种道德对人类进行规范的话，那么实际上这是一种非常短视的做法。因为任何一种道德都具有地域与时间限制，它既有阶级性、民族性、地域性，也有时代性。所以，要说普适性、正义性，道家哲学具有最高、最大的普适性、正义性，因为它不仅可以超越时代，超越民族、阶级，而且可以超越地球，超越太阳系、银河系，而进入无法预知的光年级世界。

第二节　夫志，气之帅也

站在这样的哲学立场上，庄子对儒家仁义礼智的批判毫无疑问是尖锐的：“夫至德之世，同与禽兽居，族与万物并，恶乎知君子小人哉！同乎无知，其德不离；同乎无欲，是谓素朴；素朴而民性得矣。及至圣人，蹩躠为仁，踶跂为义，而天下始疑矣；澶漫为乐，摘僻为礼，而天下始分矣。故纯朴不残，孰为牺樽！白玉不毁，孰为珪璋！道德不废，安取仁义！性情不离，安用礼乐！五色不乱，孰为文采！五声不乱，孰应六律！夫残朴以为器，工匠之罪也；毁道德以为仁义，圣人之过也。”（《庄子·马蹄》）换言之，完整的树木不被雕凿，怎么会有漂亮的酒器呢？洁白的原始碧玉如果不被毁坏，怎么会有佩戴在人们身上的珪璋呢？人类的天生道德不被废弛，怎么会有仁义的推行呢？真性不被践踏，怎么会有礼乐文明呢？五色不被散乱，怎么会有文采呢？五声不被错乱，怎么会有六律呢？坚决捍卫人之所以为人的原始真性和纯朴自我，是庄子理论的基本出发点。

但是，其中也显示了人类历史前进的一种两难处境。费希特在批评卢梭的相关观点的时候就曾有深入的论述："在卢梭的自然状态中，人的特殊天资还不可能得到发展，还不可能一下预示出来。人除了自己的动物性需求，不可能有任何别的需求；他应当象动物那样，同动物一起生活在草地上。毋庸置疑，在这种状态下不会发生任何引起卢梭那样愤懑的罪恶；人饿的时候就要吃，渴的时候就要喝，这就是摆在他眼前的首要事情；当他吃饱的时候，他就没有兴趣从别人的手里掠取他自己不能再吃下去的食物。当他吃饱的时候，每个人都可以在他面前安静地吃喝东西，想吃想喝什么就吃喝什么，想吃想喝多少就吃喝多少，因为他现在恰恰需要安静，没有时间去打扰别人。人类的真正特点是在于对未来的希望；这种对未来的希望同时也是一切人类罪恶的根源。排除这个根源，就不再会有罪恶；卢梭确实是借助自己的自然状态来排除这类罪恶的。但是，人确实是人，而不是动物，他一定不会停留于这个状态中，这一点也同样是毫无疑问的。自然状态诚然会消除罪恶，但同时也会消除德行和整个理性。这样，人就会变成没有理性的动物，就会出现一个新的动物物种；于是，人就根本不再存在了。”[①] 这确实是点到了道家哲学的软肋。

正是从这个特点的角度来讲，孔子、孟子上承三代以来的“仁义礼智”等道德观念，提倡“道德教化”，就有了它的合理性。正是从整个社会分工合作的角度，从整个社会和谐相处的角度，从有别于动物的掠夺本性而追求人之所以为人的理性来讲，孔子的“为政以德”和孟子建立在“性善论”基础之上的“仁政”学说，就成了我们人类社会不可能超越的一段必由之路。

在关于“气”的问题上，孟子对道家的“气”实际上是有批评的。

（公孙丑问）曰：“敢问夫子之不动心，与告子之不动心，可得闻与？”

“告子曰：‘不得于言，勿求于心；不得于心，勿求于气。’不得于心，勿求于气，可；不得于言，勿求于心，不可。夫志，气之帅也；气，体之充也。夫志至焉，气次焉。故曰：‘持其志，无暴其气。’”

“既曰‘志至焉，气次焉’，又曰‘持其志，无暴其气’者，何也？”

曰：“志壹则动气，气壹则动志也。今夫蹶者趋者，是气也，而

① 费希特：《论学者的使命》，梁志学、沈真译，北京：商务印书馆，1984 年，第 52–53 页。

反动其心。”

“敢问夫子恶乎长？”

曰：“我知言，我善养吾浩然之气。”

“敢问何谓浩然之气？”

曰：“难言也。其为气也，至大至刚，以直养而无害，则塞于天地之间。其为气也，配义与道；无是，馁也。是集义所生者，非义袭而取之也。”（《孟子·公孙丑上》）

在中国国学研究界，这段话是一段著名的论断。孟子的意思是：“没有内在本心做基础，气就没有着落，表现出来的就只能是鲁夫之勇。”[①] 所以“夫志，气之帅也；气，体之充也。夫志至焉，气次焉”，没有在道德精神指引下的“气”，就是无主的“气”，所以，“志”是关键性的精神基础，没有“志”也就不可能有真正的“勇”。正是在这样的理路之下，有志于君子之道的人就应该养“浩然之气”：“其为气也，配义与道；无是，馁也”，毫无疑问是对道家“气”论的批评。孟子认为，完全依托于自然，发挥自己的天性，就会在欲望的牵引下走向禽兽式的流、连、荒、亡而你争我夺。因此，“气”一定不能脱离道德的精神而独立存在。显然，孟子与道家的观点可谓针锋相对。

孔子、孟子的道德观念是承上古三代以来，中华民族由来已久的道德传统而形成的。它的孝道观念、祭祀观念、礼仪观念等，都莫不如

① 郭齐勇主编：《中国古典哲学名著选读》，北京：人民出版社，2006 年，第 138 页。

此。所以，原始儒家的道德观念，在很大程度上就是一种习俗。而习俗在很多情况下是比法律更具有约束力的。比方，古代的贞操观念、孝道观念、祭祀观念等，是不能有任何越雷池半步的行为的，否则，任何人的物质生命和精神生命都将进入十分痛苦的境地。所以，《礼记·中庸》说：“道也者，不可须臾离也，可离非道也。是故君子戒慎乎其所不睹，恐惧乎其所不闻。莫见乎隐，莫显乎微。故君子慎其独也。”整个社会对道德的依持，或者说，孔子、孟子的哲学伦理思想对人性的宰制，实际上已经达到了无以复加的地步。

但是，与上古三代的道德观念不同的是，孔子是新时代人文主义的倡导者，他提倡“仁”，实际上就是针对三代以来上下垂直的“礼”提出来的。他的“仁”不仅讲“爱人”，而且讲对“礼”的牵制，那就是“和”。所谓“和”，就是在“礼”的实施过程中讲究双方的互动，说到底就是人与人之间，超越上下关系，超越君臣关系，超越亲疏关系，彼此尊重。

孟子的道德观念是孔子道德观念的发展，他提倡“仁政”的真正目的就是以人民为国家的根本，天视自我民视，天听自我民听。人民是一切政治活动的出发点和归宿。但是，孟子发展了孔子的思想，提出了“富贵不能淫，贫贱不能移，威武不能屈”的人格修养论，提出了善、信、美、大、圣、神的精神境界论，增强了人的主体精神和精神的独立性。所以从根本上来讲，孟子依然在进一步加强孔子的“和”。从这个角度上来讲，庄子“蹩躠为仁，踶跂为义”“澶漫为乐，摘僻为礼”的批评是有些偏激的。

现在的问题还不仅于此，关键的问题是，如果我们按照庄子的理论把孔子、孟子的哲学弃而不用，结果将是一个什么样的社会状况呢？完全进入老子“小国寡民：使有什伯之器而不用，使民重死而不远徙，虽有舟舆，无所乘之；虽有甲兵，无所陈之；使民复结绳而用之。甘其食，美其服，安其居，乐其俗。邻国相望，鸡犬之声相闻，民至老死不相往来”（《老子》第八十章）的境界，在现实的生活中是否真实可行。如果不可能实行，那我们就不能不再次回到孔子、孟子的道德体系上来。

正是从这个角度来讲，孟子在“志”与“气”的主次关系之中（“夫志，气之帅也”）提出了“其为气也，配义与道；无是，馁也”的观点，并且号召大家不可有须臾的松懈：“是集义所生者，非义袭而取之也”，也就是《中庸》说的“道也者，不可须臾离也”。这好像是孔子、孟子的道德观点和视角无可奈何、唯一能够硬着头皮走下去的道路了。

但是，这并不是笔者的意思。笔者的著文目的是，没有道德规范的约束，我们作为“血气心知”的个体确实有可能走上流、连、荒、亡的境地；没有道德规范的约束，维系君臣、父子、夫妇关系的大纲就将断裂，社会的劳动与分配制度就将完全崩溃。可是，当这种道德制度深入人心，已经剥夺了人之所以为人的一切个体性、独立性之后，也就是荀子反复倡导的“一天下”“一四海”的状态出现之后，在这种道德笼罩下的“人”还是人吗？从这个角度上来讲，庄子“蹩躠为仁，踶跂为义”“澶漫为乐，摘僻为礼”的批评又毫无疑问具有重要的现实意义，并且对我们当今的政治哲学理论建设具有启示作用。

余论

为什么呢？关键问题在于我们要抓住问题的关键。第一，社会的建设和历史的前进，没有道德的规约，诚如上文所言，肯定是不行的。但是，道德的过分宰制，尤其是它依仗于某种绝对专制的国家权力之后，就有可能成为一种个体性独立、自由发展的禁锢，因而成为社会的阻碍。正是从这角度上来讲，庄子的哲学是伟大的，因为他看到了道德的阴暗面，看到了道德因为政治权力的绝对化之后走向人们初衷反面的可能性。第二，道德的原初状态应该是来自民间的习俗，约定俗成之后上升为道德。虽然这种道德可能被统治者利用，但是社会的长治久安不可能没有道德的精神支撑。没有道德，社会的一切政治与经济活动就失去了依托，人类历史的发展也就不可能真正走向不断进取的历程。第三，道德是有阶级性和时代性的，我们现在学习孔子、孟子、庄子，是要学习他们的治学精神，是要学习他们与时俱进的思维方式，是要学习他们满怀慈悲的人文主义情怀，他们的思想就是在对三代的传统道德加以改造的基础之上形成的，我们不仅要综合学习孔子、孟子、庄子理论的各个侧面，而且要坚定地认识到，两千多年后的今天，我们如果依然死守孔子、孟子、庄子的理论，就有守株待兔、刻舟求剑之嫌。

第三编

第十五章　从韩非的《难言》《说难》谈起

韩非的“孤愤”之文《难言》《说难》所引发的问题是一个言论自由的问题。深究之，几千年来，这个问题实际上并没有得到人们的高度重视和深入研究，当然也就不可能得到根本性的解决。但是，笔者以为，这又不仅是一个言论自由的问题，而且是一个政治理论所倡导的价值观的问题，是一个在现实之中政治体制怎样打造的理念问题，由于它终究涉及了创新性人才是否能够脱颖而出的问题，因此，在我们目前的国际环境下，就更是一个事关中华民族伟大复兴的重大问题。

第一节　愚者难说也，君子难言也

韩非在《难言》一文中列举了大量因为“至言忤于耳而倒于心”，“小者以为毁訾诽谤，大者患祸灾害死亡及其身”的人物史实：

文王说纣而纣囚之，翼侯炙，鬼侯腊，比干剖心，梅伯醢，夷吾束缚，而曹羁奔陈，伯里子道乞，傅说转鬻，孙子膑脚于魏，吴起收泣于岸门，痛西河之为秦，卒枝解于楚，公叔痤言国器，反为

> 悖，公孙鞅奔秦，关龙逄斩，苌弘分胣，尹子阱于棘，司马子期死而浮于江，田明辜射，宓子贱、西门豹不斗而死人手，董安于死而陈于市，宰予不免于田常，范雎折胁于魏。此十数人者，皆世之仁贤忠良有道术之士也，不幸而遇悖乱暗惑之主而死，然则虽贤圣不能逃死亡、避戮辱者，何也？则愚者难说也，故君子难言也。[①]

细细品味，可谓不寒而栗，令人发指！对于这些“仁贤忠良”而言，他们面对社会不平不公的现实，无论如何不能保持沉默，因为他们具有社会责任感、历史使命感，但是抗议直言的结果却是万古同悲，几千年来，中国的仁人志士抛头颅洒热血，前赴后继，汇聚而成的是流不尽的“英雄血”。

可惜，韩非的《难言》《说难》都只是试图提高“说”的水平，一方面希望游说者说的都是“至言”，另一方面也希望当权者都是“圣贤”。韩非是一位智者，直面现实，他本身对所谓“至言”表示怀疑，因为世界上本来就没有十全十美的事物，对所谓“圣贤”也表示怀疑，对二者交接之后所产生的后果更不抱什么幻想，他说得很清楚：“度量虽正，未必听也；义理虽全，未必用也。大王若以此不信，则小者以为毁訾诽谤，大者患祸灾害死亡及其身。”（《难言》）

但是，韩非的理论体系中存在深刻的矛盾，度量正，“大王”为什么不听？义理全，“大王”为什么不用？韩非在这个时候丧失了自己的

---

① 陈奇猷校注：《韩非子新校注》，上海：上海古籍出版社，2000年，第52–53页。

主体人格，他不是像孔子、孟子那样“君之视臣如手足，则臣视君如腹心；君之视臣如犬马，则臣视君如国人；君之视臣如土芥，则臣视君如寇仇”（《孟子·离娄下》），而是把成功的希望完全寄托在“大王”的“圣贤”之上。问题在于，孔子、孟子抱有这种幻想倒情有可原，因为，孔子、孟子都在“大王”的来历上进行了十分深入的讨论，所谓的“大王”必须是社会道德的“圣王”，是人民的表率，否则，他就无权占据君主的要位。而韩非从来没有讨论过君主的权力是从哪里来的，从来没有怀疑过君主的权力的合法性，他的理论完全匍匐在君主的脚下。在《主道》一文中，韩非将《老子》虚静无为的思想运用到他的政治哲学之中，给君主出谋划策：

> 寂乎其无位而处，漻乎莫得其所。明君无为于上，群臣竦惧乎下。明君之道，使智者尽其虑，而君因以断事，故君不穷于智；贤者敕其材，君因而任之，故君不穷于能；有功则君有其贤，有过则臣任其罪，故君不穷于名。是故不贤而为贤者师，不智而为智者正。臣有其劳，君有其成功，此之谓贤主之经也。

君主高高在上，而群臣却不知道他们要干些什么，国家没有统一的明确目标，上上下下笼罩在恐惧之中，有功则是君王之功，有罪则是臣子之罪。在《说难》中，韩非还讲了几个发人深省的故事，来描绘“大王”深不可测的心思：

> 昔者，郑武公欲伐胡，故先以其女妻胡君以娱其意。因问于群臣："吾欲用兵，谁可伐者？"大夫关其思对曰："胡可伐。"武公怒而戮之，曰："胡，兄弟之国也，子言伐之何也！"胡君闻之，以郑为亲己，遂不备郑，郑人袭胡取之。宋有富人，天雨墙坏，其子曰："不筑，必将有盗。"其邻人之父亦云。暮而果大亡其财，其家甚智其子，而疑邻人之父。此二人，说者皆当矣，厚者为戮，薄者见疑，则非知之难也，处知则难也。故绕朝之言当矣，其为圣人于晋，而为戮于秦也。此不可不察。
>
> 昔者，弥子瑕有宠于卫君。卫国之法，窃驾君车者罪刖。弥子瑕母病，人闲往夜告弥子，弥子矫驾君车以出。君闻而贤之，曰："孝哉，为母之故，忘其刖罪！"异日，与君游于果园，食桃而甘，不尽，以其半啖君，君曰："爱我哉，忘其口味，以啖寡人！"及弥子色衰爱弛，得罪于君，君曰："是固尝矫驾吾车，又尝啖我以余桃。"故弥子之行，未变于初也，而以前之所以见贤，而后获罪者，爱憎之变也。故有爱于主，则智当而加亲；有憎于主，则智不当见罪而加疏。

关其思忠心耿耿，却惨遭屠戮，卫君出尔反尔，更是让人莫衷一是，在此，韩非没有进一步深究游说者与君主之间之所以如此的原因，没有从政治体制上来纠正这种畸形的关系，而是从游说者的角度提出了相应的要求："故谏说谈论之士，不可不察爱憎之主而后说焉。夫龙之为虫也，柔可狎而骑也；然其喉下有逆鳞径尺，若人有婴之者，则必杀人。人主亦有逆鳞，说者能无婴人主之逆鳞，则几矣。”（《说难》）从文章的结构来看，韩非说得似乎有一些道理，但是到头来，韩非最终还是没逃脱一手好文章给自己招来的杀身之祸。司马迁在给韩非写传记时，走笔至此，产生了强烈的共鸣，谓“余独悲韩子为《说难》而不能自脱耳”（《史记·老子韩非列传》）。这是说，虽然韩非研究了“说之难”，总结了很多经验，但是终究没有摆脱悲剧的命运。韩非的死，正是从一个特殊的角度证明，韩非的政治理论是一种不彻底的理论，其“循名实、因参验”（《奸劫》）的认识论也是一种片面的方法论。

本来，韩非“以法治国”（《有度》）的理论是对儒家“父子相隐”、亲亲之爱有可能产生的负面效应的尖锐批判[①]，对调动全国人民的积极性，富国强兵，抵御强敌具有深远的意义。但是，他的理论是建立在君主与臣下对立、政府与人民对立的基础之上的。韩非所谓的“法”与我们现在的“法”具有根本的不同，它是绝对体现君主个人的“私法”，是高悬在全国人民头上的一把利剑，是对全国人民的天赋权利（自然权利）的践踏，是典型的只许州官放火、不许百姓点灯的“法”，这实际上是最大的“私”，最大的“奸”，最大的“邪”，因为它最终是对整

① 《韩非子·五蠹》云：“楚之有直躬，其父窃羊而谒之吏，令尹曰：‘杀之。’以为直于君而曲于父，报而罪之。以是观之，夫君之直臣；父之暴子也。鲁人从君战，三战三北，仲尼问其故，对曰：‘吾有老父，身死莫之养也。’仲尼以为孝，举而上之。以是观之，夫父之孝子，君之背臣也。故令尹诛而楚奸不上闻，仲尼赏而鲁民易降北、上下之利若是其异也。”

个社会道德体系的毁灭。“威不贰错，制不共门”（《有度》），极大地限制了广大官员的积极性，限制了人民群众的创造力，所以，国家在韩非的理论指导下可以在短期内有较大的发展，但是绝不可能长治久安，因为君主“若电若雷”（《扬权》）的所作所为是纸包不住火的，因为它的根本问题是不知道什么是“人”，人之所以为人的本质到底是什么。

第二节　尊君抑民，可谓至极

任何一种政治理论，首先必须建立在人之所以为人的基础之上。这是任何国家、政府赖以成立的第一要务。德国哲学家笛卡儿说：“我思故我在。”可思想是要表达之后才有可能转化成为现实的力量，所以笛卡儿的话的实际意思就是“我说故我在”。换言之，如果没有独立思想的自由，没有表达思想的自由、出版的自由、批判社会现实的自由，人就不是人，那个相应的社会也就不是真正健康的、人的社会。

从事物的起源来讲，国家本来是人们自发地组织起来的一种社会形式，它的目的就是要充分地满足人们的生存需要，要最大限度地体现广大人民的根本意志，极大地维护和激发他们的创造性，从而实现他们的价值，以便推动社会前进。如果国家由于各种反人民的原因走向了这一目的的反面，它就必须“变置”（《孟子·尽心下》）。因为在孟子看来，这就是作茧自缚。从另外的一个角度来讲，历史是不断前进的，任何先进的思想都有衰落、变质的一天，就像一个正常的机体一样，任何国家都必须在思想上吐故纳新，为了保证整个社会的积极向上，始终保持先进的价值观和思想水平，它必须为所有人提供一个可以自由表达言论、展示思想、批判现实的舞台和空间，否则这个社会就一定笼罩在阴霾之中，充满了病态的萎靡。在这样的社会里，谈什么人才创新、管理创新、科技创新，都是不可能的。

在这样的社会里，首先是正义得不到伸张，一切都是当权者说了算，谁有权，谁有钱，谁就拥有真理。它的结果只能是社会的良心不断丧失，社会的道德意识逐步淡漠以至于毁灭，正所谓“强者胁弱，众者暴寡，知者诈愚，勇者苦怯，疾病不养，老幼孤独不得其所，此大乱之道也”(《礼记·乐记》)。其次，社会毫无创造力，一切庸才都如鱼得水，一切有贡献的人才都必然得不到重用。龚自珍所谓“牢盆狎客操全算，团扇才人踞上游”(《咏史》)，描述的正是这样一种邪恶、昏暗、令人愤慨的状况。用者非所养，养者非所用，所以清代末年甚至出现了将军不像将军，教师不像教师，官僚不像官僚，连小偷都不像小偷的严重状态。最后，整个社会民心散乱，有似一盘散沙。国家没有国际竞争力，社会更没有上进的心态，大家心灰意冷，什么未来，什么理想，什么希望，都成了掩耳盗铃的皇帝新装。

在人类社会的早期，特别是韩非所处的战国时代，诸侯各国以攻伐为尚，全国统一的趋势已经非常明显，作为对东方六国成败得失的总结，韩非顺应历史潮流，大力提倡将国家的权力集中在君主手中，对儒家所提倡的、往往无法“参验”的“为政以德”的理念进行了有效的补充与批判，这本来是应该提倡的，但是，他的政治理论没有直面两个关键的问题：第一，君权是从哪里来的？第二，国家的政权到底是建立在君主的“权术”之上，还是建立在人之所以为人的天赋权利之上？

在认真研读韩非的文本之后，笔者领会到，韩非认为君权的唯一来源是君主的“术”，也就是君主深不可测、“若电若雷”的“权术”。[①] 本来韩非的政治理论是法、术、势三者的组合，但是，君主的“法”是其“术”借助“势”而制造出来的御人工具，所以是君主为自己的一己之私制造了“法”，而不是“法”产生了君权。在韩非的笔下，“势”也不能产生君权，但是对一位善于因势利导的君主来讲，对一个因“术”而造“势”的“大王”来讲，“势”是自己一手制造出来，并且直接为自己服务的。因此，在韩非的理论体系中，“术”是根本性的因素，在还没有获得权力的时候，君主要靠它来获得（准确地讲，应该叫“窃取”）权力，在已经获得权力之后，君主又必须用它来保持、捍卫以及扩大自己手中的权力，因此，君权的唯一来源只能是“术”。本来，任何国家，

---

① 《管子·法法》有云：“人君之所以为君者势也。”慎子也曾说：“势位足以诎贤者。”（转引自《韩非子·难势》）韩非却提出了不同的见解：“飞龙乘云，腾蛇游雾，吾不以龙蛇为不托于云雾之势也。虽然，夫释贤而专任势，足以为治乎？则吾未得见也。夫有云雾之势，而能乘游之者，龙蛇之材美也。今云盛而螾弗能乘也，雾醲而蚁不能游也。夫有盛云醲雾之势，而不能乘游者，螾、蚁之材薄也。今桀、纣南面而王天下，以天子之威为之云雾，而天下不免乎大乱者，桀、纣之材薄也。且其人以尧之势，以治天下也，其势何以异桀之势也，乱天下者也。夫势者，非能必使贤者用已，而不肖者不用已也，贤者用之，则天下治；不肖者用之，则天下乱。人之情性，贤者寡，而不肖者众，而以威势之利，济乱世之不肖人，则是以势乱天下者多矣，以势治天下者寡矣。”（《韩非子·难势》）在《韩非子》的《主道》《有度》《奸劫》等诸篇中，韩非始终都在阐述君主驾驭群臣的“术”，是尊君强国的法宝。

任何时代，任何一个水平高超的政治家都不可能没有“术”，都不可能不适当地运用一些必不可少的政治手段，即便是在公开、公正、公平的民主政府里也概莫能外，关键是要摆正法、术、势的关系。

如果韩非在理论上真正地吸收先秦儒学的思想，在人格平等的思想基础上，奉行“君臣、朋友，其择者也”（《语丛一》第 87 简）的政治理念，一切依托于“法”，把“法”视为“法、术、势”的根本，把君主的权力获得、运作、扩大的过程，也彻底地纳入“法”的范围之中，那么，举国上下就真正建立了一以贯之的“以法治国”的正义原则。但是，恰好相反，韩非把“法”与“术”本末倒置了，以“术”作为国家的根本，“术”就成了国家最大的奸，最大的恶，因为君主一人“在深宫之中，而明照四海之内，而天下弗能蔽、弗能欺”（《奸劫》）的“大王”之“术”是怎么也玩不过所有的臣子的，其结果只能是“身死人手，为天下笑”（《过秦论》），贾谊的这句话既可以说秦始皇，也可以说韩非。

韩非的第二个不应该回避的问题，就是人之所以为人的本质到底是什么。他始终没有摆正君主与人民、政府与人民之间的关系。富国强兵对于人民来讲，对于任何一个国家来说，在任何时代，当然都是必需的，而且富国强兵的同时也一定能够相应地提高广大人民的物质生活水平，但是，问题在于，人不是牲畜，他们不可能在满足衣食住行的生理需要的同时，丢掉人之所以为人的人格尊严。儒家所讲的博厚高明、悠久无疆、慎终追远的性命观照对他们来说同样是不能有丝毫忽视的，任何时代的任何统治者，都无权取缔、限制，甚至践踏人民在精神上的自由选择。韩非理论的最大问题在于把人民视为君主的奴才、国家掠夺的工具。萧公权先生云："韩非尊君抑民，可谓至极。"[①] 正是就此而言的。任何一种不把人当人的政治理论，肯定是一种不能成立的理论；任何一个不把人当人对待的政府，也肯定是一个不得善终的政府。孟子云："桀纣之失天下也，失其民也；失其民者，失其心也。得天下有道：得其民，斯得天下矣；得其民有道：得其心，斯得民矣；得其心有道：所欲与之聚之，所恶勿施，尔也。民之归仁也，犹水之就下、兽之走圹也。故为渊驱鱼者，獭也；为丛驱爵者，鹯也；为汤、武驱民者，桀与纣也。"(《孟子·离娄上》) 秦始皇采用了韩非的政治主张，并且将它运用到了具体的国家管理之中去，最后导致了"天下云集响应，赢粮而景从"(《过秦论》) 的陈胜吴广起义，正说明了孟子论断的英明。从加强中央集权，建立统一国家政权来说，秦始皇毫无疑问是顺应了历史的潮流，但是，从政治学的角度来讲，他却是实实在在地倒行逆施，铸成了人类历史上的重大错误。

先秦儒家云："夫天生百物，人为贵。"(《语丛一》第 18 简）又云："故人者，其天地之德，阴阳之交，鬼神之会，五行之秀气也。"(《礼记·礼运》) 可见，人是一种充满创造力的神灵之物，他的言论是他的思想的显发。没有畅所欲言的自由环境，任何政府都不可能代表人民群众的根本利益。因此，从根本上保证人民有充分的言论自由，是政府的

① 萧公权：《中国政治思想史》(一)，沈阳：辽宁教育出版社，1998 年，第 218 页。

天职。否则，这个政府就肯定是一个霸道的、不合法的政府。而且，言论自由的问题，说到底也是充分调动人的潜力、激发人的创新能力的一个最为重要的途径。没有言论的自由，人民的创新能力肯定要大打折扣。

第十六章 “焚书坑儒”新论

秦始皇“焚书坑儒”为历代文人所诟病，各种史书均视秦始皇为中国文化的罪人。然笔者在细读先秦典籍，梳理当时各种思潮的来龙去脉之后，深以为，作为政治斗争的极端形式，“焚书坑儒”只是冰山的一角，在它的下面还有源远流长的波涛汹涌。它的发生是当时思想较量、政治斗争的必然结果，是历史发展的必然选择。因此，深入研究“焚书坑儒”的思想渊源及其影响，不仅对我们正确认识“焚书坑儒”的本质、正确总结先秦儒家哲学的得失具有重要意义，而且对我们当代新儒家思想的建设也具有不容忽视的启示作用。

第一节 “焚书坑儒”不是一个偶然的事件

翦伯赞云：“法家学说，始于申不害，而韩非发展之。其最早的渊源，则本于杨朱的学说，司马迁谓其归本于黄老，实为大谬。盖法家者言与杨朱的个人主义同为商人地主的意识。”[①] 法家推崇君主集权而视人民为“刍狗”，与杨朱之“拔一毛以利天下不为也”的思想是一致的，

① 翦伯赞：《秦汉史》，北京：北京大学出版社，1983 年，第 88 页。

但是，说申、韩之学不是归本于黄老，实在有违文本事实。翦公没有把《老子》与《韩非子》进行系统的比较研究，是肯定的。萧公权似乎进了一步，云：“吾人若舍历史渊源而仅据思想之内容论，则道法二家思想之相近者皮毛，而其根本则迥不相同。”[①]但是，笔者在深究《老子》与《商君书》、《韩非子》的文本之后，深以为：第一，萧公所谓“道”家是指的老子还是庄子，不太明确。这一判断如果是说庄子与法家的关系，倒似乎近切，因为老子与庄子在对待政治的态度上相去甚远；如果是说老子与法家的关系，则十分不妥。故萧公的表述比较笼统。第二，《商君书》与《韩非子》骨子里都信奉老子的反知识论，商鞅的“不法古，不修今，法古则后于时，修今则塞于势”(《商君书·开塞》)，韩非在其《主道》《有度》《扬权》《孤愤》《难势》《五蠹》《解老》《喻老》等诸多篇章中，都无不表明了法家与老子哲学在思想渊源上的紧密关系。第三，在理论的结果上，老子与商、韩之间确实是有区别的，但是，他们都尊崇并且强化君权，都在为君主的专制集权出谋划策，却是确凿的事实。尤其是在指导君主玩弄“阴毒”的“御臣之术”方面，完全一致。所以，司马迁将老子与韩非在《史记》中合传，且谓韩非“喜刑名法术之学，而其归本于黄老”[②]，实在是抓住了韩非思想的要害。

鉴于翦、萧二公的论断及其影响之巨，笔者以为有必要对儒、道、法的文本关系做一个系统的表述，并且从儒家与法家思想深处的矛盾以

---

① 萧公权：《中国政治思想史》(一)，沈阳：辽宁教育出版社，1998年，第236页。
② 司马迁：《史记·老子韩非列传》，北京：中华书局，1959年，第2146页。

及秦国与东方六国的殊死较量之中来探究“焚书坑儒”的必然。儒家哲学脱胎于殷商时代的母体之中，由于它的历史文化土壤是中国先民由来已久的家族本位与亲亲之爱，因此，坚持刚健不息的入世精神就成了它的必然选择，当然，这也是中华民族赖以生存、发展的必然选择。它在自本自根、自给自足的自然经济条件下，天然地形成了一整套人生哲学的道德信条和政治哲学理念。但是，由于儒家来自古老的文化母体，它所追求的是忠与恕，一以贯之，人之所以为人的道德圆满，始终坚持在天人合一的理论预设下提升人的精神境界，因此，在以攻伐为尚的春秋战国时代，它已经像一个古老的传说，被浮躁、功利的群体视为“博而寡要，劳而少功”[①] 了。

先秦儒家自信自己已经找到了人类社会的真理，因此在以攻伐为尚的春秋战国时代并没有改弦更张的意思，独立寒秋，于是遭到了来自各个方面的猛烈批评。《老子》冲锋在前。在先秦儒家的思想体系中，孝悌、孝慈为仁学的根本（《论语·学而》），老子则针锋相对：

> 大道废，安有仁义。慧智出，安有大伪。六亲不和，安有孝慈。国家昏乱，安有忠臣。绝圣弃智，而民利百倍。绝仁弃义，而民复孝慈。绝巧弃利，盗贼无有。此三言也，以为文未足，故令之有所属。见素抱朴，少私而寡欲，绝学无忧。（《帛书老子乙本·道经》）[②]

---

① 司马迁：《史记·太史公自序》，北京：中华书局，1959 年，第 3289 页。

② 本章所引用的《老子》文本均采用《帛书老子乙本》。参见高明：《帛书老子校注·帛书老子乙本勘校复原》，北京：中华书局，1996 年，第 466–478 页。以下不再注明。

老子不仅否定了孝悌、孝慈，进而否定了儒家的政治理想，而且还否定了儒家的知识论。原始儒家以“克己复礼”为“仁”，谓“一日克己复礼，天下归仁焉”（《论语·颜渊》）。但是，老子的批判不仅尖锐而且深刻：“失道而后德，失德而后仁，失仁而后义，失义而后礼。夫礼者，忠信之薄也，而乱之首也。前识者，道之华也，而愚之首也。是以大丈夫居其厚而不居其薄；居其实而不居其华。故去彼而取此。”（《帛书老子乙本·德经》）把儒家的伦理视为社会道德衰败之后，社会思潮愚昧浅薄、华而不实的表现。

孔子一生对中国文化有极为重大的贡献，其中最突出的就是整理殷周以来的各种历史文献，《诗》《书》《礼》《乐》《易》《春秋》，作为中国最具代表性的传世经典得以流传至今，孔子及其学派功不可没。之所以重视传统，重视历史的文化传承，是因为先秦儒家认为，人之所以为人，必须“慎终追远”（《论语·学而》），由父母而祖先，由祖先而神灵，由神灵而天人合一，“与天地合其德，与日月合其明，与四时合其序，与鬼神合其吉凶”（《周易·乾·文言》），必须从文化的传承开始。原始儒家的哲学思想和政治思想包裹在其宗教思想之中，但是，儒家的宗教不能完全称之为宗教，而是具有宗教性，具有宗教的特征和功能。原始儒家的宗教性主要体现了突出的理性和知识性。他们认为，没有知识和理性作为基础，没有历史文化的传承，一切哲学与政治的思想都是脱离历史发展的轨迹和社会风俗的，因而不具有民众基础和现实价值。以孔子为首的原始儒家对传统古籍的整理和研究，正是原始儒家在文化观点上重视知识的集中表现，与此同时，孔子又“不语怪、力、乱、神”（《论语·述而》），排除“孝道”“祖宗崇拜”“人道天道”相续相连、天人冥合思想以外的一切“不纯洁”、“不圣洁”、脱离中华民族行为方式和思维方式的宗教崇拜。孔子的所谓知识，实际上就是以“孝道”为中心的“礼仪”制度和历史文化典章制度，其中当然也包括了其他的知识。应该说，孔子的态度是理性的。但是，老子的批判针锋相对：

> 不出于户，以知天下。不窥于牖，以知天道。其出弥远者，其知弥少。是以圣人不行而知，不见而明，弗为而成。为学者日益，为道者日损。损之又损，以至于无为。无为而无不为。取天下，恒无事，及其有事也，不足以取天下。（《帛书老子乙本·德经》）

老子对儒家的批判条条道路通罗马，最终都是归结到反知识论和统治之“术”上面来，既昭示了他自己“无为而无不为”的政治哲学思想，又迎合了各路诸侯的贪欲、专权之心，因此具有很大的诱惑性。至为重要的是，老子将先秦儒家的知识论与人的自然性情对立起来，从“五色令人目盲，五音令人耳聋，五味令人口爽，驰骋畋猎令人心发狂，难得之货令人行妨”抵达“民多利器而国家滋昏。人多智巧，而奇物滋起，法物滋彰，而盗贼多有。是以圣人之言曰：我无为而民自化，我好静而民自正，我无事而民自富，我欲不欲而民自朴”（《帛书老子乙本·德经》）。在老子看来，知识是丧德败性的罪魁祸首，是扰民的“异物”，它一旦被人民掌握，就成了人民对抗国家、挑战君权的“利器”，因此，只有取消知识的传授，才可以轻松地达到国家“大治”的目标：

> 不上贤，使民不争。不贵难得之货，使民不为盗。不见可欲，使民不乱。是以圣人之治也，虚其心，实其腹，弱其志，强其骨。恒使民无知无欲也，使夫智不敢，弗为而已，则无不治矣。(《帛书老子乙本·道经》)

《老子》云：“天地不仁，以万物为刍狗。圣人不仁，以百姓为刍狗”(《帛书老子乙本·道经》)实在是老子自己的写照。《老子》的着眼点始终是统治者：“昔之得一者，天得一以清，地得一以宁，神得一以灵，谷得一以盈，侯王得一以为天下正。”(《帛书老子乙本·德经》)

这种极富煽动性的表述方式给奖励耕战、提倡君主专制的商鞅激发了无穷的灵感：

> 刑生力，力生强，强生威，威生德，德生于刑。故刑多则赏重，赏少则刑重。民之有欲有恶也，欲有六淫，恶有四难。从六淫，国弱；行四难，兵强。故王者刑于九而赏出一。刑于九则六淫止，赏出一则四难行。六淫止则国无奸，四难行则兵无敌。民之所欲万，而利之所出一；民非一则无以致欲，故作一。作一则力抟，力抟则强。……塞私道以穷其志，启一门以致其欲。(《商君书·说民》)[1]

---

① 本章所引用的《商君书》文本，均出自蒋礼鸿：《商君书锥指》，北京：中华书局，1986年。

“刑生力”是指统治者通过专制的手段强迫百姓专心于“耕战”，归心于农，则“力生强”。威，畏也。畏生德，就是通过对刑法的恐惧而产生“德”，以至于“无讼”，这就是“德生于刑”，也就是商鞅常说的“以刑去刑”。这种推理的方法与理路对秦孝公时代内忧外患的秦国来说确乎有明显的治国效果，但是，从普适性的法理来讲，确实是不可理喻。“六淫”指的是儒家的“六虱”(《商君书·靳令》云：“六虱：曰礼乐，曰诗书，曰修善，曰孝弟，曰诚信，曰贞廉，曰仁义，曰非兵，曰羞战”)；“四难”指的是法家的严刑、峻法、力农、务战。把儒家的道德信条视为国家之“奸”、之“私”，故止“六淫”而兴“四难”，则国富兵强。这种旨在“作一则力专”的“穷其志”“致其欲”思想明显来自老子“侯王得一以为天下正”的政治哲学理念。其践踏人权，陷人于“愚”的权术，有违人类的普遍常理，是反人类的。这种极端的“尊君抑民”[①] 思想导致了商鞅非常极端的治国方针：

> 圣人不法古，不修今。法古则后于时，修今则塞于势。周不法商，夏不法虞。三代异势而皆可以王。故兴王有道，而持之异理。武王逆取而贵顺，争天下而上让。其取之以力，持之以义。今世强国事兼并，弱国务力守。上不及虞、夏之时，而下不修汤、武。汤、武之道塞，故万乘莫不战，千乘莫不守。(《商君书·开塞》)

老子的“知识论”在商鞅这里就发展成了一种反对继承一切古代文化的

---

① 萧公权：《中国政治思想史》(一)，沈阳：辽宁教育出版社，1998年，第218页。

国家行政管理方略。这种理念在一个没有任何制衡观念的专制极权主义的国度里，终究会导致类似“焚书坑儒”这样的暴行。事实上，据《韩非子·和氏》载，早在秦孝公、商鞅执政的时候，秦国就发生过“焚书”的事件，只是影响没有秦始皇闹得那么大而已：

> 商君教秦孝公以连什伍，设告坐之过，燔《诗》、《书》而明法令，塞私门之请而遂公家之劳，禁游宦之民而显耕战之士。

这是一条十分珍贵的史料。它说明，秦始皇的“焚书坑儒”，在当时激烈的思想斗争中由来已久，是秦始皇“振六世之余烈”的一个重要的部分，不是一起偶然的事件，是历史发展、思想斗争、政治军事较量的必然。因此，如果说秦始皇的“焚书坑儒”是中国文化史上的一场浩劫，那么，罪不在秦始皇一人，至少道家的老子和法家的李悝、申不害、商鞅、韩非、李斯等很多人都难辞其咎，是思想史不断向前推进的时候，与秦国历代国君的整体国策密切相连，在特殊的时势下不可避免的结果。

第二节 真正的儒法斗争是针锋相对的

当我们努力克制“焚书坑儒”的暴行给我们的情感刺激而引起的反弹，平心静气，客观地分析、研究当时的史料，我们会惊奇地发现，“焚书坑儒”在富国强兵、抵御外侮（指东西南北各少数民族的侵扰）的政治形势下，实在是不得已的事情。

任何一种政治理论，都一定有其相应的历史文化的传承，有它赖以生存、传播的现实土壤。原始儒家以孝悌、孝慈为“仁”之“本”，并不是说孝悌、孝慈就是“仁”。关于“仁”，孔子在《论语》中从多个层面、多个角度进行了即时性的多种解释，就是重要的证据。所以，这个仁之本的“本”字，只是根源的意思，出发点的意思。先秦儒家的理路是，如果一个人对父母兄弟姐妹都不能献出一颗爱心，就更谈不上去爱世界上的其他人了，因此，“亲亲”是每一个人做人的第一步。但是，这只是一个起点，《郭店楚墓竹简·六德》云：“门内之治恩掩义，门外之治义斩恩”（第30–31简，同样的表述还见于《礼记·丧服四制》），就是要人们彻底划清“亲亲之爱”与“天下为公”的界限。早在商周之际的青铜铭文中，祭祀“祖先”的内容远比祭祀“天”的内容多；而到了孔子，则一方面号称“吾从周”，另一方面却从理论的实质上加大了“天”的分量，声称“大哉，尧之为君也！巍巍乎！唯天为大，唯尧则之。荡荡乎！民无能名焉。巍巍乎！其有成功也；焕乎，其有文章！”（《论语·泰伯》）把“天”推向了极端，推向了高于一切神灵的地位，只有“天”是无私的，只有“天”是普照人间万象的。因此，子思子说：“诚者，天之道也；思诚者，人之道也。”（《礼记·中庸》）把“天”看成了人提升精神境界的唯一标准。孔子在《论语》中甚至还说：“获罪于天，无所祷也。”（《八佾》）一切祭祀活动，都必须以尊崇“天”为前提。所以，相对于先秦诸子百家而言，“天下为公”实际上是先秦儒家的最大特点。

先秦儒家哲学最重要的内容是修身。《礼记·大学》云：“自天子以至于庶人，壹是皆以修身为本。”儒家的道德主体是通过“五达道”通向“三达德”，三达德，《礼记·中庸》界定为仁、智、勇，也就是后来被子思子、孟子完善为仁、义、礼、智、圣的“五行”（见《郭店楚墓竹简·五行》与长沙马王堆帛书《五行》）。它是在“亲亲之爱”的基础上扩而充之：“老吾老以及人之老，幼吾幼以及人之幼”，在孟子看来，只有这样，人才能成长为圣贤，才能够去管理国家：“天下可运于掌。”（《孟子·梁惠王上》）孟子又说：“尽其心者，知其性也。知其性，则知天矣。存其心，养其性，所以事天也。殀寿不贰，修身以俟之，所以立命也。”（《孟子·尽心上》）尽心、知性，参赞天地，进而知天；存心、养性，至诚动天，进而事天，由浅显而博厚，由凡俗而高明，由近切而悠久，逐步提升，层层递进，抵达“善、信、美、大、圣、神”。这是一种典型的境界哲学，把人之所以为人者视为一种逐步完善的过程。

先秦儒家的政治哲学也是由这一基本的政治理论自然延伸而成的。换言之，先秦儒家认为，只有在自身修养的过程中，通过尽心、知性达到了知天的人，通过存心、养性达到了事天的人，才能够“上下与天地同流”，完全超越一己之私，己立立人，己达达人。只有这种人才能够担任国家的君主，因为只有他们才能够“匍匐救民”（《上海博物馆藏战国楚竹书·二·民之父母》第9简，同样的表述还见于《礼记·孔子闲居》《孔子家语·论礼》），成为民之父母。孔子曰：“政者，正也。”（《论语·颜渊》）这个命题有三层含义：第一，君主作为国家的首领，必须是道德的表率，甚至是哲学的圣王，否则不足以化民。孔子曰："子帅以正，孰敢不正？"（《论语·颜渊》）又曰："无为而治者，其舜也与！夫何为哉？恭己正南面而已矣。"（《论语·卫灵公》）此之谓也。第二，整个国家的行政体系应当是一个以仁、义、礼、智、圣为追求目标的道德教化体系，因此"君主"是第一教主。他是历史文化传承的结晶，是各种美德的渊薮，所以在这样的语境下，整个社会就是一个不断提升道德境界的奋进过程。第三，全国上下，社会学、政治学、伦理学一以贯之，上行下效，无刑、无狱、无讼，"正"，是儒家理想王国中最高的理想。

孟子引用《尚书·泰誓》曰："天视自我民视，天听自我民听"（《孟子·万章上》），把人民群众的意志视为"天"，并且直谓"民为贵，社稷次之，君为轻"（《孟子·尽心下》）。所以，先秦儒家的政治哲学极端重视君权与人民的关系，极端重视君权的合法性，先秦儒家的经典作家在各种经典中花费了大量的篇幅来论证君权是从哪里来的。尤其是，他们并不仅仅注重君权的来历，更为注重君主在执政期间的表现，明确提出"四境之内不治"，使人民饱受"倒悬"之苦的君主就是"残""贼"，应该"变置"，因此，武王伐纣就是替天行道，"贼仁者，谓之'贼'；贼义者，谓之'残'，残贼之人，谓之'一夫'。闻诛一夫纣矣，未闻弑君也"（《孟子·梁惠王下》）。

而依托于商人地主集团的商鞅却认为，国家是不需要依托于人民的，只需要依靠自上而下的严刑峻法。他也强调“德”，但是，这个“德”并不是人之所以为人的主体自觉，而是“德生于刑”，是严刑峻法使人生畏，去掉一切主体性、独立性的自我意识（这被法家称为“私学”），归心于农，专力于战，“弱其志，强其骨”，一心为了专制君主的“公”，就是最大的“德”。很明显，这种所谓的“德”是恐怖主义的结果，而且是抽掉了人的主体精神之后，把国民改造成为国家的工具，以牺牲全国人民的意志来烘托、强化、突出专制君主一个人的意志。这当然是一种反人类的哲学。

现代法学中的“法”是保护无辜、约束犯罪，以维护人之所以为人的自由、平等、生命、健康、财产等自然的权利不受侵犯，而法家的“法”却完全是维护君主专制的利益，它只对专制君主一人负责。因此，从现代法学的角度来讲，秦国在法家的理论指导下对人民执行严刑峻法的同时，其本身就是在犯罪。至为重要的是，法家的政治哲学中始终没有讨论过“君权”是从哪里来的，既不说它来自“天”，也不说它来自民。在《韩非子》的原始文本中，君权来自两个方面，在没有取得之前，讲的是“霸术”；在已经取得之后，讲的是“权术”。在这样的国度里不可能有真正的公正，不可能有代表公正的“法”，更不可能建设一以贯之的道德体系。

这么说来，是不是先秦儒家的政治哲学就十全十美了呢？不是的。实际上，笔者以为，先秦儒家存在着根本性的缺陷，而且这也正是“焚书坑儒”的大灾难之所以发生的原因。第一，儒家的修身之学是非常重要的，任何社会，任何时代，不论对天子还是庶人，都是有必要的，但是到底何以判断一个人有德还是无德，在实际的操作中很难规定每一个社会成员都能接受并且执行的客观标准。在纷繁复杂的社会里，人性的表现千奇百怪，人们众口一词共同称道的人，未必就有一颗端正、诚悫的心，许多仁人志士也未必就能够得到人民大众的理解。颠倒错乱的现实，给有德无德的判断造成了很大的颠倒错乱。孔子“乡原，德之贼也”（《论语·阳货》）的感慨正是就此而发的。可惜这个问题几千年来一直是个重大的问题，无法解决。第二，孝悌，仁之本。通览《论语》《孟子》，都是一致的。本，是根源，是出发点。但是，在这个世界上，绝大多数人都是凡夫俗子，在一个以“亲亲之爱”为出发点的国度里，人们怎么才能超越自己，在大是大非问题上真正做到“天下为公”。战国时期东方六国之所以不是秦国的对手，关键问题就在于，以贵族领主集团为基础的国家体制，任人唯亲，结党营私，钩心斗角，内耗太重，毫无战斗力，完全违背了孔子、孟子的政治理想。笔者的意思是，先秦儒家哲学的理念是很好的，但是在现实的实行过程中，缺乏制度的制约，很难量化（如“门内之治恩掩义，门外之治义斩恩”的判断就难以深究）。因此，改革成功的国度就战无不胜，如秦国的商鞅变法；改革失败的国度就君臣离散，国破家亡，如楚国“肢解吴起”。第三，以民为天，修德而成圣王，这是先秦儒家政治哲学的精华。但是，在现实的社会之中怎么诞生这个“圣王”，实在是一个很大的问题。《郭店楚墓竹简·唐虞之道》明确指出：“禅也者，上德授贤之谓也。上德则天下有君而世明，授贤则民举效而化乎道。不禅而能化民者，自生民未之有也。”（第 20–21 简）这是一种非常古老而又先进的思想，可惜先秦儒家并没有也不可能在经验的层面、制度的层面进一步加以阐述。

一方面是政治理念的极端先进，另一方面是在经验的层面、制度的层面无法落实，于是，贯通天人的政治哲学就成了一场具有良好愿望的梦想，博厚、高明、悠久，“唯天为大，唯尧则之”（《论语 · 泰伯》），可望而不可即，成了中国的知识分子“永恒的乡愁”[①]。正是拥有这种让东方六国的知识精英视为精神归宿的政治哲学理论，导致了他们把来自游牧民族（原住鄂尔多斯原野的羌族苗裔），实行军事化的管理，“以刑去刑”，富国强兵的秦国视为“虎狼之国”。

秦国的政权“不法古，不修今”，建立在摧毁历史文化传承的基础之上，所以，它的命运只能犹如纸炮一声，轰然而灭。但是，秦国在夺取天下的过程中所表现出来的雷厉风行、战无不胜的业绩[②]，正好让我们对当时的那段历史进行反思。也许在孔子、孟子等正统的先秦儒家看来，六国之所以被秦国消灭，完全是因为没有按照孔子、孟子的思想来建立国家。但是，六国的残余，终究又投靠了秦国的知识分子们在批判秦国的政治时，却又无不是以《尚书》《诗经》《春秋》等儒

① 黄俊杰：《儒学与现代台湾》，北京：中国社会科学出版社，2001 年，第 271 页。

② 贾谊《过秦论》云：“秦人开关延敌，九国之师逡巡逃遁而不敢进，秦无亡失遗镞之费，而天下诸侯已困矣。于是从散约解，争割地以赂秦……”

家的经典作为思想上的武器。所以，六国集团与秦国的政治矛盾，最终演变成了秦国的政治意识形态与原始儒家死而不僵的政治幽灵的矛盾。于是，龙颜大怒的秦始皇就不仅要在物质形式上让六国集团从地球上消失，而且也要让它们依托的精神化为乌有。这就是“焚书坑儒”的本质。

结语

在血与火的灾难之后，儒家又以新的面貌在汉代站立了起来，并且在汉代以后一直被人篡改、修正，变来变去，为中国历代专制主义者所利用，失去了先秦孔子、孟子所倡导的原始儒家的战斗精神和人民性，并且，上述孔子、孟子原始儒家的政治哲学体系中原本存在的致命问题也没有得到根本性的解决，于是雪上加霜，导致了“五四”时期更为猛烈的清算与批判，布衣孔子、孟子再次成为历史的替罪羊。中国伟大的哲学家、伦理学家、文献整理家、政治思想家和教育学家，数千年来号称“万世师表”的孔子，被人贱称为“孔老二”，打翻在地，口诛笔伐。追求君权专制的秦国与追求民主科学的新文化运动都要彻底地消灭儒家学说，这是中国人在人类文明史上创造的“奇迹”。

但是，没有想到，在改革开放的今天，儒家哲学又火热了起来。是福还是祸，学术界拭目以待。笔者以为，世界上任何事物的发生，都有它的前因后果，肯定有它内在的理据。这正是儒家哲学再次抬头的真正原因。当代儒学在当代中国的命运，关键取决于从事儒家哲学研究的学者是否能够直面儒家的缺点，是否能够直面世界的文化价值主流，要敢于从历史的不幸遭遇中总结经验，既不可妄自尊大，也不可讳疾忌医。只有面对现实，脚踏实地，在否定中前进，才有发展的可能；只有在批判中建设，在反思中创新，才有可能重振雄风。

第四编

第十七章 《曹沫之阵》研究

上博简《曹沫之阵》的出版已经引起了学界的广泛关注，这不仅仅因为该书作为一部兵书出现于传承周公礼乐文明的鲁国，是一种特殊的现象，更因为该书的出现唤起了人们对先秦兵书源流的重新认识。因此，《曹沫之阵》的出版不仅有利于我们了解先秦原始儒学的发展状态，而且还有利于我们在进一步鉴别传世先秦兵书真伪的基础上，进而确定《曹沫之阵》的学术价值和地位。

第一节 齐国的兵学思想与《曹沫之阵》的关系

先秦时期的齐国是军事思想最为丰富的国度。它不但拥有司马穰苴、孙武、孙膑等著名军事理论家，而且还出现了像《司马法》《六韬》《孙子兵法》《孙膑兵法》《管子》等兵学名著，形成了比较完备的理论体系。之所以如此，关键在于分封到齐国的姜太公本来就是辅佐周文王、周武王攻占防守、开辟疆域的首要谋士。司马迁说姜太公“阴谋修德以倾商政，其事多兵权与奇计，故后世之言兵及周之阴权皆宗太公为本谋”（《史记·齐太公世家》）。常年的征战生涯和重要地位，姜太公的身边，理所当然地凝聚了一批高超的军事专家，在他有生之年或之后把他的军事思想加以整理、总结，并且形诸笔墨，代代相传，成为治军治国的方略，这是情理之中的事情，此其一。齐国地大物博，疆域辽阔，各方诸侯国的虎视眈眈以及北方骑马射箭之游牧民族的不断侵扰，都迫使齐国不得不在忧患和危机之中强大自己，在丰富的战争经验中不断总结、提升富有特色的军事思想，这可能是齐国军事思想不断提升、成为大国的根本原因，此其二。务实求真的姜太公传统和因循自然的治国方略，使春秋战国时期各种各样的思想流派融汇于齐国，从姜太公时代、桓管时代到威宣时代，齐国整体国力上升的同时也是其学术思想不断开出新境界的时代。取长补短，去粗取精，儒、法、道、墨等各种资源为齐国众多兵书的产生奠定了丰厚的思想基础，此其三。

从思想的体系与根源来看，《司马法》比《六韬》的成书要早得多。按李零先生的推断，它们二者属于不同的体系，但是，笔者以为，它们更属于不同的时代。《司马法》一书在民本思想、政治观念和相关的治军思想等方面都与西周的礼乐文明有深刻的联系，其中的一些在战国时期的人看来迂阔、迂腐的军事制度和作战原则是它比《六韬》要早得多的有力证据。本来，《庄子·徐无鬼》中就有关于《六韬》的记载：“吾所以说吾君者，横说之则以《诗》、《书》、《礼》、《乐》，从说之则以《金板》、《六弢》，奉事而大有功者不可为数，而吾君未尝启齿。”近年来定州西汉中山怀王墓与银雀山汉墓都出土了《六韬》的竹简，又进一步证明了先秦时期确有《六韬》一书的存在。根据目前所见传世本《六韬》

的状态，我们可以推测《六韬》的流变过程具有多种可能性。不过笔者确信，传世本《六韬》虽然也许具有十分久远的思想源头，或者干脆说，其思想的原质来源于姜太公，但该书是战国时期的作品，则是不容置疑的，至少经过了战国时期军事学家们的修改与润色。

笔者提出这样的观点，有以下五个方面的原因：第一，传世本《六韬》在思想体系上与《司马法》有根本的不同。《司马法》的思想根源是原始儒家，而《六韬》的思想根源却与《老子》道家具有深刻的联系，与黄老之术更是水乳交融。第二，全书笼罩着为达目的而不择手段的反道德倾向，与《孙子兵法》《孙膑兵法》十分接近，而与《司马法》大不相同。这是该著成书于战国时期而非春秋时期的有力证据。第三，《六韬》大量描写了有关铁器的战争手段，这是该书出现于战国时期的铁证。第四，该书描写的各种战争阵势、战争方式和战争策略极端细密、周详，商周之际是不可能出现如此缜密的思想的。第五，全书三次提及“天下非一人之天下，乃天下之天下也。同天下之利者则得天下，擅天下之利者则失天下”（《文韬》）的相关思想，这是东周之后的思想。

先秦军事思想有一个分水岭，那就是宋襄公在春秋中期的泓之战（公元前638年）。据《左传·僖公二十二年》载，商王后裔宋襄公坚持“不鼓不成列”的古代军法，不肯趁楚国军队半渡未济、抓住机会发动进攻而打了败仗。《司马法》实际上是属于宋襄公以前的作品，与《曹沫之阵》是一个体系；而《六韬》则大力提倡“兵不厌诈”的理念，完全把兵法归于“诡道”，与《孙子兵法》、《孙膑兵法》以及《管子》(《兵法》《制分》《地图》《九变》《幼官》《七法》《参患》等篇)、《墨子》(《备城门》等十一篇）中的兵法著作是一个体系。

在先秦时期，齐国与鲁国的关系是比较特殊的。齐国是姜太公的封地，鲁国是周公的封地，在开国伊始两国的治国方略就不大一样。司马迁写道：

> 鲁公伯禽之初受封之鲁，三年而后报政周公。周公曰：“何迟也？”伯禽曰：“变其俗，革其礼，丧三年然后除之，故迟。”太公亦封于齐，五月而报政周公。周公曰：“何疾也？”曰：“吾简其君臣礼，从其俗为也。”及后闻伯禽报政迟，乃叹曰：“呜呼，鲁后世其北面事齐矣！夫政不简不易，民不有近；平易近民，民必归之。”(《史记·鲁周公世家》)

这段话虽然明显带有太史公自己的思想倾向，但是，他把齐国为什么强大、鲁国为什么弱小的原因抓得很准。齐国姜太公简君臣之礼、从东夷之俗与鲁国伯禽“变其俗，革其礼，丧三年然后除之”的效果大不相同。但是，齐国与鲁国的各种交流是非常复杂的。两国的国君及民间互通婚姻、互相学习的程度比其他国家之间要频繁得多。仅从国家大事来讲，不仅有“鲁庄公如齐观社”(《国语·鲁语上》)，也有齐景公“入鲁问礼”(《史记·鲁周公世家》)；不仅齐国多次“伐鲁”而“鲁师败绩”(《史记·齐太公世家》)，也有鲁庄公在曹刿（即曹沫）的协助下击败齐师的记载(《左传·庄公十年》)。

《曹沫之阵》虽然以大量篇幅谈论政治，但终究是一部兵书。它的中心人物是鲁国的曹沫，也就是《左传·庄公十年》中的曹刿。曹沫在先秦时期是一位特殊人物。他的名字见于《左传·庄公十年》《穀梁传·庄公十三年》《国语·鲁语上》《管子·达匡》《吕氏春秋·贵信》《战国策·齐策》《战国策·燕策》《史记·鲁周公世家》《孙子兵法·九地》等史籍。在先秦历史上，他以刺客而著称于世。但是,《曹沫之阵》的出土问世，不仅说明了《左传·庄公十年》中《曹刿论战》故事的真实性，而且因为《曹刿论战》故事的存在，也说明了《曹沫之阵》所描述的内容是历史事实。换言之，曹刿不仅是一位勇敢的斗士，而且是一位对兵法有深入研究的军事家。根据《史记·齐太公世家》关于曹沫以匕首劫持齐桓公索要“鲁之侵地”的故事来看，曹沫是一位有勇有谋、胆魄心性都很高的人。

按照常理来说，曹沫对姜太公以来的齐国历史不可能没有足够的了解，对桓、管时代之前已经成书的《六韬》《司马法》等军事著作更不可能没有研究。所以，没有三代以来连年征战的历史背景，没有齐国发达的军事思想作为资源,《曹沫之阵》的出现是不可能的。当然，作为兵书,《曹沫之阵》是不能与《司马法》《六韬》相提并论的。原因有三，其一，虽然在形式上《曹沫之阵》明显模仿《六韬》的对话体，但是针对战争的主题并不集中，从体例上来讲，随意性比较大。它最多只是一篇告诫鲁庄公何以为政、何以正确处理战争与政治关系的文章，严格说来，还不能百分之百说它是一部地地道道的兵书。其二，从思想体系上来讲，《曹沫之阵》比较杂乱：既有来自齐国的道、法兼容，又有来自墨家的非命、兼爱，但其主流又是先秦儒家的理念。这多少反映了曹沫作为一位实干家而非理论家的融合能力。其三，从军事学的角度上来讲，置身于桓、管时代的曹沫实际上还停留在《司马法》的水平上，而同一时期，“稷下学宫”实际上已经建成，齐国进入了一个新的时代。没有齐国的兵法，曹沫的军事思想不可能出现；但是，曹沫却并没有真正追赶上时代的步伐，真正进入到“兵者，诡道也”（《孙子兵法·始计篇》）的领域。鲁国只是步齐国的后尘。也许正是这三个方面的原因，导致了《曹沫之阵》的佚失。

第二节 《曹沫之阵》中的墨家思想

但是，对《曹沫之阵》产生影响的不仅仅是齐国的兵家，充斥其中的还有大量的墨家思想。《吕氏春秋》高诱注云：“墨子名翟，鲁人。”孙诒让在《墨子后语》的上卷也考订墨子是鲁国人。从学术思想上来讲，墨家学派与儒家更存在天然的联系。《吕氏春秋·博志》云：“孔丘、墨翟昼日讽诵。”《淮南子》载：“孔丘、墨翟修先圣之术，通六艺之论。”（《主术训》）又说：“墨子学儒者之业，受孔子之术。以为其礼烦扰而不说，厚葬靡财而贫民，久服伤生而害事。故背周道而用夏政。”（《要略》）一方面继承儒家的一些优点，另一方面又反其道而用之，提倡尚俭、节用，兼爱、非攻，非命、尊禹等特别的思想。面对鲁国统治者醉生梦死的现实，曹沫借用墨家的政治理念来教育鲁庄公，也是情理之中的事情。《曹沫之阵》吸纳墨家学派的思想至少有以下几个方面：

第一，《曹沫之阵》提出了标准的君主应该“不昼寝，不饮酒，不听乐。居不设席，食不贰味”（第10-11简）。儒家不是不讲君主要以身作则，尤其是要在德性方面做出表率。郭店简《缁衣》就引孔子的话说：“上好仁，则下之为仁也争先。故长民者，章志以昭百姓，则百姓致行己以说其上。”（第10-11简）由此可见，在君主的行为规范上，墨家将儒家的理念推向了极端。把君主塑造成没有任何嗜欲、没有任何贪求、完全为他人而活、与广大黎民百姓完全一样的人物，这反映了墨子学派的平民意识、平等意识。但同时我们也可以看到，《曹沫之阵》的作者也许已经看到，战国时期畸形的君民关系，形同天渊的贫富差别，可以利用墨家的学说来矫正。不过，这种想法，在古往今来的任何时代、任何社会形态下，都只是一种空想。在第12简中，《曹沫之阵》还有“兼爱万民，而无有私也”的说法。“兼爱万民”，本来就是儒家的终极理想，但是孔子认为这是一种“圣境”，非常人能企及（《论语·雍也》）。所以，“无有私也”的思想也只是一种空想而已，在现实的政治生活中无论如何是不可能实现的，因为它已经违背了基本人性的“血气心知”之常。当然，我们不能说它完全没有价值，特别是在连年征战、民不聊生、统治者嗜欲横流的战国时代，它的批判作用是显而易见的。这也许是《曹沫之阵》借鉴墨家君主思想的重要原因之一。

第二，《曹沫之阵》明确站在墨家“非命”的立场上，激励君主秉持积极向上的治国态度：

> 庄公曰："昔施伯语寡人曰：'君子得之、失之，天命。'今异于尔言。"曹沫曰："[是]不同矣。臣是故不敢以古答。然而古亦有大道焉，必恭俭以得之，而骄泰以失之。君言无以异于臣之言。君弗尽，臣闻之曰：君子以贤称而失之，天命；以无道称而没身就死，亦天命。不然君子以贤称，曷有弗得？以无道称曷有弗失？"（第6-8简）

据史书记载，施伯是鲁国与曹沫同时而稍早的一位谋士，是一位知人善任、积极进取的人。[①]鲁庄公用施伯的话来搪塞曹沫，正反映了鲁庄公对国家事务的态度。这是原始儒家著作刻画昏庸君主嘴脸的一贯手法。

当然，这段话最重要的内容是曹沫从正反两个方面否定了"命定论"。"君子以贤称而失之，天命；以无道称而没身就死，亦天命。不然君子以贤称，曷有弗得？以无道称曷有弗失"的意思是不能根据"命定论"来判定成功与失败，更不能以"命定论"为借口为自己的好逸恶劳、醉生梦死寻找理由。"必恭俭以得之，而骄泰以失之"，语出《论

① 过去笔者在阅读历史演义小说《东周列国志》第十六回《释槛囚鲍叔荐仲 战长勺曹刿败齐》时，对其中说曹刿是鲁庄公时大臣施伯推荐的奇才，将信将疑。现在我们把《国语》、《管子》以及《曹沫之阵》等著作的相关表述整合起来，就可以知道，施伯确实是与曹刿同时代的人，鲁庄公拿施伯来回敬曹沫（曹刿），说明曹沫与施伯彼此之间确实比较了解，而且施伯比曹沫年纪大、资历高。这也证明《东周列国志》的作者没有瞎写，或许他还有什么更有说服力的证据。

语·子路》，也见于《礼记·大学》，是“古之大道”[①]，只有踏踏实实，勤于政事，才能把国家治理好。这种思路与《墨子》是完全一致的：

> 今用执有命者之言，则上不听治，下不从事。上不听治，则刑政乱；下不从事，则财用不足。上无以供粢盛酒醴，祭祀上帝鬼神，下无以降绥天下贤可之士，外无以应待诸侯之宾客，内无以食饥衣寒，将养老弱。故命上不利于天，中不利于鬼，下不利于人，而强执此者，此特凶言之所自生，而暴人之道也。是故子墨子言曰：“今天下之士君子，忠实欲天下之富而恶其贫，欲天下之治而恶其乱，执有命者之言，不可不非，此天下之大害也！”（《非命上》）[②]

墨子的这段表述在那个特殊的历史阶段毫无疑问具有积极的意义。但是，千百年来，中国学界公认在这方面取得了卓越成就的是荀子。《荀子》“大天而思之，孰与物畜而制之！从天而颂之，孰与制天命而用之！望时而待之，孰与应时而使之！因物而多之，孰与骋能而化之！思物而物之，孰与理物而勿失之也！愿于物之所以生，孰与有物之所以成！故错人而思天，则失万物之情”（《天论》）的论述已经远远超越了《墨子》，

① “必恭俭以得之，而骄泰以失之”的话脱胎于《论语·学而》“温良恭俭让以得之”以及《论语·子路》“君子泰而不骄，小人骄而不泰”。这样的表述还见于《礼记·大学》：“忠信以得之，骄泰以失之。”

② 笔者认为，墨子的这段论述相当偏激，把“命”的诠释推向了极端，仿佛社会的一切祸害都来自人们对“命”的依赖，这是片面的。“命”作为一个宗教学的概念，它在维系社会稳定、纯洁人们的信仰方面也有特殊的作用。

这里就无庸赘述了。只是这种吸收、转变的工作，至少在《曹沫之阵》的作者那里就已经开始了。不过，孟子并不以为然。孟子并没有彻底反对“命定论”，而是继承了孔子“俟命论”以来的传统，将它改造成了“尽其心者，知其性也。知其性，则知天矣。存其心，养其性，所以事天也。殀寿不贰，修身以俟之，所以立命也”(《孟子・尽心上》) 的“立命论”“俟命论”。这是否可以理解为孟子对《曹沫之阵》等相关论述的扬弃呢？

人类思想的发展轨迹已经反复证明墨子的观点似是而非。作为科学家的培根（Francis Bacon，1561—1626）说得很清楚：“否认有神的人是毁灭人类底尊贵的；因为人类在肉体方面的确是与禽兽相近的；如果人类在精神方面再不与神相类的话，那么人就是一种卑污下贱的动物了。同样，无神论也毁灭英雄气概与人性底提高。……因此，无神论在一切方面可恨，在这一方面也如此，就是它削夺了人性所赖以自拔于人类底弱点的助力。这在个人如此，在民族亦如此。”① 中国文化的主流也始终没有完全抛弃“天命”思想，它在中国文化史的发展过程中是发挥了积极作用的。这也许是墨子最终湮没无闻的原因之一。

第三，《曹沫之阵》吸收了墨家在战争状态下奖励和惩罚方面的经验。《曹沫之阵》多次提到，正确的奖励与惩罚是战争取得胜利的决定性因素之一：

---

① 培根：《培根论说文集》，水天同译，北京：商务印书馆，1958 年，第 59-60 页。

庄公曰："为和于邦如之何？" 曹沫答曰："毋获民时，毋夺民利。申功而食，刑罚有罪，而赏爵有德。"（第20–21简）

禄爵有常，忌莫之当。（第50简）

刑法思想并非儒家所固有。先秦原始儒家既是反战的，又是反对刑罚的。他们主张的是"必也使无讼"（《论语·颜渊》）式的德政。墨子本来与儒家有千丝万缕的联系，是提倡"非攻""兼爱""尚贤"的，但是，他却同时与法家也具有十分亲密的关系。《墨子》写道：

子墨子曰："天下从事者不可以无法仪。无法仪而其事能成者无有也。虽至士之为将相者，皆有法；虽至百工从事者，亦皆有法，百工为方以矩，为圆以规，直以绳，正以县。无巧工不巧工，皆以此五者为法。巧者能中之，不巧者虽不能中，放依以从事，犹逾己。故百工从事，皆有法所度。今大者治天下，其次治大国，而无法所度，此不若百工，辩也。然则奚以为治法而可？当皆法其父母奚若？天下之为父母者众，而仁者寡，若皆法其父母，此法不仁也。法不仁，不可以为法。当皆法其学奚若？天下之为学者众，而仁者寡，若皆法其学，此法不仁也。法不仁，不可以为法。当皆法其君奚若？天下之为君者众，而仁者寡，若皆法其君，此法不仁也。法不仁不可以为法。故父母、学、君三者，莫可以为治法。然则奚以为治法而可？故曰莫若法天。天之行广而无私，其施厚而不德，其明久而不衰，故圣王法之。"（《法仪》）

《墨子》一书，折中于儒、道、法之间的状态，在此可见一斑。在这里，墨子借助法家的“法”，从颠覆儒家开始，否定了父母、学、君三者，而依赖于法治。但是“法”皆“不仁”，于是绕了一个大弯子，最终又从表述的方式与内容上回到了“天”。这证明了墨子理论体系的矛盾。这里的引文进一步说明，《墨子·备城门》等十一篇军事文献确实是墨家的文献，虽然它大量汲取了法家思想。所以，如果说《曹沫之阵》正在为儒家寻找出路，那么，它既吸收了墨家的思想成分，也吸收了法家思想中行之有效的东西。

第三节 《曹沫之阵》的思想主体是儒家

从哲学思想的归属上来讲，《曹沫之阵》应该属于先秦儒家。之所以这样定位，笔者有如下三个方面的理由：

第一，本章在结构上完全借用了《左传·庄公十年·曹刿论战》的论说模式，说话的口气、神态以及曹沫与庄公的关系，甚至其中的某些对话思路、价值取向都是从中抽绎出来的[①]：

（曹沫曰：）“使人不亲则不敦，不和则不辑，不义则不服。”庄公曰：“为亲如何？”答曰：“君勿惮劳，以观上下之情伪。匹夫

① 《左传·庄公十年》写道：十年春，齐师伐我。公将战，曹刿请见。其乡人曰：“肉食者谋之，又何间焉。刿曰：“肉食者鄙，未能远谋。”乃入见。问何以战。公曰：“衣食所安，弗敢专也，必以分人。”对曰：“小惠未遍，民弗从也。”公曰：“牺牲玉帛，弗敢加也，必以信。”对曰：“小信未孚，神弗福也。”公曰：“小大之狱，虽不能察，必以情。”对曰：“忠之属也，可以一战，战则请从。”

寡妇之讼狱，君必身听之。有知不足，亡所不中，则民亲之。”（第33简）

应该说，这里不仅对答的结构是对《曹刿论战》的模仿，对答的内容还有《曹刿论战》的痕迹和影响，而且其中的核心概念和价值观都是地地道道的儒家。“不亲”“不和”“不义”，这是儒家建立在孝道之上的“老吾老以及人之老，幼吾幼以及人之幼”（《孟子·梁惠王上》），由亲亲而尊贤，逐步外推，内圣外王的理路。《左传》的全名是《春秋左氏传》，是孔子亲自整理、撰写的史书《春秋》的“传”。《曹沫之阵》的文章结构与思想承续意味着什么，是不言而喻的。更为重要的是，不论是《论语》还是《孟子》都不厌其烦地展现了公众知识分子与各种当权者的互动关系。原始儒家经典著作中的知识分子一方面具有强烈的独立性，另一方面又具有十分明显的依附性，他们在独立性与依附性相互交织的张力中积极入世，实现自我生命价值的理想。简文《曹沫之阵》具有这种由来已久的儒家品质。

第二，《曹沫之阵》一文在政治上的最高理想是非常明确的：

昔周室之邦鲁，东西七百，南北五百。非山非泽，无有不民。今邦弥小而钟愈大，君其图之。昔尧之飨舜也，饭于土塯，欲于土铏，而抚有天下，此不贫于美而富于德与？昔周室……（第1–3简）[1]

① 第三简最后一个字，廖名春、陈剑补读为“室”。

可惜第三简是一支残简，否则下文又将是关于“昔周室”的表述。孔子曾经说过：“周监于二代，郁郁乎文哉，吾从周。”（《论语·八佾》）因此，以周代的政治作为理想的范本，是原始儒家遣词造句、传情达意的基本习惯，因为先秦儒家始终不会忘记西周与鲁国血浓于水的文化传承。[①] 我们在解读这一段文字的时候，可以隐约地看到，它的思想资源和行文范式与《尚书·尧典》有一定的关系：

> 曰若稽古，帝尧曰放勋，钦明文思安安，允恭克让，光被四表，格于上下。克明俊德，以亲九族；九族既睦，平章百姓。百姓昭明，协和万邦。黎民于变时雍。

二者之间只有语言风格的区别、理论水平的差异，而没有思想上的实质差距。在《曹沫之阵》的作者看来，西周的王道之政之所以能够达到“非山非泽，无有不民”的状态，仅仅是因为统治者以身作则，专心于“德”的建设，感化、教化、归化了天下的人民。“德政”是这一政治理想的中心。二者之间的根本区别只是在于，《尧典》偏重于理论的、玄想的描述，而《曹沫之阵》追求的是现实政治的效果。

第三，《曹沫之阵》的主体思想是“有克政而无克阵。三代之阵

---

① 《左传·昭公二年》曰：“周礼尽在鲁矣。”《论语·雍也》曰：“齐一变，至于鲁；鲁一变，至于道。”是说鲁国的文化完全继承了周文王的精华。杨向奎先生指出：“以德、礼为主的周公之道，世代相传，春秋末期遂有孔子以仁、礼为内容的儒家思想。宗周→春秋，周公→孔子，构成三千年来儒家思想之完整体系。”（杨向奎：《宗周社会与礼乐文明》，北京：人民出版社，1997 年，第 285 页）

皆存，或以克，或以亡”（第 14 简）。这是说，只有战无不胜的政治，没有战无不胜的阵势。夏、商、周三代传承下来的兵法（“阵”），硕果累累，深入人心；但是，历代统治者有的靠“阵”打了胜仗，有的靠“阵”打了败仗。这是为什么呢？关键问题在于德政。也就是“为政以德”（《论语·为政》），才能“莫之能御”（《孟子·梁惠王上》）。换言之，只有“仁”者才能无敌于天下。纵观竹书《曹沫之阵》，笔者以为，它所倡导的“克政”，从战争的角度放射开去，有如下几个层面的要求：

其一，“勿获（获：误也）民时，勿夺民利”（第 20 简）。也就是孟子所说的“鸡豚狗彘之畜，无失其时，七十者可以食肉矣。百亩之田，勿夺其时，八口之家可以无饥矣”（《孟子·梁惠王上》）。本来，先秦时期没有哪个哲学流派是不谈论“时”的，但是，原始儒家是真正从民生疾苦出发，将“时”与战争挂钩来论述问题的学派：“彼夺其民时，使不得耕耨以养其父母。父母冻饿，兄弟妻子离散。彼陷溺其民，王往而征之，夫谁与王敌？故曰‘仁者无敌’。”（《孟子·梁惠王上》）战争本身不会在经济上给人民制造灾难，这是《曹沫之阵》提出的一个重要的战争原则，与孟子之“行一不义，杀一不辜，而得天下，皆不为也”（《孟子·公孙丑上》）的观点是一致的。

其二，“禄爵有常，忌莫之当”（第 50 简）。要维护“禄爵有常”，最好的办法就是倡导儒家的“礼”；况且，要“禄爵有常”，就不可能没有厚薄、等级、高下之分，就不可能没有政府官员之间的亲疏远近，这与墨子倡导的人人平等的“尚同”“兼爱”思想是不相符的。《墨子·非儒》一开头就说：“儒者曰：亲亲有术，尊贤有等，言亲疏尊卑之异也。”“礼”是墨家反对的思想。所以笔者以为，简文“禄爵有常，忌莫之当”的命题，来自孔子“举直错诸枉，则民服；举枉错诸直，则民不服”（《论语·为政》）的原创思想。它是从孔子的相关思想中抽绎出来的一个军事命题，意谓，只要在进行德政建设时，“举直错诸枉”，按功行赏，在政治上形成了稳定的局面，就会激发起强大的政治力量，就会从根本上增加战争的胜算。

其三，“战有显道，勿兵以克”（第38简）。释文的整理者在注释这个命题的时候认为，这个命题与《孙子兵法·谋攻篇》有直接联系，“似是‘不战而屈人之兵’的意思”[①]。这是注释者望文生义、太过草率产生的错误。笔者以为，简文的这个命题，不仅仅是一个军事技术上的判断，更是一个政治学上的命题。“战有显道”之谓，很明显，从表达的分量上不是指孙子的“不战而屈人之兵”，而是有更加重要的思想层面。那么，战争的“显道”是什么呢？这要根据竹书的上下文来理解才能把握这个判断的真正思想。刚好，第38简前后的第37、39、40简都是完整的简，为我们正确理解这个判断创造了很好的条件。在第39、40简中，简文直接回答了什么是“显道”：“人之兵不砥砺，我兵必砥砺；人之甲不坚，我甲必坚。人使士，我使大夫；人使大夫，我使将

① 马承源主编：《上海博物馆藏战国楚竹书》（四），上海：上海古籍出版社，2004年，第268页。

军；人使将军，我君身进。此战之显道。”这当然是儒家吸收了法家坚甲利兵的思想。但是与法家不同的是，它崇尚的是政治清明、催人奋进、积极向上的政治，更是君主要身先士卒、以身作则的政治。也就是孔子“政者，正也。子帅以正，孰敢不正”（《论语·颜渊》）的另一种表述方式。从这个层面上来讲，这个命题可以解释为：战争最根本、最著名的原则（“显道”）是，不要把战争胜利的希望只寄托在战争之上。众所周知，在先秦诸子中，孟子在这方面的论述最为耳熟能详，最具有深远的影响力：

> 七八月之间旱，则苗槁矣。天油然作云，沛然下雨，则苗浡然兴之矣。其如是，孰能御之？今夫天下之人牧，未有不嗜杀人者也。如有不嗜杀人者，则天下之民皆引领而望之矣。诚如是也，民归之，由水之就下，沛然谁能御之？（《孟子·梁惠王上》）

“天时不如地利，地利不如人和”，只有全国人民团结一心，才是战争胜利的根本保障。诚然，政治清明，全国人民团结一心，未必就一定能够打胜仗。但是，先秦儒家却是在思想体系的框架之中讨论政治哲学的理想。这也正是《曹沫之阵》的思想追求。由此可见，《曹沫之阵》一文，不仅汲取了墨家的资源，而且也借鉴了法家的思想，但是，这丝毫不影响这篇文章在思想主体上是一篇儒家著作，因为它始终坚持它的政治理想——德政。换句话来说，从思想史发展的规律来讲，孟子的仁政思想不可能是空穴来风，它只有在这种思潮的涌动或启发下，在丰富的思想积淀之中，才有可能诞生，才有可能那么圆熟、那么富有深刻的哲理。没有类似《司马法》《曹沬之阵》这样的著作的启迪，《孟子》的出现是不可能的。

这样一来，我们就发现，《曹沬之阵》为我们研究先秦时期其他的传世兵书提供了一个可资借鉴的范本。自宋代以来，先秦时期的兵书，被疑古派在不同程度上提出了质疑。比方，过去有人说《墨子·备城门》等十一篇有关守城之术的著作不是墨家所为，其中有些内容完全是法家的思想。就事论事，他们也未必没有道理。

> 因城内里为八部，部一吏，吏各从四人，以行冲术及里中。里中父老不与守之事及会计者，分里以为四部，部一长以苛往来，不以时行，行而有他异者以得其奸。(吏从卒四人以上。)有分守者大将必与为信符，大将使人行守，操信符，信符不合及号不相应者，伯长以上辄止之，以闻大将。当止不止及从吏卒纵之，皆斩。诸有罪自死罪以上，皆逮父母、妻子、同产。
>
> 诸男子有守于城上者，什六弩、四兵。丁女子、老少，人一矛。卒有惊事，中军疾击鼓者三，城上道路、里中巷街，皆无得行，行者斩。女子到大军，令行者男子行左，女子行右，无并行。皆就其守，不从令者斩。离守者三日而一徇，而所以备奸也。里正与父老皆守宿里门，吏行其部，至里门，正与开门内吏，与行父老之守及穷巷闲无人之处。奸民之所谋为外心，罪车裂。正与父老及

吏主部者不得，皆斩。得之，除，又赏之黄金人二镒。大将使信人行守，长夜五循行，短夜三循行。四面之吏亦皆自行其守，如大将之行，不从令者斩。(《墨子·号令》)[①]

提倡非攻、兼爱、尚同的墨子一处于战争的状态下就变得如此杀气腾腾。长期以来，比较直接、简单的解释就是文章不是出于墨子之手。例如，苏时学、吴汝纶等就认为,《墨子·备城门》等十一篇文字是汉人作品，非《墨子》原有的文字。[②] 岑仲勉先生在解释上文“诸有罪自死罪以上，皆逮父母、妻子、同产”一句时也说：“自斩罪以上皆逮捕其父母、妻子、兄弟（同产即兄弟），此即秦代夷三族之法。”[③] 但是，笔者的理解却不是这样的。笔者认为，墨子一派提倡节用、节葬，非乐、非命，在现实的政治军事斗争中就必然会采取非常实际，有时甚至是雷厉风行的措施。而且墨家学派事实上一开始就形成了一个以墨子为教主的宗教化、军事化，管理极端严密的团体。《墨子》一书在开篇第一章中就有“虽有贤君，不爱无功之臣；虽有慈父，不爱无益之子。是故不胜其任而处其位，非此位之人也；不胜其爵而处其禄，非此禄之主也”(《亲士》) 的论述。像这样的话，以功利压倒亲情，以实用压倒友情，是先秦原始儒家无论如何也说不出来的。《庄子·天下》曾把墨家一派描述为：“多以裘褐为衣，以跂蹻为服，日夜不休，以自苦为极。”在生

① 岑仲勉:《墨子城守各篇简注》, 北京：中华书局，1958 年。
② 同上书，第 6 页。
③ 同上书，第 100 页。

活上严于律己的人，对别人也往往会有苛刻的倾向。况且，法家虽然有许多缺点，但是，在奖励耕战、攻城略地方面确实有雷厉风行、立竿见影的效果。而且法家的思想根源就是秦国艰苦的地理、气候等自然条件，其中与墨家在某些方面有相通之处，致使后期许多墨家信徒直接跑到秦国去，与法家同声相求。所以墨家在讲兼爱、非攻的时候，可以与法家针锋相对，但是在追求战争效果的时候，就自然而然地采取了法家的残酷手段。我们从上面的各种引文中可以看到，《曹沫之阵》一文汲取了墨家的精华，扩大了自己的理论论域，借鉴了法家的思想，提高了自己战争的胜算，而墨家学者采取了法家的手段，不仅玷污了他们自己崇高的目标，而且使其思想体系中充满了矛盾。这是一个值得我们认真吸取的理论教训。

之所以要提出墨家的这个例子，笔者的目的不仅是要把《墨子》的战争思想与《曹沫之阵》的战争思想进行必要的比较，而且还要证明，即便是先秦时期的著作，也不可能在思想上纯洁得一丝杂质都没有。换言之，先秦时期的兵法著作传播于后世，在语言上、在表述的方式上都不同程度地染上了后世各种因情势不同、因整理者的个性与目的不同而导致的不同色彩。这是中国古代经书传播的一种特殊方式，更是中国秦汉之际特殊的历史现实决定了的特殊情况（各家各派彼此取长补短）。既然是特殊情况，就应该特殊对待，绝不能脱离中国特殊的历史情势而闭门造车；更不能脱离中国经书传播的模式，滑向历史虚无主义。《墨子·备城门》等十一篇兵法文献如此，《六韬》《孙子兵法》《吴子》《司马法》《尉缭子》等其他兵法书籍亦复如此。

第四节 《曹沫之阵》的战争思想

仔细爬梳《曹沫之阵》的战争思想，笔者认为可以从以下三个方面进行总结：

第一，这篇文章最重要、最核心的思想是："有固谋而无固城，有克政而无克阵。三代之阵皆存，或以克，或以亡。"（第 14 简）也就是说，在古往今来的战争中，只有坚不可摧的谋略，没有坚不可摧的城池；只有战无不胜的政治，没有战无不胜的阵势。政治是战争胜利与否的决定因素。德国军事学家克劳塞维茨（Carl von Clausewitz，1780—1831）说："社会共同体（整个民族）的战争，特别是文明民族的战争，总是在某种政治形势下产生的，而且只能是某种政治动机引起的。因此，战争是一种政治行为。"[①] 夏、商、周三代各种各样的战争故事充分地说明了这一点。由于充满了历史的反思精神，曹沫的这一表述相当精辟、直接，充满了历史的沧桑感。这使人马上想起孟子非常有名的一段表述：

> 地方百里而可以王。王如施仁政于民，省刑罚，薄税敛，深耕易耨；壮者以暇日修其孝悌忠信，入以事其父兄，出以事其长上，可使制梃以挞秦楚之坚甲利兵矣。(《孟子·梁惠王上》)

① 克劳塞维茨：《战争论》，中国人民解放军军事科学院译，北京：商务印书馆，1978 年，第 42 页。

曹沫的话归根到底是要归结到孟子这里来的。因为“固谋”和“克政”的最高境界，就是孟子的“仁政”。因为只有彻底地实现“仁政”的理想，才是最完美的“固谋”和“克政”。孟子在这里总结了三点：全国人民共同“修其孝悌忠信”，在政治信仰上拧成一股绳，共同的政治理想，是取得一切战争胜利的根本保障，此其一；在行政管理上，政府“施仁政于民，省刑罚，薄税敛，深耕易耨”，各种社会问题得到了解决，各种社会保障系统完备，广大人民在物质与精神上都有了根本的依靠，此其二；整个国民已经养成了“入以事其父兄，出以事其长上”的民风，诚信、和谐，是这个社会最基本的特征，此其三。

“有克政而无克阵”的潜台词是，参与战争的成员都是因为共同的理想投入战斗的，因此在战争的纪律方面具有高度的自觉，因为那是参与者主体精神的自我抉择。可是，《墨子》的相关表达，是令人吃惊的：

> 围城之重禁，敌人卒而至，严令吏民无敢讙嚣、三冣、并行、相视坐泣、流涕若视、举手相探、相指、相呼、相麾、相踵、相投、相击、相靡（以身及衣）、讼驳言语、及非令也而视敌动移者，斩；伍人不得，斩；得之，除。伍人踰城归敌，伍人不得，斩；与伯归敌，队吏斩；与吏归敌，队将斩。归敌者父母、妻子、同产皆车裂。先觉之，除。当术需敌，离地，斩。伍人不得，斩；得之，除。（《号令》）

《墨子》把战争的管理过程描述成了一种完全没有人性的惨状。在《墨子》中，这种表达不是孤立的，它的各篇章都有一种内在的联系。现在看来，孟子说墨家学派“无父无君”，可谓证据确凿。因此，只要认真地读一读这一段文字，我们就会毫不犹豫地认定《曹沫之阵》属于儒家作品，绝非墨家文献。因为只有墨家才与法家这种“以刑去刑”的残暴政治具有千丝万缕的联系，而先秦儒家在这一点上与法家的思想从来都是势不两立的。

第二，具体到战争的每一个步骤，在《曹沫之阵》的作者看来，都有一个逐步向前推进的逻辑：“不和于邦，不可以出豫。不和于豫，不可以出阵。不和于阵，不可以出战。是故夫阵者，三教之末。”（第18-19简）“和于邦”是“和于豫”的前提；“和于豫”是“和于阵”的前提；“和于阵”是“出战”的前提。没有“和于邦”也就没有“和于豫”；没有“和于豫”也就没有“和于阵”；没有“和于阵”也就不可能“出战”，并且最终取得战争的胜利。这里说得很清楚，“和于邦”是战争最终能够取得胜利的最重要、最基本的因素。没有“和于邦”作为最基本的出发点，也就不可能有“和于豫”“和于阵”“出战”等各个逐步向前推进的环节，就更不要奢望取得战争的最后胜利了。因此，作为一部兵书，《曹沫之阵》以此类推，提出了“是故夫阵者，三教之末”的重要判断，出乎预料之外、而又坚决地否定了兵书自身的根本价值。[①]

① 克劳塞维茨说过：政治的目的并不是“可以任意的决定一切，它必须适应手段的性质”。尽管如此，“政治贯穿在整个战争行为中，在战争中起作用的各种力量所允许的范围内对战争不断发生影响”（克劳塞维茨：《战争论》，中国人民解放军军事科学院译，北京：商务印书馆，1978年，第43页）。克氏只是一个军事家，所以他在论述问题的时候完全没有看到人民在战争中的巨大力量以及战争本身对全社会在精神上的破坏力，更没有看到，战争的手段，有的时候是一种丧德败性的泥沼，往往具有毁灭政治目的的一面（如墨子的《备城门》等十一篇文献）。而且，他大约永远也无法体会出《曹沫之阵》和孟子为什么尽量避免讨论战争手段的原因。

它的意义并不仅仅在于否定了《六韬》《孙子兵法》以来“兵不厌诈”的黄老传统，揭示了传统兵法丧德败性的负面影响，而且启迪了孟子伟大的“仁政”思想。这不能不说是《曹沫之阵》中重要的战争思想，也是《曹沫之阵》一文的理论制高点。由此，我们发现了《孟子》思想的来源：

> 今王发政施仁，使天下仕者皆欲立于王之朝，耕者皆欲耕于王之野，商贾皆欲藏于王之市，行旅皆欲出于王之涂，天下之欲疾其君者，皆欲赴愬于王。其若是，孰能御之？（《孟子·梁惠王上》）

笔者肯定没有任何实物上的证据，可以论证《曹沫之阵》与《孟子》之间具有直接的关系。但是，《曹沫之阵》能够流传到楚国，就不可能不流传到齐国；既然它能够流传到楚国，就说明它在当时是一部重要的文献。作为一代思想大家的孟子，就不可能不吸收相关的思想营养。

第三，认真玩味《曹沫之阵》全文，下面的这一段对话对我们理解孟子具有深远的意义，是我们打开孟子“仁政”宝库的钥匙。它实际上是把笔者在上面所引《孟子·梁惠王上》的两段高度精神化的表述文字物质化了。如果换位思考，我们似乎可以肯定，孟子的“仁政”理想就应该是从在他之前的、类似这样的表述中汲取了思想的源泉：

> 曹沫曰：“使人不亲则不敦，不和则不辑，不义则不服。”庄公曰：“为亲如何？”答曰：“君勿惮劳，以观上下之情伪。匹夫寡妇之讼狱，君必身听之。有知不足，亡所不中，则民亲之。”庄公又

问："为和如何？"答曰："毋嬖于便嬖，毋长于父兄，赏均听中，则民和之。"庄公又问曰："为义如何？"答曰："申功尚贤，能治百人，使长百人；能治三军，思帅受……"（第33–36简）

整合全文，我们在字里行间接收到的真正的信息是，只要国家自上而下彻底地实现了"仁政"的政治理想，全国人民真正团结在"仁政"的道德理想之下，一旦处于战争状态，举国上下就会同仇敌忾，男女老少都会在一夜之间转化为无坚不摧的军队，以大无畏的精神克敌制胜。换言之，虽然孟子扬弃了墨子学派半宗教化、半军事化的特性，自上而下在全社会倡导全民参与的"仁政"，似乎是反对战争的，但实际上，其理论的内核中蕴含着一种巨大的富国强兵的力量，它不仅避免了在墨子的笔下，在战争中父母妻子"相视坐泣、流涕"的恐惧场面，也避免了因为"诸有罪自死罪以上，皆逮父母、妻子、同产"而丧德败性的恶果。

综上所述，没有《六韬》《司马法》的传统，就不可能出现《曹沫之阵》。没有在《司马法》影响下的《曹沫之阵》，就不可能有《孟子》完备的仁政思想和与之水乳交融的战争观念。作为一部兵书，《曹沫之阵》消亡、佚失的原因在于，在它之前有完备、细密的《司马法》蔚为大观；在它之后又有《孟子》的仁政思想登峰造极。从这个角度来讲，我们完全可以说，《曹沫之阵》是《六韬》、《司马法》到《孟子》的一个发展环节，它的理论成果实际上已经为《孟子》所吸收、消化，并且对中国文化产生过深远的影响。

第十八章　从《司马法》到《孟子》

春秋时期的齐国兵书《司马法》虽然是一部真正的兵书，但其根本的政治理想却是反对战争的。它不仅表达了无求不争、反对等差、推崇无善无恶和无赏无罚的道家理想，而且对原始儒家“材技不相掩，勇力不相犯”“诸侯说怀，海外来服”“上贵不伐之士”（《仁本第一》）的政治境界也情有独钟。在《司马法》看来，战争，是通过非正常途径达到仁义教化目的的一种特殊手段，是一种不得已而采取的最后措施。其政治理想、民本思想和军事辩证法对儒家“亚圣”孟子的战争观念明显产生了深远的影响，是值得我们认真探讨的一个问题。

第一节 《司马法》产生的背景及其对孟子的启发

《司马法》的原创思想来源于司马穰苴。然而，司马穰苴虽然得意于齐景公（公元前 547—前 490）之世，但其兵法却很有可能一直到齐威王（公元前 356—前 320）的时代才最终形诸笔墨，形成庞大的规模，产生巨大的影响。司马迁说得很明白：“齐威王使大夫追论古者《司马兵法》而附穰苴于其中，因号曰《司马穰苴兵法》。”[①]据《史记》记载，穰苴被鲍氏、高子、国子逼退之后，郁郁寡欢，很快就“发疾而死”[②]，是后来政治形势发生了根本的变化之后，齐威王运用手中的权力，召集、命令（“使”）有学识的人记载、整理、反思、总结、提升（“追论”）司马穰苴的兵法，才最终形成了司马迁所看到的“闳廓深远，虽三代征伐，未能竟其义”[③]的《司马兵法》“百五十五篇”[④]。也就是说，司马迁认为，这是一部超越历史时代、地域、国度、阶级、集团，具有非常深远的政治哲学思想的鸿篇巨制。在当时的历史条件，尤其是书写、传播条件十分困难的前提下，仅凭司马穰苴的个人或家族力量，是很难达到这样的规模的。

齐威王之后，接下来的就是齐宣王。威、宣时期，是齐国政治昌明、学术发达的一个时期，也应该是《司马法》在齐国如日中天的时期。因为，“当是之时，秦用商君，富国强兵，楚魏用吴起，战胜弱敌。齐威王、宣王用孙子、田忌之徒，而诸侯东面朝齐”[⑤]。这正是《司马法》之所以产生的一个特殊的历史环境。作为一代思想大家的孟子，生于斯、长于斯，耳濡目染，不可能不对齐威王、宣王时期的主流思想及“天下方务于合纵连横，以攻伐为贤”[⑥]的世界大势有深入的了解。对

① 司马迁：《史记》，北京：中华书局，1959 年，第 2168 页。
② 同上书，第 2169 页。
③ 同上书，第 2160 页。
④ 班固：《汉书》，北京：中华书局，1962 年，第 1709 页。
⑤ 司马迁：《史记》，北京：中华书局，1959 年，第 2343 页。
⑥ 同上。

此，我们似乎可以从孟子与齐宣王之间难分难舍的关系中体会到这种深层次的影响何以可能（见《孟子》的《梁惠王上》《万章下》等篇）。孟子在“私淑”孔子，发展孔子，提出了一套“仁政”学说的同时，也相应地提出了一套别具一格的战争思想。笔者在深究文本之后以为,《司马法》与《孟子》之间有一种提升与被提升的内在机制，其中的关系是我们不能忽视的。

大凡有影响的兵书，都不仅仅是会打仗的将军就一定能够写出来的。德国的克劳塞维茨虽然具有丰富的战争经验，但是，如果不是早年学过康德的哲学，他就写不出战争圣典《战争论》。司马迁也有同感。他在其《史记·孙子吴起列传》中说：“能行之者未必能言，能言之者未必能行。”[①]《司马法》一书如果不是齐威王召集当时齐国的有识之士“追论”穰苴的兵法，恐怕也就不可能形成如此“闳廓深远”的规模。笔者仔细阅读、揣摩《司马法》一书的哲学思想，深以为，如果司马迁、班固所见到的《司马法》155 篇是实，那它就只能产生于齐威王时期。因为，即便是在目前仅存的短短的 5 篇之中，我们不仅会为其中深刻的哲理和思想所吸引，而且还会为精致凝练的字词、精心营构的篇章所触动。所以，笔者深信，这部宏大著作的形成，有非常厉害的高手直接参与，是很多专家反复“追论”、切磋、磨砺、整理、提高而成的一个集大成式的精品，其中至少有以下几个方面对孟子的战争观念是有启发作用的：

---

① 司马迁：《史记》，北京：中华书局，1959 年，第 2168 页。

第一，《司马法》的根本思想是民本思想。《司马法》的作者认为，治理国家，“以仁为本、以义治之为正”，而战争则是“正不获意则权”（《仁本第一》）的结果，是仁义为本、治国安民的一种非常的权变措施。战争杀人的目的在于安人，攻打敌国的前提是爱护那个国家的人民。正义战争的唯一目的，在于制止战争（“杀人安人，杀之可也；攻其国爱其民，攻之可也；以战止战，虽战可也”）。因此，战争的根本原则是“不违时，不历民病，所以爱吾民也。不加丧，不因凶，所以爱夫其民也；冬夏不兴师，所以兼爱其民也”（同上）。也就是说，战争不能在农忙的时候进行，不能给广大的黎民百姓制造灾难，不能趁敌国举行国葬或发生自然灾害的时候发动战争。这不能不使人想起孟子的相关论述：“行一不义，杀一不辜，而得天下，皆不为也。”（《孟子·公孙丑上》）二者在根本上有相通之处。不同的是，孟子把《司马法》的观点推向了政治理想的极端。

正是在这种民本思想的指导下，《司马法》认为，一切战争，对广大的黎民百姓来讲，任何时候都是一场灾难，因此，对一个真正以民为本的政府来说，虽然“天下虽安，忘战必危”，但是，“国虽大，好战必亡”（《仁本第一》）。也就是《孙子兵法》说的“不尽知用兵之害者，则不能尽知用兵之利也”（《作战篇》）。我们现在能够看到的《司马法》原文已经被压缩[①]，它的观点都只是点到为止，根据司马迁和班固对他们所

---

① 李零先生云：“《司马法》是大大压缩的节选本和改编本。”（李零：《简帛古书与学术源流》，北京：三联书店，2004年，第388页）

见到的《司马法》原作的描述，想必比孙子的论述更为全面、详细。然而，在民本思想上，《司马法》比《孙子兵法》更进一步，这当然是时代使然[①]：

> 古者戍兵三年不典，睹民之劳也。上下相报，若此，和之至也。得意则恺歌，示喜也。偃伯灵台，答民之劳，示休也。（《天子之义第二》）

《司马法》的思路是，在不得已的前提下爆发的、为民请命的战争才是正义的战争。但是，由于战争本身是以杀人为基本的方式，对社会与自然的破坏是巨大的，因此它给广大人民带来的灾难也是不可避免的，所以，战争期间国家没有任何庆典活动，因为“睹民之劳也”，战争胜利之日，与民同乐；战争结束之日，答民之劳，与民休息。《孟子》之中也有同样的思想：

> 为民上而不与民同乐者，亦非也。乐民之乐者，民亦乐其乐；忧民之忧者，民亦忧其忧。乐以天下，忧以天下，然而不王者，未

① 据《左传·僖公二十二年》载，公元前638年，春秋时期的宋襄公在泓之役中，由于要坚持贵族的礼仪，不肯趁楚国军队半渡未济而抓住有利时机发起进攻，结果打了败仗。李零先生说：“宋襄公以后，中国的兵法，以《孙子兵法》为代表，都是讲‘兵不厌诈’。……这种‘兵法’和《司马法》讲究的‘军法’正好相反。”（李零：《简帛古书与学术源流》，北京：三联书店，2004年，第380页）问题在于得意于齐景公之世的司马穰苴也是生活在宋襄公之后的，这是李零先生忽视了的一个重大问题。而中国先秦时期的兵书，确实经历了一个由“军礼”“军法”到“兵不厌诈”的过程。所以，如果李零先生的推测有效的话，那么，《司马法》的诞生时间恐怕就要继续往前推，它不应该产生于公元前638年之后。

之有也。(《孟子·梁惠王下》)

孟子的观点当然是上承孔子、“私淑”孔子的结果，但是，如果没有类似《司马法》这样的兵书或思想在当时的影响，孟子想要将其民本思想、仁政理想与战争观念融会得那么水乳交融，恐怕是很难的。

第二，政治的正义性、权力的合法性，始终是《司马法》秉持的战争前提和底线。《司马法》认为，清明的政治必须“顺天之道；设地之宜；官民之德；而正名治物；立国辨职，以爵分禄。诸侯说怀，海外来服”(《仁本第一》)，而且也只有具备了这样的政治条件，才有发动正义战争的真正资格和权力。

但是，在战争爆发之前，如果遇到重大的国际矛盾，作为一个正义、合法的强大国家来说，首先要做的绝不是发动战争，而是要在各个方面从根本上做出表率，从道德的力量和军事实力等各个方面造成一种迫使敌国就范的态势：

以土地形诸侯；以政令平诸侯；以礼信亲诸侯；以材力说诸侯；以谋人维诸侯；以兵革服诸侯。同患同利以合诸侯，比小事大以和诸侯。(《仁本第一》)

也就是说，解决国际争端的主体途径主要是政治的影响力，战争始终是最后一个选择。所有通往和平的道路都已经完全走到尽头之后，依然不能解决问题，才最终诉诸战争。用《孙子兵法》的话来讲，战争是“国之大事，死生之地，存亡之道，不可不察也”(《始计篇》)。

《司马法》的作者认为，只有政治的正义性和权力的合法性才能最终使战争具有正义性和合法性，才能最终代表最广大人民群众的根本利益，代表文化发展的方向。因此，战争必须要有“取法天地”、“奉于父母”，人神共愤、替天行道的根本理据：

> 贤王制礼乐法度，乃作五刑，兴甲兵，以讨不义。巡狩省方，会诸侯，考不同。其有失命乱常，背德逆天之时，而危有功之君，遍告于诸侯，彰明有罪。乃告于皇天上帝，日月星辰，祷于后土四海神祇，山川冢社，乃造于先王。然后冢宰征师于诸侯曰：“某国为不道，征之。以某年月日，师至于某国会天子正刑。”(《仁本第一》

通过以上引文，我们知道《司马法》的作者自视齐国高于其他诸侯国，俨然以道德裁判者自居，对“失命乱常”的诸侯要“遍告于诸侯，彰明有罪。乃告于皇天上帝，日月星辰，祷于后土四海神祇，山川冢社，乃造于先王”，然后，征师于诸侯。从政治上来讲，这是在寻求战争的合法性；从军事上来讲，则是“三军一人胜”(《严位第四》)的有效手段。作为一部正规的兵书，《司马法》还依据战争的正义性和合法性，提出了不同的战争层次和相应的目的：

> 凭弱犯寡则眚之；贼贤害民则伐之；暴内陵外则坛之；野荒民

> 散则削之；负固不服则侵之；贼杀其亲则正之；放弑其君则残之；犯令陵政则杜之；外内乱、禽兽行，则灭之。(《仁本第一》)

但是，任何正义的战争都不能巧取豪夺，更不能滥杀无辜，它必须以民本思想为唯一标准，必须以广布仁义思想、有助于道德建设为基本前提，也不能因为战争的原因摧毁敌国的经济财富，因为这一切都是置身敌国的黎民百姓物质与精神生活不可或缺的多重条件。不仅如此，正义战争的目的更是要为敌国的人民拨乱反正，举贤立明，创造一个清明的社会人文环境：

> 入罪人之地，无暴神祇，无行田猎，无毁土功，无燔墙屋，无伐林木，无取六畜、禾黍、器械。见其老幼，奉归勿伤。虽遇壮者，不校勿敌。敌若伤之，医药归之。既诛有罪，王及诸侯修正其国，举贤立明，正复厥职。(《仁本第一》)

仔细体味，笔者以为，这开启了孟子的“天吏”思想(《孟子·公孙丑上》)。但是，二者之间具有很大的区别：所谓“天吏”，就是根本上不承认春秋战国时期各国诸侯列强的政治权力及其战争的正义性与合法性，此其一；孟子并不相信“告于皇天上帝，日月星辰，祷于后土四海神祇，山川冢社”这些装神弄鬼、神道设教的东西，而是提倡“一怒而安天下之民”，此其二；“天视自我民视，天听自我民听”(《孟子·万章上》)，人民的意愿就是真实的“皇天上帝”，此其三。从政治哲学的本质来讲，孟子确实是比《司马法》前进了一大步。[①]

第三，《司马法》认为，导致战争成败的关键在于人。因此，“士不先教，不可用也”（《天子之义第二》）。《孙子兵法》在对待军人的态度上与《司马法》大相径庭。孙子认为：“兵者，诡道也。”（《始计篇》）所以，在执行军事任务的时候，将军应该“静以幽，正以治。能愚士卒之耳目，使之无知。易其事，革其谋，使人无识；易其居，迂其途，使人不得虑；帅与之期，如登高而去其梯；帅与之深入诸侯之地，而发其机，焚舟破釜；若驱群羊，驱而往，驱而来，莫知所之”（《九地篇》）。而《司马法》则认为，既然战争的关键是人，那么，“既作其气，因发其政”则成为战争的起点。首先要推行“七政”：“一曰人；二曰正；三曰辞；四曰巧；五曰火；六曰水；七曰兵”，然后在广大士兵的心中要强调“四守”：在“荣、利、耻、死”四个方面支撑起全军上下每一位将军和士兵的精神力量。通过“人人，正正，辞辞，火火”长时间多方面的教化提升，军队的整体素质才能得到根本提高。否则“唯仁有亲，有仁无信，反败厥身”（《定爵第三》），后果不堪设想。所以，《司马法》深有感触地写道：

---

① 孟子曰：“汤居亳，与葛为邻。葛伯放而不祀。汤使人问之曰：‘何为不祀？’曰：‘无以供牺牲也。’汤使遗之牛羊。葛伯食之，又不以祀。汤又使人问之曰：‘何为不祀？’曰：‘无以供粢盛也。’汤使亳众往为之耕，老弱馈食。葛伯率其民，要其有酒食黍稻者夺之，不授者杀之。有童子以黍肉饷，杀而夺之。《书》曰：‘葛伯仇饷。’此之谓也。为其杀是童子而征之，四海之内皆曰：‘非富天下也，为匹夫匹妇复仇也。’‘汤始征，自葛载’，十一征而无敌于天下。东面而征，西夷怨；南面而征，北狄怨，曰：‘奚为后我？’民之望之，若大旱之望雨也。归市者弗止，芸者不变，诛其君，吊其民，如时雨降。民大悦。”（《孟子·滕文公下》）

凡战：非阵之难，使人可阵难；非使可阵难，使人可用难；非知之难，行之难。人方有性，性州异，教成俗，俗州异，道化俗。（《严位第四》）

人是最难以捉摸的，他的主观能动性、实践性、统一性，都是最终决定战争成败的重要因素。《孙子兵法》与《孙膑兵法》也同样强调“故善用兵者，携手若使一人，不得已也”（《孙子兵法·九地篇》），与《司马法》强调“三军一人胜”的军事思想是一样的。但是，通过什么途径达到这样的状态，二者之间却有形同天渊的区别。吴孙子与齐孙子都是采取严刑峻法来达到这一目的[1]，而《司马法》却在治军的理念上与之有根本的不同：

逐奔不过百步，纵绥不过三舍，是以明其礼也；不穷不能而哀

---

① 司马迁《史记·孙子吴起列传》载：“孙子武者，齐人也。以兵法见于吴王阖庐。阖庐曰：‘子之十三篇，吾尽观之矣，可以小试勒兵乎？’对曰：‘可。’阖庐曰：‘可试以妇人乎？’曰：‘可。’于是许之，出宫中美女，得百八十人。孙子分为二队，以王之宠姬二人各为队长，皆令持戟。令之曰：‘汝知而心与左右手背乎？’妇人曰：‘知之。’孙子曰：‘前，则视心；左，视左手；右，视右手；后，即视背。’妇人曰：‘诺。’约束既布，乃设铁钺，即三令五申之。于是鼓之右，妇人大笑。孙子曰：‘约束不明，申令不熟，将之罪也。’复三令五申而鼓之左，妇人复大笑。孙子曰：‘约束不明，申令不熟，将之罪也；既已明而不如法者，吏士之罪也。’乃欲斩左右队长。吴王从台上观，见且斩爱姬，大骇。趣使使下令曰：‘寡人已知将军能用兵矣。寡人非此二姬，食不甘味，愿勿斩也。’孙子曰：‘臣既已受命为将，将在军，君命有所不受。’遂斩队长二人以徇。用其次为队长，于是复鼓之。妇人左右前后跪起皆中规矩绳墨，无敢出声。于是孙子使使报王曰：‘兵既整齐，王可试下观之，唯王所欲用之，虽赴水火犹可也。’吴王曰：‘将军罢休就舍，寡人不愿下观。’孙子曰：‘王徒好其言，不能用其实。’于是阖庐知孙子能用兵，卒以为将。西破强楚，入郢，北威齐晋，显名诸侯，孙子与有力焉。”

> 怜伤病，是以明其仁也；成列而鼓，是以明其信也；争义不争利，是以明其义也；又能舍服，是以明其勇也；知终知始，是以明其智也。六德以时合教，以为民纪之道也。(《仁本第一》)

战争进行的过程也就是“明其礼”“明其仁”“明其信”“明其义”“明其勇”“明其智”不断推进与宣布的过程，因为这支军队本身就是仁义的化身。这同样对孟子产生了至深至远的影响。

孟子认为，任何军事行为，都开始于仁政。如果最高统治者“发政施仁，使天下仕者皆欲立于王之朝，耕者皆欲耕于王之野，商贾皆欲藏于王之市，行旅皆欲出于王之涂，天下之欲疾其君者，皆欲赴愬于王”，就自然会“仁者无敌”。孟子甚至说最高统治者只要“施仁政于民，省刑罚，薄税敛，深耕易耨；壮者以暇日修其孝悌忠信，入以事其父兄，出以事其长上，可使制梃以挞秦楚之坚甲利兵矣”(《孟子·梁惠王上》)。

毫无疑问，不论是《司马法》的教化思想，还是孟子的“仁政”兵法，以今天的国际形势看来，都是相当迂阔的。但是，这种思想建立在春秋时期自给自足的自然经济之上，广大的人民“乡田同井，出入相友，守望相助，疾病相扶持，则百姓亲睦”(《孟子·滕文公上》)，有其形成的历史原因。当然，我们应该更加深远地从政治哲学的角度看到其中的人文价值。这正是本章第二节讨论的重点。

本来，鲁国是周公的封地，在执行周礼、改造东夷地方习俗方面打一开始就比齐国彻底、扎实，其礼乐文化是周礼的正宗，这是没有任何问题的。但是，它的问题是太教条，执礼而不化，乐教而无功，礼乐交错，不离不流，既难以实现其修养的境界，也很难取得现实的政治效果。而齐国自姜太公一开始就与鲁国有不同的举措。“太公至国，修政，因其俗，简其礼，通商工之业，便鱼盐之利，而人民多归齐，齐为大国。”（《史记·齐太公世家》）加上“管仲相桓公，霸诸侯，一匡天，民到于今受其赐”（《论语·宪问》），受到了孔子的赞扬。战国时，齐威王效法桓公，励精图治，使齐国“威行三十六年”，成为战国七雄之一。

作为齐国人，孟子没有钟情于姜太公的务实传统，而是“私淑”孔子，选择儒家，不是偶然的。他之所以要“道性善，言必称尧舜”（《孟子·滕文公上》），关键原因是他所面临的那个时代的诸侯及其帮凶们实在太贪婪，太残暴，人民遭受的颠沛流离之苦实在是令人触目惊心。[①]司马迁说孟子“受业子思之门人。道既通，游事齐宣王，宣王不能用。适梁，梁惠王不果所言，则见以为迂远而阔于事情”（《史记·孟子荀卿列传》）。历史地看，这并不是孟子的缺点，而是孟子的理论有超越时代的高远追求，远远不是齐宣王、梁惠王这些利欲熏心之人能够望其项背的。

设身处地，孟子的义利之辨、善恶之辨、王霸之辨，实际上都是针

① 据《春秋》记载，发生于春秋时期的战争，言“侵”者60次，言“伐”者212次，言“围”者40次，言“师灭”者3次，言“战”者23次，言“入”者27次，言“进”者2次，言“袭”者1次，言“取”言“灭”者，不可胜数。参见翦伯赞：《先秦史》，北京大学出版社，1988年，第292页。

对当时各国诸侯“争地以战，杀人盈野；争城以战，杀人盈城”(《孟子·离娄上》)，人民有“倒悬”之苦而提出来的。打开《孟子》一书，首先跳入我们眼帘的是孟子与“好战”的梁惠王关于“何必曰利”的那段有名的对话。所以，整个孟子哲学的理论体系的出发点，都是从关于“利”字的讨论生发开去的。

孟子的思路是，春秋以来之所以诸侯之间战争连年，都是因为人们在感官之欲的牵引下，“物交物”而引起的对“利”的疯狂追求，是诸侯们心中强烈的贪婪和永不满足的欲望促使他们无视人民的痛苦而年年发动对各种物质财富的疯狂掠夺。为了解决这一最基本的也是最现实的问题，孟子从人的心性出发，认真探讨了什么是人这一最根本的问题。这就是所谓的“善恶之辨”。善恶之辨要解决的一个首要问题，就是要区分什么是人，什么是兽。在孟子看来，为了物质利益，一方面以他人为壑，巧取豪夺，另一方面又流连荒亡，醉生梦死，而忘记了人之所以为人的基本道德，那就是“兽”。只有存养善端，修养性情，亲亲尊贤，追求仁、义、礼、智、圣，不断提升精神境界的人才能称得上是真正意义上的人。人之所以为人者，就是要超越耳目感官，超越“蔽于物”的局限，进入大人的境界：

> 耳目之官不思，而蔽于物。物交物，则引之而已矣。心之官则思；思则得之，不思则不得也。此天之所与我者，先立乎其大者，则其小者弗能夺也。此为大人而已矣。(《孟子·告子上》)

在此基础之上，“得志，泽加于民；不得志，修身见于世。穷则独善其身，达则兼善天下”（《孟子·尽心上》），然后，“老吾老以及人之老，幼吾幼以及人之幼。天下可运于掌”（《孟子·梁惠王上》）。在一个人人向善、和睦相处的世界里，实现王道乐土的理想：

> 五亩之宅，树以之桑，五十者可以衣帛矣。鸡豚狗彘之畜，无失其时，七十者可以食肉矣。百亩之田，勿夺其时，数口之家可以无饥矣。谨庠序之教，申之以孝悌之义，颁白者不负戴于道路矣。七十者衣帛食肉，黎民不饥不寒，然而不王者，未之有也。（《孟子·梁惠王上》）

孟子认为：“夫仁政，必自经界始。经界不正，井地不均，谷禄不平，是故暴君污吏必慢其经界。经界既正，分田制禄可坐而定也。”（《孟子·滕文公上》）这种以自然经济为基础的诚信和谐社会，就是井田制导致的结果，完全是从人之所以为人的心性深处扩展而出，不是外在的权力，尤其不是武力胁迫的结果。

第二节 《孟子》与《司马法》的不同

孟子为什么要提倡井田制呢？笔者以为，主要目的在于反对战争和各种利欲熏心的掠夺。原始儒家的礼乐文明理想，大约是非要井田制作为基础才能实现的。井田制与礼乐文明实际上是相辅相成的。从《孟子》的文本以及原始儒家的整体思想来看，孟子之所以要提倡井田制，可能有以下三个方面的考虑：第一，井田制可以限制人的自然欲望和外界刺激，最终把战争发生的可能性减少到最低限度。第二，加强人与人之间的父子之义、夫妇之情和君臣之责，从而保证亲情的纯洁性。第三，“王道”是这种社会政治经济关系的结果，也是井田制和自然人伦关系的有力保障。

孟子的“王道”思想之最根本点在于“谨庠序之教，申之以孝悌之义”，建立一种从人心、性情出发到天下百姓和睦相处的教化社会。这种王道思想确立之日，也就是战争的掠夺彻底消除之时。所以，在《孟子》之中，虽然孟子并不反对“一怒而安天下之民”的“天吏”为惩罚桀、纣等独夫民贼所发动的战争，但是，从其整体的思想理论来讲，在孟子自己看来，只要他的政治理想得以实现，战争就可以彻底消除。

《司马法》与《孟子》的根本不同在于，《司马法》在表达了作者对政治的系统看法之后，就详细而系统地讨论了具体战争中的制度问题、兵器问题、阵势问题和具体的战略、战术等各个方面的问题，但是，《孟子》只是讨论了作为“天吏”发动的除暴安良的战争的正义性之后，就完全不讨论具体的战争问题。孟子说：

> 地方百里而可以王。王如施仁政于民，省刑罚，薄税敛，深耕易耨；壮者以暇日修其孝悌忠信，入以事其父兄，出以事其长上，可使制梃以挞秦楚之坚甲利兵矣。(《孟子·梁惠王上》)

毫无疑问，从世界军事史的实际情况来看，即便是正义的战争，也必须居安思危、扎扎实实地抓军备。所以，孟子的这种理想，或者说是梦想，实际上是行不通的。春秋战国时期的战争历史说明了这一点，现当代的战争历史更说明了这一点。

《司马法》说得很直接："国虽大，好战必亡；天下虽安，忘战必危。"（《仁本第一》）上博简《曹沫之阵》也说："人之兵不砥砺，我兵必砥砺；人之甲不坚，我甲必坚。人使士，我使大夫；人使大夫，我使将军；人使将军，我君身进。此战之显道。"（第38-40简）应该说，司马穰苴与曹沫的这些论述都是在"争地以战，杀人盈野；争城以战，杀人盈城"（《孟子・离娄上》）的春秋战国时期无数血的教训面前的思想结晶。但是，孟子认为："故善战者服上刑，连诸侯者次之，辟草莱、任土地者次之。"（《孟子・离娄上》）在春秋战国现实的政治斗争中，孟子的观点毫无疑问是极端迂腐的浅见，因为他没有从根本上看到人之所以为人的欲壑难填的贪欲，在各种声色犬马的诱惑下，是不可能根除的；但是，从政治哲学和人性的理论上，又不能不说孟子的思想中潜藏着一种对人之所以为人的深切期望。换言之，他认为，因无穷贪欲而引发各种争夺的战争是不应该属于人的，彼此的掠夺与屠杀，把人变成了非人，把我们生活的世界也变成了非人的世界。所以，孟子的理论，归根到底是彻底否定战争的理论，是对人类给予了美好希望的理论。任何时候它对我们每一个人都有感召作用，对你争我夺的人类历史始终都拥有一种强烈的批判精神。

反对战争，古往今来，是我们每一个人的梦想。孟子为了反对战争，在经济上设置了“井田制”作为仁政的“经界”之始，可是谁有这个权威来给每一位黎民百姓划分这个至关重要的“经界”呢？在《孟子》的文本中当然是尧、舜、周文王、周武王这种“圣王”才有这个资格。尧、舜权力的“合法性”在哪里？周文王、周武王的合法性又在哪里？孟子的回答虽然已经过去了两千多年，但笔者以为，至今仍然对我们有着重大的启发作用。

万章曰：“尧以天下与舜，有诸？”孟子曰：“否；天子不能以天下与人。”“然则舜有天下也，孰与之？”曰：“天与之。”“天与之者，谆谆然命之乎？”曰：“否；天不言，以行与事示之而已矣。”曰：“以行与事示之者如之何？”曰：“天子能荐人于天，不能使天与之天下；诸侯能荐人于天子，不能使天子与之诸侯；大夫能荐人于诸侯，不能使诸侯与之大夫。昔者尧荐舜于天而天受之，暴之于民而民受之，故曰：天不言，以行与事示之而已矣。”

…………

万章问曰：“人有言：‘至于禹而德衰，不传于贤，而传于子。’有诸？”孟子曰：“否，不然也；天与贤，则与贤；天与子，则与子。昔者舜荐禹于天，十有七年，舜崩。三年之丧毕，禹避舜之子于阳城，天下之民从之，若尧崩之后，不从尧之子而从舜也。禹荐益于天，七年，禹崩。三年之丧毕，益避禹之子于箕山之阴。朝觐讼狱者不之益而之启，曰：‘吾君之子也。’讴歌者不讴歌益而讴歌启，曰：‘吾君之子也。’丹朱之不肖，舜之子亦不肖。舜之相尧，禹之相舜也，历年多，施泽于民久。启贤，能敬承继禹之道。益之相禹也，历年少，施泽于民未久。舜、禹、益相去久远，其子之贤不肖，皆天也，非人之所能为也。莫之为而为者，天也；莫之致而至者，命也。匹夫而有天下者，德必若舜禹，而又有天子荐之者，故仲尼不有天下。继世而有天下，天之所废，必若桀纣者也，故益、伊尹、周公不有天下。伊尹相汤以王于天下。汤崩，太丁未立，外丙二年，仲壬四年。太甲颠覆汤之典刑，伊尹放之于桐，三年，太甲悔过，自怨自艾，于桐处仁迁义；三年，以听伊尹之训己也，复归于亳。周公之不有天下，犹益之于夏，伊尹之于殷也。孔子曰：‘唐虞禅，夏后、殷、周继，其义一也。’”(《孟子·万章上》)

孟子承认了“天与贤，则与贤；天与子，则与子”的现实。孟子这段话的根本思想在于，这里的“天”，就是人民。孟子引《尚书·泰誓》说：“天视自我民视，天听自我民听。”(《孟子·万章上》)人民的意志最终要代表“天”的意志。用我们现在的话语来讲就是，只有人民才是国家的主人，国家政府的权力只有居住在那个国家的人民才有最终赋予权。换言之，孟子的意思是，得民心者得天下，不论是“天与贤”还是“父传子”。从战争思想的角度来讲，孟子认为，如果掌握了国家的权力之后，你要为非作歹，就会众叛亲离。在这样的情况下，生活在水深火热之中、深受“倒悬”之苦的人民就会起来反抗。孟子在解决这个问题的时候，是寄希望于周文王、周武王这种“圣王”“一怒而安天下之民”，所以孟子实际上是一位主张正义战争的理论家。而且我们甚至还可以说，孟子是中国历代农民起义和战争的始祖，是孟子的战争理论导致了中国历史一治一乱、不断循环向前推进的模式。

毫无疑问，在君主权力的公正性上，孟子的论述只是一种主观上的希望，孟子既无法凭空提出一种设置精密的选举制度，也不可能强迫贪婪的统治者改变他们的掠夺本性。当孟子的这种道德戒律被由农民运动的领袖蜕变为欺压人民的统治者们改造成为披在狼身上的羊皮的时候，千百年来，孔子、孟子的“天”，就逐渐为打着道德旗号的统治者所利用，均声称自己是合法的真龙天子，借以达到自欺欺人、欺压百姓、疯狂掠夺的目的。

问题在于，中国风起云涌发生的农民革命，使一个又一个的专制集权朝代被推翻了，但是建立起来的却又是一个又一个新的专制主义集权国家政权。成王败寇的历史循环，已经在中国持续了几千年，独夫民贼，由于人民的义愤而一次次被推翻，但是，问题的实质却始终没有得到解决。追根究源，孟子的这个“天”，是一种没有实证的“梦想”。它是一种既可以说有，也可以说无的虚无范畴；它既可以是存在于人们的心中的神灵，也可以是狐假虎威的尚方宝剑。它曾经在很大程度上呵护了广大人民道德良知的纯洁性和高尚情操，但是同时它也确实充当了无数窃国大盗欺骗人民以满足自己私欲的“皇帝新装”。所以，中国人民如果真的要将孟子反对不义战争的理想变成现实，那就必须从根本上解决国家权力的正义性问题。而通向国家权力正义性的唯一途径，就是从根本上实现科学、民主、法治、自由、平等、博爱的理想。事实证明，只有走现代科学实证的道路，国家的权力才有可能逐步走向公开、公平、公正。而且也只有国家的权力真正走向了公开、公平、公正，社会的不平等才能逐步从根本上消除。在此前提之下，引发战争的可能性也才有可能降低到最低程度。

即便如此，我们依然可以说，孟子是中国文化的“亚圣”，他是我们历史文化长河中一面不倒的旗帜。因为孟子提倡人之所以为人的精神境界，提出了反对掠夺性战争的社会政治理想。而且他借助于“天”来说明、论证国家权力的合法性，在他那个时代来说，是最高明的做法，也是唯一能够行得通的做法，并且在中国的历史上发挥了积极的历史作用。但是，社会在前进，历史在发展，孟子的理论已经无法解决中国现当代以来我们所碰到的许多问题，“天”已经作为一种失去的文明标志而正在急剧地丧失其民众的神圣性基础。中国的政治哲学和战争哲学还有待来哲掀开新的一页。

第十九章　论《孙子兵法》的阴性思维

毋庸置疑，《孙子兵法》在终极的目标上是“兵贵胜”（《作战篇》），是“以碫投卵”（《兵势篇》），它甚至提出，国家只要政治、经济建设取得了巨大成功，就可以“不争天下之交，不养天下之权，信己之私，威加于敌，则其城可拔，其国可隳”（《九地篇》），超越“伐交”“伐谋”的环节，完全依赖于自己国家的正大气象取得战争胜利。但是，战争你死我活的性质，决定了《孙子兵法》的整体思想必然是阴性的。它提倡的只能是隐藏自己，暴露敌人，继而打击敌人、消灭敌人的基本策略。这不仅深刻地隐含在《作战篇》《谋攻篇》《军形篇》《兵势篇》《虚实篇》等直接与战争相关的各个篇章中，而且也体现在它整个的战略思想上，贯穿于它的始终。本章就以下三个方面讨论《孙子兵法》的阴性思维问题，以就教于相关专家。

第一节　兵以诈立的本质是“阴”

既然战争是发生在敌我双方，不是你死就是我活，它是“死生之地，存亡之道”（《始计篇》），国家的命运，人民的生活全部都寄托在这种殊死的残酷较量之中，因此它就不能不建立在“兵者，诡道”（《始计篇》）、“兵以诈立”（《军争篇》）的基础之上。残酷的军事形势使敌我双方都不能不走“阴”的道路。这就迫使《孙子兵法》不能不从根本上采取阴性的思维模式来表述战争的整个过程。

在《始计篇》中，《孙子兵法》开宗明义，把战争的基本特性展现出来：“能而示之不能，用而示之不用，近而示之远，远而示之近。利而诱之，乱而取之，实而备之，强而避之，怒而挠之，卑而骄之，佚而劳之，亲而离之。攻其不备，出其不意。此兵家之胜，不可先传也。”兵者，诡道，是战争逼出来的。它必须隐藏自己，波谲云诡，以假象来迷惑敌人，才能够从根本上保护自己，掌握战争的主动权，最有效地、最大规模地消灭敌人的有生力量。

战争的双方由于都是把国家与人民的身家性命全部押在战争的冒险行动之中，所以，想尽一切办法隐藏自己的实力与意图，想尽一切办法弄清敌人的实力与意图，就成了战争双方想方设法、竭尽全力去做的事情。用《孙子兵法》的话来讲就是：“善守者，藏于九地之下；善攻者，动于九天之上。故能自保而全胜也。”（《军形篇》）在生与死、存与亡的关键时刻，这实在是唯一的选择。

战争既然是政治的继续，那么，政治也就包含了战争，并且战争的胜负结果也就会造成未来政治的态势。战争是政治的极端形式，因此战争的每一个环节就必然在政治形势上显示出它的后果。战争如果失败，就会导致我方的政治在国际、国内失利，甚至是毁灭，因此，战争的指挥者就不得不想尽一切办法将自己隐藏起来，迷惑敌人，暴露敌人，引诱敌人，牵制敌人，然后消耗敌人的有生力量，削弱敌人，甚至消灭敌人，最后取得胜利。

正因为战争双方都在想尽一切办法迷惑对方，因此，我方所做的一切与军事有关的事，都必然是低调的，在很多情况下，完全是秘密的。在对待敌方的情报方面，《孙子兵法》的“知”，就成了一切问题的核心。我方要想尽一切办法知道敌方的一切，同时要想尽一切办法不让敌方知道我方的任何真相。不论是搜集情报，还是掩盖真相，敌我双方都不能不采取隐蔽的手段，“微乎微乎，至于无形，神乎神乎，至于无声，故能为敌之司命”（《虚实篇》），其意正在于此。值得注意的是，这种迷惑敌人的手段，在《孙子兵法》中是一种贯穿于战争始终的基本手段。

在即将开战的时候，首先就是要把自己隐藏起来，不能让敌方获取我方的任何情报。这是战争过程的第一步。《孙子兵法》的表述是：“政举之日，夷关折符，无通其使，励于廊庙之上，以诛其事。敌人开阖，必亟入之，先其所爱，微与之期。践墨随敌，以决战事。是故始如处女，敌人开户，后如脱兔，敌不及拒。”（《九地篇》）“夷关折符”，梅尧臣的解释是：“夷，灭也；折，断也。”[①] 所以，夷关折符，就是禁止一切与敌国的来往。“无通其使”，就是与敌国政府之间的一切正常使节断绝来往，不给敌方任何接近我方情报的机会。而与此相反，我方则必须知道敌方的“开阖”，充分掌握敌方的情报，知道敌方的动向，以便于

① 《孙子十家注》，载《诸子集成》（六），北京：中华书局，1954 年，第 213 页。

“践墨随敌，以决战事”。我方的行动完全依赖于我方所掌握的情报，不出手的时候，静若处子；一旦动手，就动若脱兔。还没有反应过来，敌方就被我方彻底击败了。

之所以能够取得如此迅雷不及掩耳的闪电战效果，关键问题在我方隐藏了军事行动的意图，同时又充分掌握了敌方的动向。《孙子兵法》的一个最为关键的原则，就是“兵贵胜，不贵久”(《作战篇》)。之所以这样提倡，根本性的出发点，就在于不能让敌方知道我方的实力、意图和任何动向。时间一长，就会夜长梦多，我方的意图就有可能暴露，我方一暴露蛛丝马迹，危险就有可能马上降临。所以，《孙子兵法》始终奉行的是阴性的思维模式，与《老子》“将欲歙之，必固张之；将欲弱之，必固强之；将欲废之，必固兴之；将欲夺之，必固与之。是谓微明。柔胜刚，弱胜强。鱼不可脱于渊。国有利器，不可示人”（第三十六章）是一样的道理：

> 出其所不趋，趋其所不意。行千里而不劳者，行于无人之地也。攻而必取者，攻其所不守也。守而必固者，守其所不攻也。故善攻者，敌不知其所守。善守者，敌不知其所攻。(《虚实篇》)

从常规的角度来讲，一切战争行为，都必须全部建立在隐蔽的基础之上，否则就不可能达到这样的效果。当然，赵奢的阏与之战、韩信的井陉口之战、拿破仑的奥斯特里茨之战等战役，则是在这种规则之上的反其道而用之的做法，是奇正之术、虚实手法、迂直之计发挥到极点的做法。《孙子兵法》的相关表述也十分精彩："微乎微乎，至于无形，神乎神乎，至于无声，故能为敌之司命。进而不可御者，冲其虚也；退而不可追者，速而不可及也。故我欲战，敌虽高垒深沟，不得不与我战者，攻其所必救也；我不欲战，画地而守之，敌不得与我战者，乖其所之也。"(《虚实篇》）赵奢、韩信与拿破仑都是非常高超的军事家，因此，兵法在他们的手里都能成为艺术，是军事与艺术的高度统一。因此，他们指挥的战争就成了人类军事史上的杰作："形兵之极，至于无形；无形，则深间不能窥，智者不能谋。因形而错胜于众，众不能知；人皆知我所以胜之形，而莫知吾所以制胜之形。故其战胜不复，而应形于无穷。"（同上）虚虚实实，变化万端，不可重复，不能模仿。鬼神无措，天地莫测!

《孙子兵法》的阴性思维不仅体现在战争的开始和战争之中，而且它最为高妙之处，就在于体现在战争的结束上。《孙子兵法》除了"知"字之外，还有一个核心性的字，那就是"善"。所谓善，不仅在于善于战争的攻守过程，更在于战争之后没有留下任何的后遗症。《孙子兵法》的表达十分独特：

> 见胜不过众人之所知，非善之善者也；战胜而天下曰善，非善之善者也。故举秋毫不为多力，见日月不为明目，闻雷霆不为聪耳。古之所谓善战者，胜于易胜者也。故善战者之胜也，无智名，无勇功。故其战胜不忒。不忒者，其所措必胜，胜已败者也。故善

战者，立于不败之地，而不失敌之败也。是故胜兵先胜而后求战，败兵先战而后求胜。善用兵者，修道而保法，故能为胜败之政。（《形篇》）

《孙子兵法》的意思是，一位军事家，首先必须是一位政治家。战争的指挥者不仅要在战场上取得胜利，而且要有超越的眼光，看到战争所产生的影响，看到战争之后的政治形势和格局。“善用兵者，修道而保法，故能为胜败之政”，在笔者看来，其中至少包含了两层意思。第一，任何时候（战争之始、之中、之后），国家都要在政治上立于不败之地，在奖惩制度上公开、公平、公正，使广大的老百姓心悦诚服地拥护国家的政策。这就是“能为胜败之政”。孟子与齐宣王关于攻打燕国之后天下局势的讨论[①]，就是这一思想的典范。拿破仑说：“我对于亚历山大最羡慕的地方，不是他的那些战役，而是他的政治意识，他具有一种能赢得人民好感的能力。”说的也是这个道理。第二，战争的指挥者一定要能够控制整个战争的局势，特别是战争之后的政治形势。否则，这位军事指挥者就不能堪当大任。例如，宋朝的岳飞，在军队的训练与管理，特别是在指挥作战方面是一流的人才，但是，在后方的大本营里，一是偏安一隅的赵构，二是心怀叵测的秦桧，螳螂捕蝉，黄雀在后，这就不

① 齐人伐燕，取之。诸侯将谋救燕。宣王曰：“诸侯多谋伐寡人者，何以待之？”孟子对曰：“……今燕虐其民，王往而征之。民以为将拯己于水火之中也，箪食壶浆，以迎王师。若杀其父兄，系累其子弟，毁其宗庙，迁其重器，如之何其可也？天下固畏齐之强也。今又倍地而不行仁政，是动天下之兵也。王速出令，反其旄倪，止其重器，谋于燕众，置君而后去之，则犹可及止也。”（《孟子·梁惠王下》）

仅从根本上决定了岳飞人生悲剧性的结局，而且也决定了岳飞收复中原的战争最终是竹篮打水。

当然，《孙子兵法》认为，战争是一种极端的形式，虽然是政治的继续，但是如果把战争针锋相对的态势延续到政治生活之中，那就是最大的灾难。所以，“故善战者之胜也，无智名，无勇功”，不仅不能穷兵黩武，而且即便是打了胜仗，也不能摆出一副不可一世的样子。“无智名，无勇功”就是要最大限度地减少敌对面，消除战争带来的仇恨和各种隐患。《老子》曰：“杀人之众，以悲哀泣之；战胜，以丧礼处之。”（第三十一章）最好的办法就是“无智名，无勇功”，原因还是《老子》说得好：“天下皆知美之为美，斯恶已；皆知善之为善，斯不善已。故有无相生，难易相成，长短相形，高下相倾，音声相和，前后相随。是以圣人处无为之事，行不言之教。万物作而不辞，生而不有，为而不恃，成功不居。夫唯不居，是以不去。”（第二章）做到这一点并不容易，关键是要有深谋远虑的头脑，穿越时空的眼光，在得与失之间能够有超越性的胸怀。因此，非圣智不可以用兵。否则，贸然的军事行动，就会导致一场巨大的灾难。所以，《孙子兵法》“见胜不过众人之所知，非善之善者也；战胜而天下曰善，非善之善者也”的表述具有深远的意蕴。三军统帅要超越军事，进入政治的层面，才能够取得长期持久、真正的胜利。所以，《孙子兵法》“故善战者，立于不败之地，而不失敌之败也。是故胜兵先胜而后求战，败兵先战而后求胜。善用兵者，修道而保法，故能为胜败之政”的意思，并不仅仅是要在战争之先，在政治上取得绝对的优势，“战胜不忒”，“胜已败者也”，也不仅仅是要在战争之中处于不败之地，它更重要的，是要通过有效地打击敌人，在取得战争的胜利之后，在各个方面做好善后工作，“立于不败之地”，“修道而保法”，“为胜败之政”。这就是要使国家在各个方面长治久安，尤其是指挥者自己要能够自保，不受到战争的胜利或者失败带来的危害。要做到这一点，三军统帅必须要有深似大海一样的胸怀，运筹帷幄之中，才能决胜千里之外。

第二节　极端重视情报的搜集与管理

上文我们已经提及，在《孙子兵法》中“知”是一切问题的核心。因为在敌方使尽千方百计隐蔽、伪装自己真实实力、真实意图和不可告人的动向的同时，我方的一切行动都必须在千真万确了解与掌握敌人实力、意图和动向之后才能够采取行动。在敌方使尽千方百计隐蔽自己的时候，我方就不得不想尽千方百计获得敌人的情报。整个获得情报、甄别情报、管理情报、使用情报的过程，都是极其隐蔽的。这就从根本上决定了《孙子兵法》的作者只能是以阴性思维的方式，来展现情报搜集、整理、管理和运用的军事艺术思想。

《孙子兵法》认为，收集情报不是可有可无的事情。它是一切战争行为的必要前提、基础和根本性的保障：

凡兴师十万，出征千里，百姓之费，公家之奉，日费千金。内外骚动，怠于道路，不得操事者，七十万家。相守数年，以争一日之胜，而爱爵禄百金，不知敌之情者，不仁之至也。非人之将也，非主之佐也，非胜之主也。(《用间篇》)

也就是说，我方要不惜一切代价，了解敌人的企图和行踪；要不惜一切代价伪装和隐瞒自己的一切军事实力和企图。如果不这样做，那就是最不人道的事情，因为它关系到我方整个国家的前途与命运。孙子认为这是一名将军的基本良心和责任，否则，就“非人之将也，非主之佐也，非胜之主也”。

要达到这样的目的，只有通过因间、内间、反间、死间、生间等各种途径，大规模地获取敌方的情报，“五间俱起，莫知其道，是谓神纪，人君之宝也”(《用间篇》)，来交叉验证，清除浮渣，去伪存真。这就是情报搜集工作出神入化的境界。间，就是间谍，就是通过隐蔽的手段，把敌方的情况摸得清清楚楚：“凡军之所欲击，城之所欲攻，人之所欲杀，必先知其守将、左右、谒者、门者、舍人之姓名，令吾间必索知之。”（同上）因为只有这样，我方才能够进一步知道敌方的战争策略是怎么出台的，战略战术的出发点、目标是什么，因而可以通过我方获得的情报逻辑性地推测战争的发展方向。我方只有根据敌方的情况，才能够采取相应的办法来牵制敌人、诱惑敌人，从而遏制敌人。在战争的问题上，每一个步骤都不能掉以轻心，都是不能有丝毫闪失的重要环节。

所以，《孙子兵法》曰：“主孰有道？将孰有能？天地孰得？法令孰行？兵众孰强？士卒孰练？赏罚孰明？吾以此知胜负矣。”（《始计篇》）这就是决定胜负、决定生死的“知”。在战争还远远没有来临的时候，我方就应该针对上述各个方面，彻底、系统地搜集敌方情报，掌握敌方的各种层级、各个方面的动向，以便于我方的备战工作。长平之战期间，秦国的间谍潜伏在赵国国君的身边，一言九鼎，居然离间了赵王与廉颇的关系，其地位远远在赵括的母亲以及蔺相如之上。我们可以通过史家的叙述，推测到秦国为了打好长平之战，做出了长时间艰辛的不懈努力。正因为如此，精通军事战略战术的《孙子兵法》就是要在看不见的战场硝烟之外，竭尽全力，建立起一条我方举全国之力精心打造的、隐蔽的生命线。因为《孙子兵法》说：“昔殷之兴也，伊挚在夏；周之兴也，吕牙在殷。故惟明君贤将，能以上智为间者，必成大功。”（《用间篇》）也就是说，我们要不惜一切代价，把最具智慧的人物，安排在搜集情报的战线上，战争才有可能取得根本性的大功。

《孙子兵法》曰：“非圣智不能用间，非仁义不能使间，非微妙不能得间之实。微哉！微哉！无所不用间也。”（同上）这里透露出了多层的含义：第一，虽然我们选择和安插了最具智慧的人才在搜集情报的战线，但是，使用这些人才的人本身需要有“圣智”的境界和胸怀。《三国演义》中，周瑜就是一位能够一叶知秋，抓住稍纵即逝的战机，打硬仗，具有高超智慧的名将。但是，他不能与诸葛亮比。诸葛亮在这场战争中以静制动，以逸待劳，见缝插针，高瞻远瞩，处虚而得实，超越了当时各个方面所有的谋士。第二，间谍的工作虽然是偷偷摸摸的，是不能拿到阳光下去晒的，但是，间谍只有在“仁义”的理念之下，才能够真正地成就大功。不论是指挥者还是间谍本人，都不能背离这种战争的根本宗旨。只有仁者才能无敌，只有正义才能在漫长的时间和空间取得持久的胜利，经受历史的考验。《孙子兵法》的阴性思维所倡导的隐蔽自己实力、意图、动向的做法，是建立在伸张正义的基础之上的。这是《孙子兵法》的宗旨和终极灵魂。第三，人心是变化的。间谍，置身于国际政治各种信息交叉汇聚的地带，各方面都在争取间谍的成果。我方战争的指挥者依靠什么控制间谍，怎么才能够“得间之实”，这是一个真正的大问题。更为重要的是，战争的形势瞬息万变，尤其是在当今信息化的时代，各种信息微妙之极，战争的指挥者怎么才能够让我方间谍发挥他的聪明才智，得到我们完全无法预期的结果？在稍纵即逝、变化多端的战争形势中抓住真相，并且要他能够毫无保留地将他所得到的真相全部拿来为我方所用。第四，情报的搜集、筛选、管理、利用工作要贯穿整个战争的始终，微妙至极，神奇至极，是整个战争的灵魂和风向标。在《孙子兵法》中，《始计篇》讲的是“庙算”，当然是建立在搜集情报的基础之上的。《作战篇》讲的是举国上下，兴师动众，“日费千金”，所以“兵贵胜，不贵久”，当然也是建立在情报基础之上的，否则劳民伤财，国家将蒙受重大的灾难。《谋攻篇》讲的是“知彼知己”，伐谋，伐交，“不战而屈人之兵”，当然也是建立在情报搜集的基础之上的。“知己”是基础，“知彼”是目标。战争的目标只能在隐蔽的状态下才能获得，否则知道了也是一场灾难。《军形篇》讲的是“先为不可胜，以待敌之可胜”，以便于“以镒称铢”，这当然是工农兵学商，各行各业，长期苦心经营才能实现的效果。《兵势篇》讲的是战场上的奇正、虚实、迂直，瞬息万变、波谲云诡，“无穷如天地，不竭如江河”，让敌人完全堕入云里雾里，如果不是情报的支持，就完全没有办法操作。《虚实篇》《军争篇》《九变篇》讲的是在战场上虚虚实实、奇奇正正、变化万端，《行军篇》《地形篇》《九地篇》主要是讲地形与行军、战争的密切关系，这当然还是离不开战地情报的勘查与搜集，对敌方各种情报的准确把握。《火攻篇》讲的是我方对战争的准备，要“修其功”，是“明主虑之，良将修之”的“安国全军之道”，我们不仅要“发火有时，起火有日”，而且要彻底地了解敌方火攻的时间和日期，这依然是以情报工作为前提的。《用间篇》就更不用说了，是正面讨论间谍情报工作的专题篇章。

所以，诚如孙子所言，贯穿整个《孙子兵法》的是“无所不用间”的全部、整体的阴性思维模式。孙子说：“三军之事，莫亲于间，赏莫厚于间，事莫密于间。”再也没有比搜集情报的工作更为重要的事情了。但是，整个间谍、情报搜集工作，又必须是在高度机密的状态下进行。它是一种非常隐蔽的工作和思维方式，一方面要彻底弄清敌方的实力和意图，另一方面又要想尽一切办法不让敌方知道我方的实力、意图和行踪，不能在战争采取行动之前暴露自己的意图。作为战争的行为，只要一出手，就是泰山压顶，彻底摧毁敌人。

在《孙子兵法》中，因间、内间、反间、死间、生间，根据各自不同的特性，各有各的工作侧重点，它主要取决于将帅因时、因人以及因各种不同的条件采取各种不同的手段来灵活机动地实施间谍计划。之所以要采取如此复杂的间谍系统，关键问题在于：第一，情报必须保证其客观的真实性。在战争期间，敌我双方的各种隐蔽手段极为巧妙，各种谣言四起，只有通过各种交叉的渠道，情报才能真正具有原初性和真实性。第二，情报工作具有专业性。没有专业性的骨干力量，我方搜集不到真正有实用价值的情报，但是，没有非专业性的人才从各个方面提供支持援助，专业性的人才也不可能完成任务。第三，在战争来临之际，情报具有高度的时效性。战场上的战机往往稍纵即逝，所以，只有在不同的情报来源多重交叉，不同的情报体系密切配合、多方印证的情况下，我方人员才能够迅速准确地做出反应，既保证情报的高度真实性，又保证情报的时效性，并且让它发挥最大的功效。而这一切工作的进展，毫无疑问只能是在极端机密的状态下进行。用《孙子兵法》的话来讲，就是“间事未发，而先闻者，间与所告者兼死”，为了保护国家与我方人民的利益，我们只能牺牲个人的局部利益，从根本上保全绝大多数人的利益。优秀的战争指挥者追求的是战争整体上的胜利。

第三节 《孙子兵法》与“水”

在中国文化中，“水”并不是一般的物质，数千年前就为中国的先哲老子、孔子所推崇。在老子看来，世人皆以刚强为强大的根本，但是老子则认为刚好相反，刚强是死亡的先兆。《老子》曰：“人之生也柔弱，其死也坚强。万物草木之生也柔脆，其死也枯槁。故坚强者死之徒，柔弱者生之徒。是以兵强则不胜，木强则共。强大处下，柔弱处上。”（第七十六章）因此，《老子》中曾经多次论及老子对于水的特殊感悟。老子曰：“天下柔弱莫过于水，而攻坚强莫之能先。其无以易之。故弱胜强，柔胜刚，天下莫能知，莫能行。”（第七十八章）老子的哲学是以退为进、以雌守雄、以黑守白、以静制动的哲学，所以，老子声称“上善若水”（第八章）。当然，老子的柔弱，并不是真正的柔弱可欺，而是到最后“攻坚强莫之能先”，其凶猛的程度、摧毁万物的程度，没有任何事物能够替代，所以“无以易之”。运用到军事学上，与《孙子兵法》就完全是一样的。因为在战略上，它的柔弱成了一种地地道道十足的伪装；在战术上，则是一种彻头彻尾的欺诈。它的最佳效果就是涣散敌方的斗志，消解敌方的士气，同时又能够增长我方的斗志与士气，并且制造和抓住战机，一举歼灭敌人。韩信与龙且的潍水之战，从头到尾，就是这样一个非常精彩的战例。韩信利用了龙且骄纵的心态，用大水瓦解了龙且军的斗志，一举歼灭敌军二十万。

《老子》还曰：“水善利万物而不争。处众人之所恶，故几于道。居善地，心善渊，与善仁，言善信，政善治，事善能，动善时。夫唯不争，故无尤。”（第八章）水之所以柔弱“不争”的原因，是因为它“善利万物”。正是由于它“处众人之所恶”，完全不与人争，所以，它“几于道”。然后以水为喻来做人做事：“居善地”就是处众人之所恶，不与人争，就是最大限度地保护自己，即便是我的敌人想要与我作战，都无从下手。“心善渊”就是虚怀若谷，涵容万物。运用到战争之中，那就是心如止水，静若处子，深不可测，惚兮恍兮，完全让敌方不知道我方的任何动向。一旦出手，敌方就有毁灭性的灾难。“与善仁”就是给人以最大的帮助，甚至以德报怨。运用到战争之中，我们就可以把它理解为战争的正义性。从战争是政治的继续的角度来讲，正义性是战争取得胜利的根本性保障。“言善信”就是水的流动有一定的方向。运用到军事上，完全可以理解为将领的奖惩有信，令行禁止。“政善治”，是说水的平面像政治的基本特点一样公开、公平、公正。不论是治国还是治军，这都是不可或缺的。“事善能”就是成就别人的功业，像水一样利于他人。在军事上就是不干预将领的前线指挥，分兵合击，发挥前线指挥者的主观能动性。“动善时”，是说水的潮起潮落，都有一定的季节。运用到军事上，就是在遵循战争规律的前提下，静若处子，动若脱兔，抓住战机，狠狠地打击敌人。

孔子对“水”也是推崇备至的。他说：“知者乐水，仁者乐山。知者动，仁者静。知者乐，仁者寿。”（《论语·雍也》）可谓妇孺皆知。更精彩的是《说苑·杂言》中的这段记载：

> 子贡问曰：“君子见大水必观焉，何也？”孔子曰：“夫水者，君子比德焉。遍予而无私，似德；所及者生，似仁；其流卑下句倨，皆循其理，似义；浅者流行，深者不测，似智；其赴百仞之谷不疑，似勇；绵弱而微达，似察；受恶不让，似包；蒙不清以入，

鲜洁以出，似善；化至量必平，似正；盈不求概，似度；其万折必东，似意。是以君子见大水必观焉尔也。”

《说苑》一书，辑于西汉刘向，可信度是很高的。在这段话中，孔子从“德”“仁”“义”“智”“勇”“察”“包”“善”“正”“度”“意”等十一个方面对水给我们的启示进行了总结，真可谓淋漓尽致，在哲学思想上把中国水文化推向了极致，令人深思。

孙武得老子、孔子思想之精华，并且融会贯通，温故知新，推陈出新，创意迭出。《孙子兵法》有四句文字，从四个方面以“水”为喻体，画龙点睛，来描述兵法的奇正、虚实和迂直之术。

兵法：一曰度，二曰量，三曰数，四曰称，五曰胜。地生度，度生量，量生数，数生称，称生胜。故胜兵若以镒称铢，败兵若以铢称镒。胜者之战民也，若决积水于千仞之溪者，形也。(《军形篇》)

这段话用“水”从万丈悬崖之上奔腾而下的态势，来描述居高临下、势如奔马之兵形的泰山压顶之势：“若决积水于千仞之溪”。表面来看，这是在写水的刚强和不可阻挡的气势，但是，笔者却认为，这刚好是孙子从老子那里获得了灵感。因为“决积水于千仞之溪”的前提是必须要时间和空间的“积”，更需要“千仞之溪”的高位。所以，这个比喻的前提是柔弱之水的暗示。孙子是在说，战争的指挥者首先要做好长期的准备，以柔弱的外表掩盖艰巨的努力，对敌方使出浑身的解数，制造巨大的迷惑、迷雾和假象，使敌方放松警惕，士气涣散，斗志瓦解。一旦我方出手，那就是泰山压顶，万夫不当之勇，给敌方造成不可挽回的灭顶之灾。

下面这段话，是从另外的方面来描述“兵”的态势：

> 激水之疾，至于漂石者，势也；鸷鸟之疾，至于毁折者，节也。是故善战者，其势险，其节短。势如彍弩，节如发机。(《兵势篇》)

军事行动中的治心、治气、治力、治变，是利用各种外在的条件，在积蓄我军力量、鼓励我军士气的同时，消耗敌军的士气，瓦解敌军的斗志，制人而不制于人，掌握战争的主动权，把敌军充盈的士气消灭于无形。长平之战廉颇对白起的以逸待劳，夺取定军山战役中黄忠对张部、夏侯渊的穷追猛打，都无不是这种“激水之疾，至于漂石”思想的精彩典范。但是，大家应该清楚，廉颇对白起就是高挂免战牌，以逸待劳；黄忠就是利用自己衰老的外表，迷惑了敌人，在赵子龙的配合下，以迅雷不及掩耳之势，把骄傲自满的张部、夏侯渊等魏国将领打得落花流水。

下面这段文字，是孙子以水为喻体，利用“水”的妩媚动人却又无孔不入、柔弱之极却又变化多端的特性来表述兵法的千变万化，也就是孔子说的“绵弱而微达”，形容兵法“不竭如江河”、变幻莫测的态势：

> 凡战者，以正合，以奇胜。故善出奇者，无穷如天地，不竭如江河。终而复始，日月是也。死而复生，四时是也。声不过五，五声之变，不可胜听也。色不过五，五色之变，不可胜观也。味不过五，五味之变，不可胜尝也。战势不过奇正，奇正之变，不可胜穷之也。奇正相生，如循环之无端，孰能穷之？（《兵势篇》）

水，虽然柔弱之极，但是它具有无限的可造性和可塑性。它千变万化的形态，被《孙子兵法》拿来形容兵形变化的最高境界，奇思妙想，精妙绝伦，具有巨大的诠释空间，令人遐想万千。

> 夫兵形象水，水之形，避高而趋下；兵之形，避实而击虚。水因地而制流，兵因敌而制胜。故兵无常势，水无常形；能因敌变化而取胜者，谓之神。故五行无常胜，四时无常位，日有短长，月有死生。（《虚实篇》）

水之形是千变万化的，它会因为地形的变化而发生流动的方向、速度、形态的变化；它会因为助力的大小和方向产生千奇百怪的后果。但是，它给人的感觉，始终是柔弱的，是可塑的，往往给敌人一种假象，使与之谋面的敌人或骄傲自大，或估计不足，而轻涉险地，最终都是猝不及防、措手不及而大败亏输。这正是《孙子兵法》处心积虑所要追求的“阴性”的战争手段。

《孙子兵法》认为，战争的胜利，并不在于穷兵黩武，“兵非益多也，惟无武进，足以并力、料敌、取人而已”(《行军篇》)。换言之，在战争进行之际，胜利的一方并不一定就是兵力强大的一方，关键是奇正、虚实、迂直之术拿捏的分寸恰不恰当、妥不妥帖，善不善于隐藏自己的真实意图，让敌方无法弄清我方的真实战略战术；同时，我方又能够在最大限度内把敌方的真实意图了解得清清楚楚，制人而不制于人，“形人而我无形”(《虚实篇》)，这才是战争艺术的最高境界。

而且，从文化的传统来看，《系辞传》的“一阴一阳之谓道”可能是“古之遗言”。因为它把“阴”放在“阳”的前面，好像与《归藏》的卦象“坤”在前、“乾”在后的卦象体系更接近，而与《易传》“乾”在前、“坤”在后、“天尊地卑”的卦象体系有一些不同。这种深远的、古老的文化传统，也许与上古时期中国的母系氏族文化有关，更有可能与中国极为早熟的“以静制动”的政治文明有关。如果说《孙子兵法》继承了这样的传统，那么，我们所讨论的问题就具有更加深远的背景和意义，当然，进一步的相关讨论还有待将来的努力。

第二十章 《孟子》的战争思想

在《孟子》中，有关战争的内容占了相当的篇幅。置身于连年征战、民不聊生的时代，孟子作为一代伟大的思想家不可能不对每天充塞于耳目之间的重大事件置之不理，不可能不对“争地以战，杀人盈野；争城以战，杀人盈城”(《离娄上》)的现实做出回应。深入考虑孟子的战争观念，笔者发现了孟子战争观的三个基点：第一个，是人民的基点。第二个，是性善论基础之上的天人合一精神。第三个，是一种强国理论，更是一种走向孔子“大同”的理论。《孟子》一出，不仅使先秦时期所有其他的军事著作相形见绌，而且即便是德国克劳塞维茨的军事经典《战争论》也有无法企及之处。当然，笔者不是说先秦时期的《孙子兵法》《孙膑兵法》等无数的兵书在战略战术上没有达到孟子的高度，更不是说克劳塞维茨的《战争论》在对军事斗争艺术的研究上没有达到孟子的水平，而是说，楼外有楼，天外有天，孟子，作为一代圣人，具有包括克劳塞维茨在内的许多军事家完全无法望其项背的政治境界。

第一节 反对一切不义的战争

孟子的战争论最突出、最醒目的一点是，他在任何时候、面对任何对象的谈话中，都激烈地抨击了战争生灵涂炭、践踏国计民生的严重后果。他认为，刚刚过去的春秋时代，没有一场战争是正义的。他有一句经典性的表述："春秋无义战。"（《尽心下》）在孟子看来，春秋战国时期的诸侯们发动战争的动机都是不正义的，其真正的目的只是满足他们永远没有穷尽的贪欲。因此，那些为国君出谋划策、攻城略地的"谋士"是一批丧尽天良的人，应该受到最严厉的惩罚。

> 孟子曰："求也为季氏宰，无能改于其德，而赋粟倍他日。孔子曰：'求非我徒也，小子鸣鼓而攻之可也。'由此观之，君不行仁政而富之，皆弃于孔子者也。况于为之强战？争地以战，杀人盈野；争城以战，杀人盈城。此所谓率土地而食人肉，罪不容于死。故善战者服上刑，连诸侯者次之，辟草莱、任土地者次之。"（《离娄上》）
>
> 孟子曰："今之事君者皆曰：'我能为君辟土地，充府库。'今之所谓良臣，古之所谓民贼也。君不乡道，不志于仁，而求富之，是富桀也。'我能为君约与国，战必克。'今之所谓良臣，古之所谓民贼也。君不乡道，不志于仁，而求为之强战，是辅桀也。由今之道，无变今之俗，虽与之天下，不能一朝居也。"（《告子下》）

这些人完全不考虑在其从政的国家里实现仁政理想，率土地而食人肉，为了满足国君的贪欲不惜连年发动战争，把人民和国家都推向灾难的深渊。这种人不仅不是“良臣”，而且是“罪不容于死”的“民贼”。

孟子不仅态度极为鲜明地批判了这些不引导他的国君“志于仁”的“民贼”是“富桀”“辅桀”，而且还进一步辛辣地讽刺、揭露了无才无德却又贪欲无穷的国君嘴脸：

> 孟子见梁襄王，出，语人曰：“望之不似人君，就之而不见所畏焉。卒然问曰：‘天下恶乎定？’吾对曰：‘定于一。’‘孰能一之？’对曰：‘不嗜杀人者能一之。’”（《梁惠王上》）

孟子从内心里对梁襄王是十分鄙弃的，但是孟子没有直接斥责对方，而是采取形象思维的手法，从梁襄王的外貌入手，来刻画他内心世界的贫乏与无能、无知，然后将他的超常贪欲通过他的言语夸大地、突兀地展现出来，从而形成了认知上的鲜明对比，达到了绝佳的讽刺效果。在孟子笔下，梁襄王的父亲梁惠王也是一位“弃甲曳兵而走”“以五十步笑百步”（《梁惠王上》）的昏君；“仓廪实，府库充”的邹穆公是一位在“凶年饥岁”，数以千计的“老弱转乎沟壑，壮者散而之四方者”（《梁惠王下》）、背井离乡、饿殍遍野的时候却完全不顾人民死活的“民贼”；“四境之内不治”的齐宣王在公元前314年发动的对燕国的战争，因为要“杀其父兄，系累其子弟，毁其宗庙，迁其重器”，因此，是使置身于水深火热的燕国人民“水益深”“火益热”的不义战争，必将“动天下之兵”(《梁惠王下》),引起更大的灾难。

孟子反对诸侯之间不义战争的一个基本的出发点,在于对天下苍生、广大黎民百姓寄予了深刻的同情,这是孟子仁政学说的根本性立场。孟子认为,他置身的时代是广大人民深受“倒悬”之苦的时代,“王者之不作,未有疏于此时者也;民之憔悴于虐政,未有甚于此时者也”(《公孙丑上》),所以,孟子反对诸侯之间连年征战的观点是他不忍之心、恻隐之情的自然显发。显然,春秋战国时期尸横遍野、民不聊生的景象时时浮现在孟子的脑海,“一将成名万骨枯”的残酷事实、“乱世之民不如狗”的悲惨状况,孟子已经了然于心,对他的心灵产生了极大的冲击,并且融化在他的哲学思想中。因此,他对“庖有肥肉,厩有肥马;民有饥色,野有饿莩,此率兽而食人”(《滕文公下》)的悲惨现实始终持有空前尖锐的、强烈的批判态度。笔者认为,在很大程度上,由于孟子始终坚持了这样一个基本的出发点,始终具有这种超越时代、超越国界、超越阶级的人道主义精神,而且坚信“圣人复起,不易吾言”(《滕文公下》),因而奠定了他千百年来赢得“亚圣”之誉的坚实基础。孟子的思想之所以经得起时间的考验,关键的原因之一就在于此。

第二节　战争与性善论的理论体系是相违背的

孟子坚决反对诸侯之间为了满足贪欲的战争,还有更加高深的理论作为支撑,这就是他的“性善论”。在孟子看来,世界上所有的人,都有一种天然的生存权利,他们是“天降”之民(《梁惠王下》),具有与生俱来的“赤子之心”(《离娄下》),因此具有任何人都不能剥夺的“天爵”之尊。他们的人生过程就是不断修养身心、涵养性情、保持“赤子之心”、维护“天爵”境界、天生人成的提升过程,他们不仅要“存夜气”、存“平旦之气”(《告子上》),而且还要“集义所生”,坚持不懈,养“浩然之气”(《公孙丑上》),他们在通向善、信、美、大、圣、神(《尽心下》)的提升道路上不断完善自己的同时,也在营造一个美好、诚信、和谐、公平、公正、催人奋进的社会环境。因此,他们是“天民”(《万章上》)。任何一个政府,不仅不能对他们造成任何伤害,而是要真心实意地体恤他们,关心他们而“视民如伤”(《离娄下》),而且一切活动都必须以满足他们的物质需求和精神需求为核心:“天视自我民视,天听自我民听”(《万章上》),因为人民本身就是“天”,是国家真正的主人。所以,孟子明确指出:一切国家的最高统治者,在任何时候,在任何情况下,“行一不义,杀一不辜,而得天下,皆不为也”(《公孙丑上》)。

作为一代圣人,孟子的伟大之处还表现在对梁惠王、梁襄王、邹穆王、齐宣王等这些十分弱智、无能、利欲熏心,灵魂十分肮脏、卑贱的国君进行辛辣讽刺、严厉批判的同时,还能坚持孔子“有教无类”的原则,对这些中国体制性的“异类”进行教育,对他们进行“知其不可为而为之”的最后挽救。他对“好战”而且“不仁”(《尽心下》)的梁惠王说:

> 五亩之宅，树之以桑，五十者可以衣帛矣。鸡豚狗彘之畜，无失其时，七十者可以食肉矣。百亩之田，勿夺其时，数口之家可以无饥矣。谨庠序之教，申之以孝悌之义，颁白者不负戴于道路矣。七十者衣帛食肉，黎民不饥不寒，然而不王者，未之有也。狗彘食人食而不知检，涂有饿莩而不知发；人死，则曰："非我也，岁也。"是何异于刺人而杀之，曰："非我也，兵也。"王无罪岁，斯天下之民至焉。(《梁惠王上》)

又对比梁惠王更加无能、贪婪的梁襄王说：

> 王知夫苗乎？七八月之间旱，则苗槁矣。天油然作云，沛然下雨，则苗浡然兴之矣。其如是，孰能御之？今夫天下之人牧，未有不嗜杀人者也。如有不嗜杀人者，则天下之民皆引领而望之矣。诚如是也，民归之，由水之就下，沛然谁能御之？(《梁惠王上》)

在这里，孟子采取了"因材施教"的方法，利用惠王、襄王急于独吞中国的贪欲，来推行自己的"仁政"思想。这一事实说明，在孟子看来，好战分子也是人，他们曾经也是具有"赤子之心"的"天民"。是春秋战国时期攻城略地的时尚异化了这些权贵的心灵，他们同样是战争的牺牲品。对这些人同样应该抱有恻隐之心、不忍之心，要在最大程度上教育他们、挽救他们，尽一切可能把他们从"流连荒亡"的"禽兽"泥潭中拯救出来。作为一个读书人，孟子"手无缚鸡之力"，他所能够做的也只有如此了。真可谓用心良苦!

深究《孟子》的文本，孟子性善思想、自由思想、仁政思想的背后，始终洋溢、飘荡着一种宏大的宇宙意识，这是中国文化天人合一精神的必然结果。战国时期的孟子，已经融会了先秦诸子各家各派的思想结晶，我们有理由认定，孟子的战争观念中具有深远的宇宙意识。孟子思想中“亲亲而仁民，仁民而爱物”(《尽心下》) 的思想实际上是孔子的“仁学”最忠实的显发，得到了孔子“仁学”思想的真谛，并且同时还影响了孟子对战争的正确诠释。

> 广土众民，君子欲之，所乐不存焉；中天下而立，定四海之民，君子乐之，所性不存焉。君子所性，虽大行不加焉，虽穷居不损焉，分定故也。君子所性，仁义礼智根于心。其生色也睟然，见于面、盎于背。施于四体，四体不言而喻。(《尽心上》)

这段表面上看来是身心观、心性论的文字，在笔者看来，也同时极端深刻地表达了孟子对战争的终极看法。这是一段有关孟子战争观念的重要文献。首先，孟子的这段话说的身心观、心性论，是十分出色的性情思想，但是，按照孔子的表述，这段话也可以理解为先秦儒家的政治观。《论语》说得很清楚：

> 子禽问于子贡曰：“夫子至于是邦也，必闻其政。求之与？抑与之与？”子贡曰：“夫子温、良、恭、俭、让以得之。夫子之求

之也，其诸异乎人之求之与！”(《学而》)

或谓孔子曰：“子奚不为政？”子曰：“《书》云：‘孝乎惟孝，友于兄弟，施于有政。’是亦为政，奚其为为政？”(《为政》)

这里是在说，“孝乎惟孝”就是“施于有政”，因为它是通过每一个人内在的德性修养，来达到“友于兄弟”、影响周围民众的一种教化途径。所以孔子的施政措施就是“温、良、恭、俭、让以得之”。正是从这个角度来讲，孟子“君子所性，仁义礼智根于心。其生色也睟然，见于面、盎于背。施于四体，四体不言而喻”的表述，实质上就是政治观，与孔子的相关思想是一脉相承的。孟子的意思是，通过每一个人的身心修养，达成全社会的诚信与和谐、公平与公正，以此治家，家和万事兴；以此治国，人民心悦诚服。

孟子曰：“伯夷辟纣，居北海之滨，闻文王作，兴曰：‘盍归乎来！吾闻西伯善养老者。’太公辟纣，居东海之滨，闻文王作，兴曰：‘盍归乎来！吾闻西伯善养老者。’二老者，天下之大老也，而归之，是天下之父归之也。天下之父归之，其子焉往？诸侯有行文王之政者，七年之内，必为政于天下矣。”(《离娄上》)

只要人丁兴旺，经济发达，国家就自然“广土众民”了，君主也就自然而然地达到了“定四海之民”的目的。这种途径的最大好处在于兵不血刃，不动一刀一枪，在充分满足广大黎民百姓世世代代期盼的同时，也实现了最高统治者“广土众民”的个人意愿。

但是，在笔者看来，孟子在《尽心上》那段表述中最核心的部分在于“君子所性，虽大行不加焉，虽穷居不损焉，分定故也”，“大行”就是实现了人生的政治理想，与“穷居”相对，当然说的是春风得意，升官发财。但是，不论“大行”也好，“穷居”也罢，原始儒家的人格境界都不会因此而发生动摇，为什么呢？是因为“分定”的缘故。什么是“分定”？“分定”就是《礼记·中庸》的“天命之谓性”。如果我们承认先秦儒家确实有思孟学派的存在，那么就必须要将子思子的《中庸》与《孟子》联系起来、整合起来阅读。如此一来，孟子的这一段表述就笼罩在《中庸》文本“博厚、高明、悠久”的天道背景之中。因为《中庸》“诚者，天之道也；诚之者，人之道也。诚者不勉而中，不思而得，从容中道，圣人也。诚之者，择善而固执之者也”的表述曾经对孟子产生过很深的影响（《离娄上》）。所以，孟子的这段话是在通过人道的体悟来印证天道，又用天道来整合人道，最后用天道与人道的融合化解了以“定四海之民”为目的、以杀人为基本手段的战争。在这样的层面上，我们来解读孟子“舜之居深山之中，与木石居，与鹿豕游，其所以异于深山之野人者几希；及其闻一善言，见一善行，若决江河，沛然莫之能御也”（《尽心上》）的论述时，就有了更加明确的理解。

显然，孟子的这段有关“君子所性”的著名表述，汲取了先秦道家的思想精华，继承了子思子的思想传统，既避免了以“骄奢淫逸”为出发点的战争生灵涂炭、兵不厌诈等众多缺点，而且也将伦理学、政治学与哲学糅为一体，提出了一个非常深刻的社会管理理论，具有深远博厚的宇宙意识。在两千多年后的今天，国际政治翻手为云、覆手为雨，世界各地引发一浪高过一浪的军备竞赛，孟子的战争思想尤其难能可贵，具有非常可贵的批判价值。

第三节　支持拯救人民于水火的正义战争

至为重要的是，孟子的战争理论始终都是一种强国理论，更是一种努力向孔子“大同”理想不断进发的政治理论。换言之，孟子虽然反对诸侯之间的战争，但是他并不反对“天吏”替天行道、讨伐民贼的“征伐”。孟子反对诸侯之间的攻城略地，但是他从来没有反对商汤、周文王、周武王为广大黎民百姓征讨“独夫”“民贼”的战争。

> 孟子对曰：“臣闻七十里为政于天下者，汤是也。未闻以千里畏人者也。《书》曰：‘汤一征，自葛始。’天下信之，东面而征，西夷怨；南面而征，北狄怨，曰：‘奚为后我？’民望之，若大旱之望云霓也。归市者不止，耕者不变，诛其君而吊其民，若时雨降，民大悦。《书》曰：‘徯我后，后来其苏。’今燕虐其民，王往而征之，民以为将拯己于水火之中也，箪食壶浆以迎王师。若杀其父兄，系累其子弟，毁其宗庙，迁其重器，如之何其可也？天下固畏齐之强也，今又倍地而不行仁政，是动天下之兵也。王速出令，反其旄倪，止其重器，谋于燕众，置君而后去之，则犹可及止也。”

（《梁惠王下》）

孟子曰："有人曰：'我善为陈，我善为战。'大罪也。国君好仁，天下无敌焉。南面而征，北狄怨；东面而征，西夷怨，曰：'奚为后我？'武王之伐殷也，革车三百两，虎贲三千人。王曰：'无畏！宁尔也，非敌百姓也。'若崩厥角稽首。征之为言正也，各欲正己也，焉用战？"（《尽心下》）

孟子认为，只有彻底实行了"仁政"的国君带领的"仁义之师"才有权力征讨暴虐的诸侯，这种"仁义之师"就是孟子笔下的"王师""天吏"。身陷水深火热之中的人民深受敲剥压迫，所以他们无时无刻不在盼望着"天吏"的"征伐"："民望之，若大旱之望云霓也。归市者不止，耕者不变，诛其君而吊其民，若时雨降，民大悦。""南面而征，北狄怨；东面而征，西夷怨，曰：'奚为后我？'""仁义之师"任何时候都会受到广大黎民百姓的热烈欢迎："箪食壶浆以迎王师"。

达到这样的境界，关键问题在于"仁义之师"是正义的象征，他们"为其杀是童子而征之"，是"为匹夫匹妇复仇也"（《滕文公下》），是"一怒而安天下之民"（《梁惠王下》）的义举，因此深受人民的爱戴和欢迎。在这样的情况下，"天下仕者皆欲立于王之朝，耕者皆欲耕于王之野，商贾皆欲藏于王之市，行旅皆欲出于王之涂，天下之欲疾其君者，皆欲赴愬于王"（《梁惠王上》），国家就自然变得强大了，也就是孟子一再说的"仁者无敌"的理想境界就出现了：

地方百里而可以王。王如施仁政于民，省刑罚，薄税敛，深耕易耨；壮者以暇日修其孝悌忠信，入以事其父兄，出以事其长上，可使制梃以挞秦楚之坚甲利兵矣。(《梁惠王上》)

只有彻底实现“仁政”的理想，国家才能真正强大起来。是通过战争的烧杀淫掠来“广土众民”，还是通过“仁政”的途径来实现国君“定四海之民”的理想，这是孟子战争观念的根本出发点。孟子的战争观和强国观既是对当时社会现实的一种回应，也是他本人“舍我其谁”(《公孙丑下》)的政治理想。

克劳塞维茨说：“政治还是孕育战争的母体，战争的轮廓在政治中就已经隐隐形成，就好像生物的属性在胚胎中就已形成一样。”[①] 换言之，战争不仅是政治的继续，而且也是政治的直接结果。因此，在克劳塞维茨的战争观念中，战争的目的就是要取得战场上的军事胜利，进而取得政治上的斗争胜利。表面来看，这是一套行之有效的思路，但问题是他并没有真正试图消除战争。一场战争结束之后，新的政治争夺又重新开始，这场新的政治争夺又必然要以一场新的战争而告终。如此这般，周而复始，人类就不可能企望真正的和平。

但是，在孟子的观念中，战争是消除社会不公的一种手段，是制止战争、拯救人民于水火的一种最后途径，而且只有“天吏”才具有发动

① 克劳塞维茨：《战争论》，中国人民解放军军事科学院译，北京：商务印书馆，1978年，第135页。

战争的资格。这一点对我们管理当今的国际事务尤其具有启发性的指导意义。所以，孟子最根本的措施是要把战争的可能性消除在未萌之际。也就是从培养人之所以为人的恻隐之心、羞恶之心、恭敬之心、是非之心做起，由此而营造全社会“乡田同井，出入相友，守望相助，疾病相扶持，则百姓亲睦”的良好环境，杜绝“经界不正，井地不均，谷禄不平”以及“暴君污吏”贪污腐败（《滕文公上》）而引发的社会不公正、不公平、不诚信、不和谐。只有从根本上消除社会的不公正、不公平、不诚信、不和谐，战争才能真正消除。这是克劳塞维茨与孟子的根本区别。

图书在版编目（CIP）数据

出土文献与早期政治哲学 / 欧阳祯人著 . -- 北京：
中国人民大学出版社，2023.8
（出土文献与早期中国思想世界 / 王中江主编）
ISBN 978-7-300-31880-6

Ⅰ. ①出… Ⅱ. ①欧… Ⅲ. ①儒家—政治哲学—研究
—先秦时代 Ⅳ. ① D092.2 ② B222.05

中国国家版本馆 CIP 数据核字（2023）第 125988 号

国家出版基金项目
出土文献与早期中国思想世界
王中江　主编
出土文献与早期政治哲学
欧阳祯人　著
Chutu Wenxian yu Zaoqi Zhengzhi Zhexue

出版发行	中国人民大学出版社		
社　　址	北京中关村大街 31 号	邮政编码	100080
电　　话	010–62511242（总编室）		010–62511770（质管部）
	010–82501766（邮购部）		010–62514148（门市部）
	010–62515195（发行公司）		010–62515275（盗版举报）
网　　址	http://www.crup.com.cn		
经　　销	新华书店		
印　　刷	涿州市星河印刷有限公司		
开　　本	890 mm × 1240 mm　1/32	版　　次	2023 年 8 月第 1 版
印　　张	11　插页 3	印　　次	2023 年 8 月第 1 次印刷
字　　数	223 000	定　　价	79.00 元